REVOLUÇÃO FRANCESA

Volume I

O povo e o rei (1774-1793)

Livros do autor publicados na Coleção **L&PM** POCKET:

Revolução Francesa: O povo e o rei (1774-1793) – volume 1
Revolução Francesa: Às armas, cidadãos! (1793-1799) – volume 2

Max Gallo

REVOLUÇÃO FRANCESA

Volume I

O povo e o rei (1774-1793)

Tradução de Julia da Rosa Simões

www.lpm.com.br

L&PM POCKET

Coleção **L&PM** POCKET, vol. 1067

Texto de acordo com a nova ortografia.
Título original: *Révolution Française: Le Peuple et le Roi (1774-1793)*

Este livro foi publicado pela L&PM Editores, em formato 16x23cm, em 2009
Primeira edição na Coleção **L&PM** POCKET: setembro de 2012

Tradução: Julia da Rosa Simões
Capa: Ivan Pinheiro Machado. *Ilustração*: A destruição da Bastilha, em 14 de julho de 1789, durante a Revolução Francesa. Aquarela e guache sobre papel, de Jean Pierre Houel (Rue des Archives/PVDE).
Preparação: Joseane Rücker
Revisão: Jó Saldanha

CIP-Brasil. Catalogação na fonte
Sindicato Nacional dos Editores de Livros, RJ.

G162r
v.1

Gallo, Max, 1932-
    Revolução Francesa, volume I: o povo e o rei (1774-1793) / Max Gallo; tradução de Julia da Rosa Simões. – Porto Alegre, RS: L&PM, 2012.
    400p. : 18 cm   (Coleção L&PM POCKET; v. 1067)

    Tradução de: *Révolution Française: Le Peuple et le Roi (1774-1793)*
    ISBN 978-85-254-2722-9

    1. França - História - Revolução, 1789-1799. 2. França - História - Luís XVI, 1774-1793. 3. Luís XVI, Rei da França, 1754-1793. 4. França - Condições sociais - Século XVIII. 5. França - Civilização - 1789-1799. I. Título. II. Série.

12-5587.	CDD: 944.04
	CDU: 94(44)"1789/1799"

© XO Éditions, France, 2009. All rights reserved.

Todos os direitos desta edição reservados a L&PM Editores
Rua Comendador Coruja, 314, loja 9 – Floresta – 90.220-180
Porto Alegre – RS – Brasil / Fone: 51.3225.5777 – Fax: 51.3221.5380

Pedidos & Depto. Comercial: vendas@lpm.com.br
Fale conosco: info@lpm.com.br
www.lpm.com.br

Impresso no Brasil
Primavera de 2012

Sumário

Prólogo: segunda-feira, 21 de janeiro de 1793
"Povo, morro inocente! Perdoo..." 9

Primeira parte: 1774-1788
"Que fardo, e não me disseram nada!" 17
Capítulos 1 a 10 .... 19 a 106

Segunda parte: janeiro de 1789-17 de julho de 1789
"O povo parece marchar por si próprio" 107
Capítulos 11 a 16 .... 109 a 154

Terceira parte: 18 de julho de 1789-outubro de 1789
"Meus amigos, irei a Paris com minha mulher e meus filhos" .. 155
Capítulos 17 a 19 .... 157 a 186

Quarta parte: outubro de 1789-30 de setembro de 1791
"Capeto maldito!" 187
Capítulos 20 a 25 .... 189 a 248

Quinta parte: 1º de outubro de 1791-10 de agosto de 1792
"A pátria em perigo" 249
Capítulos 26 a 30 .... 251 a 304

Sexta parte: 11 de agosto de 1792-30 de setembro de 1792
"Livres, à mira de punhais" 305
Capítulos 31 a 33 .... 307 a 342

Sétima parte: outubro de 1792-22 de janeiro de 1793
"Este homem deve reinar ou morrer" 343
Capítulos 34 a 40 .... 345 a 395

"Passa agora, leitor, atravessa o rio de sangue que para sempre separa o velho mundo de que sais do mundo novo à entrada do qual morrerás."
CHATEAUBRIAND
Memórias de além-túmulo

"O que há de mais impressionante na Revolução Francesa é a força arrebatadora que contorna todos os obstáculos. Seu turbilhão carrega como palha ligeira tudo o que a força humana consegue opor-lhe: ninguém contraria sua marcha impunemente... A Revolução Francesa guia os homens mais do que os homens a guiam. Os próprios celerados que parecem conduzir a Revolução só participam dela enquanto simples instrumentos e, quando têm a pretensão de dominá-la, caem de maneira ignóbil."
JOSEPH DE MAISTRE
Considerações sobre a França

"Este é um acontecimento imenso demais, misturado demais aos interesses da humanidade, de influência grande demais sobre todas as partes do mundo, para que os povos, em outras circunstâncias, não se lembrem dele e não sejam levados a repetir sua experiência."
IMMANUEL KANT

PRÓLOGO

Segunda-feira, 21 de janeiro de 1793.
"Povo, morro inocente! Perdoo…"

Ele era o rei da França, o 16º com o nome de Luís, herdeiro de uma linhagem que há mais de dez séculos edificara e governara o reino da flor de lis e que, pela graça de Deus, tornara-o um dos mais poderosos do mundo.

Seus reis eram de direito divino; a França era a filha mais velha da Igreja, e um Luís, o IX, morto em uma cruzada, se tornara São Luís.

No entanto, naquela manhã de segunda-feira, 21 de janeiro de 1793, exatos quatro meses depois da proclamação da República, em 21 de setembro de 1792, enquanto um nevoeiro gelado paralisa Paris e abafa o rufar dos tambores que batem sem interrupção, Luís XVI é apenas Luís Capeto, ex-rei da França, ex-rei dos franceses.

Seu corpo será cortado em dois, e assim será separado o corpo do rei do da nação.

Quando, depois de uma breve hesitação, Luís desce de uma grande carruagem verde que acaba de parar na Place de la Révolution, antiga Praça Luís XV, a primeira coisa que vê são fileiras de soldados, guardas nacionais e cavaleiros e, em seguida, a multidão imensa que invadira a praça.

Da estátua do rei Luís XV só restara o pedestal de pedra, arrecife branco no meio de dezenas de milhares de corpos que se amontoam como que para se aquecerem, para se tranquilizarem.

Faz frio. O rei será decapitado.

Luís, neto daquele Luís XV cuja estátua fora derrubada e cuja praça fora rebatizada, ergue os olhos.

Vê o cadafalso, a guilhotina montada entre o pedestal da estátua no centro da praça e o início da Champs-Élysées.

Vê o cutelo, os montantes que guiarão a lâmina oblíqua, a prancha onde será colocado seu corpo, que oscilará depois que a lâmina cair.

Luís dá um passo para trás quando o carrasco Samson e seus dois ajudantes se aproximam.

Ele é o rei.

É um sacrilégio tocá-lo.

Ele mesmo tira o casaco e o colarinho, ficando apenas com um simples colete de algodão branco.

Afasta-se de Samson mais uma vez.

Não quer que seus cabelos sejam cortados, que suas mãos sejam atadas.

A seu lado, o abade Edgeworth, seu confessor, murmura algumas palavras:

– Sire, neste novo ultraje vejo apenas um último traço de semelhança entre Vossa Majestade e Deus, que será sua recompensa.

Luís abaixa a cabeça.

O corpo do rei pode sofrer como sofreu o corpo do Cristo.

Luís se submete.

Uma corda é amarrada ao redor de seus punhos.

Para os homens, ele não passa de Luís Capeto, aquele que a Convenção Nacional declarara "culpado de conspiração contra a liberdade da nação e de atentado contra a segurança geral do Estado".

Ela decretara: "Luís Capeto receberá a pena de morte".

Luís tentara contestar o julgamento dos homens.

Em 17 de janeiro de 1793, Luís dirigira aos 749 deputados da Convenção Nacional uma carta pedindo que o povo, sozinho, o julgasse.

"Devo à minha honra, devo à minha família", ele escreve, "nada subscrever de um julgamento que me inculpa de um crime pelo qual não posso me responsabilizar, e por isso declaro recorrer ao julgamento de seus representantes à própria nação."

Mas a Convenção se recusa a levar em conta seu pedido. E o carrasco Samson empurra Luís Capeto, ex-rei da França, em direção à escada que conduz à guilhotina.

Luís cambaleia e, recusando qualquer ajuda, sobe os cinco degraus do cadafalso.

Os tambores batem com mais força, rompendo a camada cinza e gelada que recobre a praça.

Luís está na plataforma. Repete as frases que ditara em 25 de dezembro de 1792, último Natal de sua vida, como bem sabia, e que compunham seu testamento.

– Entrego minha alma a Deus, meu criador. Rogo-Lhe que a receba em Sua misericórdia...

"Morro na união da Santa Madre Igreja católica, apostólica romana...

"Rogo a Deus que me perdoe de todos os meus pecados. Procurei conhecê-los escrupulosamente, detestá-los e humilhar-me em Sua presença...

"Perdoo de todo coração aqueles que se fizeram meus inimigos sem que eu lhes tenha dado algum motivo...

"Rogo a Deus, acima de tudo, que lance um olhar misericordioso sobre minha mulher, meus filhos e minha irmã, que há tempo sofrem a meu lado...

"Recomendo meus filhos à minha mulher. Nunca duvidei de sua ternura materna...

"Rogo à minha mulher que me perdoe de todos os males que sofreu por mim...

"Recomendo a meu filho, se tiver o infortúnio de se tornar rei, que considere dever-se por inteiro à felicidade de seus concidadãos e que esqueça todo ódio e todo ressentimento, especialmente tudo o que tiver relação com os infortúnios e as tristezas que experimento...

"Perdoo ainda, de boa vontade, aqueles que me reservaram maus tratos e gestos que acharam que deviam usar para comigo...

"Concluo declarando diante de Deus, e prestes a surgir à sua frente, que não me responsabilizo por nenhum dos crimes que me foram imputados..."

Luís, agora, está na frente da guilhotina e acima da multidão sobre a qual ecoa o rufar dos tambores.

Livra-se, num movimento brusco, das mãos do carrasco e de seus ajudantes.

Grita, voltado para a multidão:

– Povo, morro inocente! Perdoo os autores de minha morte. Rogo a Deus que o sangue que vocês derramarão jamais recaia sobre a França.

Samson agarra-o, puxa-o para trás.

Ele ainda diz aos carrascos:

– Senhores, sou inocente daquilo de que me acusam. Espero que meu sangue possa consolidar a felicidades dos franceses.

Samson hesita. Luís se debate. É empurrado. A prancha oscila.

Ouve-se um grito horrível, abafado pela lâmina.

Samson pega a cabeça de Luís pelos cabelos, brande-a, mostra-a ao povo.

Gritos se erguem:

– Viva a nação! Viva a República! Viva a igualdade! Viva a liberdade!

Danças circundam o cadafalso. Alguns homens e algumas mulheres se aproximam da guilhotina, tentam molhar seus lenços e suas capas no sangue de Luís Capeto, ex-rei da França.

Agitam seus troféus vermelhos.

Mas a multidão se dispersa rapidamente, silenciosa e grave.

Na Place de la Révolution, nas ruas, nas bancas e tabernas onde se bebe vinho aquecido, comenta-se menos a morte do rei do que a de Le Peletier de Saint-Fargeau, membro da Convenção.

Este votara pela execução imediata de Luís Capeto.

Peletier fora assassinado à noite, ao sair de uma ceia no restaurante Février, na Place du Palais-Égalité, antiga Place du Palais Royal.

Um antigo membro da guarda pessoal do rei, Pâris, dera-lhe um golpe de sabre no baixo ventre.

E o corpo do membro da Convenção ficara exposto, nu até a cintura, antes de ser acompanhado ao Panteão por toda a Convenção e um longo cortejo popular.

A morte do ex-rei da França parece aos olhos do povo *sans-culotte** vingar a de Le Peletier de Saint-Fargeau e de todos os "mártires" da Revolução.

"O sangue dos homens faz gemer a humanidade, o sangue dos reis a consola", escrevem os cidadãos membros da Sociedade dos Amigos da Igualdade e da Liberdade aos membros da Convenção.

E o jornal *Le Père Duchesne* enuncia, à sua maneira, a oração fúnebre de Luís:

> Capeto finalmente está morto, diabos!
> Não direi, como alguns basbaques: não falemos mais nisso!
> Falemos sim, pelo contrário, para nos lembrarmos de todos os seus crimes e inspirarmos em todos os homens o horror que devem sentir pelos reis.
> É isso, diabos, o que me leva a proferir sua oração fúnebre, não para fazer seu elogio ou atenuar seus defeitos, mas para pintá-lo tal como foi e mostrar ao universo que tal monstro merecia ser asfixiado desde o berço!

Naquela segunda-feira, 21 de janeiro de 1793, às dez e vinte da manhã, na Place de la Révolution, um homem é morto, chamado apenas de Luís Capeto. Mas é o corpo de um rei, e a história de uma nação, que são cortados em dois.

---

* *Sans-culotte* (literalmente, "sem calções"): nome dado aos patriotas revolucionários mais ardentes, que usavam calças e não os calções dos aristocratas. (N.T.)

Quatro anos antes, em 1789, súditos de todas as províncias ainda celebravam aquele mesmo homem, o rei da França.

E em 14 de julho de 1790, ele presidira a festa da Federação, reunindo à sua volta todos os cidadãos dos departamentos do reino.

Era o rei dos franceses.

Em maio de 1774, quando sucedera ao avô, Luís XV, panfletistas tinham escrito que ele parecia "prometer à nação o reino mais doce e afortunado".

Quem ousaria imaginar que um dia Luís XVI, Luís o Bom, seria, sob o simples nome de Luís Capeto, guilhotinado na antiga Praça Luís XV, convertida em Place de la Révolution?

PRIMEIRA PARTE

1774-1788
"Que fardo, e não me disseram nada!"

"Não esqueçais jamais, Sire, que foi a fraqueza
que colocou a cabeça de Carlos I no cepo..."

Carta de Turgot a Luís XVI
30 de abril de 1776

1.

Esse rei, Luís XVI, morto depois de humilhado, teria pressentido seu destino trágico ao ascender ao trono da França?

Era o dia 10 de maio de 1774.

Há vários dias ele sabe que seu avô Luís XV está desenganado e que ele, Luís Augusto, duque de Berry, será seu sucessor.

A angústia e o desânimo o oprimem.

Ele vira o corpo do rei – Luís, o Bem-Amado, o mais belo homem do reino, chamado de Luís XV – se transformar num amontoado de carnes purulentas e fétidas, o rosto coberto de pústulas e feridas.

Todos se ajoelham para rezar, mas ao pé da escada que conduz ao quarto do rei, por medo de contágio.

– Madame, estou com varíola – dissera Luís XV à sua favorita, a condessa Du Barry.

Ele quisera, depois de uma vida dissoluta, pedir a graça de Deus, e por isso afastara aquela amante que – depois de tantas outras – representava a encarnação do pecado.

– É necessário que a senhora se afaste – dissera.

Ela obedecera, trocando Versalhes pelo Castelo de Rueil.

O confessor de Luís XV recolhe as últimas palavras do rei agonizante. Depois avança até os cortesãos que se mantêm à distância.

– Senhores, o rei ordenou-me que dissesse que, se escandalizou seu povo, pede-lhe perdão e está decidido a preencher o resto de seus dias praticando a religião como um bom cristão, como o foi em sua juventude, e protegê-la e fazer a felicidade de seu povo.

Luís, duque de Berry, em breve Luís XVI, ouve suas palavras.

Mas é tarde demais, a morte já se apossara do corpo do rei, que é preciso o mais rápido possível fechar num caixão duplo, de chumbo, cheio de "espírito do vinho*".

Esse rei tão poderoso, tão adulado durante a primeira parte de seu reinado, agora não passa de um cadáver que se desintegra, do qual todos se afastam, querem esquecer.

Seis mil missas haviam sido celebradas em 1744 quando uma doença prostrara Luís XV. Só se contam três em 1774.

Luís XVI ficará sabendo que o caixão do rei foi conduzido até Saint-Denis acompanhado apenas de alguns serviçais e uma pequena escolta da guarda pessoal na noite de 12 de maio.

Ao longo de todo o trajeto, ouviram-se gritos, em tom alegre: "Pega! Pega!" e "Chegou o prazer das damas! Chegou o prazer!".

Oração fúnebre por um rei que, segundo o povo, se preocupara mais com a caça e as mulheres do que com seu reinado.

Luís, que em 1770 se casara, aos dezesseis anos, com Maria Antonieta da Áustria, a mais jovem herdeira dos Habsburgo, de apenas quinze anos, ele que dizem ter sido incapaz por vários anos de consumar seu casamento e de quem não se conhece nenhuma aventura amorosa, murmurará:

– O que sempre causou a perdição deste Estado foram as mulheres legítimas e as amantes.

Ele faria vinte anos dentro de alguns meses, nunca reinara, e entregava-se com paixão somente à caça, dedicando-se a ela todos os dias desde que cavalgara pela primeira vez em agosto de 1769 – aos quinze anos. Mas fora testemunha, na Corte, de intrigas arquitetadas em torno da condessa Du Barry e de lembranças deixadas por Madame de Pompadour ou pelas favoritas de Luís XIV e seus bastardos. Suas tias – as irmãs de Luís XV – e o governador das crianças reais da França, o duque de La Vauguyon, avisam-no do perigo representado pelas mulheres e da influência que estas podiam exercer no governo.

– Uma desgraça.

---

* Espírito do vinho: álcool etílico. (N.T.)

Ele vira os súditos se afastarem de Luís XV.

E pouco a pouco fora construindo para si uma ideia dos deveres de um soberano. Inclusive escrevera uma espécie de resumo de todos os ensinamentos que lhe haviam sido passados, intitulado *Reflexões sobre meus diálogos com Monsieur de La Vauguyon*.

"Um bom rei", escreve ele, "não deve ter outro objetivo que tornar seu povo feliz..."

> Por isso, não deve esquecer os direitos naturais de seus súditos, anteriores a qualquer lei política e civil: a vida, a honra, a liberdade, a propriedade dos bens... O príncipe precisa, portanto, reduzir os impostos o máximo que puder... O rei deve ser firme e nunca se deixar levar pela fraqueza. Também deve conhecer os homens a fim de não ser enganado... O rei recebe de Deus a autoridade soberana e só deve contas a Ele, mas, se oprime seu povo, é culpado perante Deus.

Os conselhos que recebe de um abade que fora confessor de seu pai – o abade Soldani – terminam sua apresentação do "ofício do rei" como sendo o mais exigente, o mais austero, o mais difícil que existe.

É preciso, diz-lhe Soldani,

> conhecer sua religião, lutar contra os escritos filosóficos sem melindrar os autores, proteger a Igreja sem poupar os maus sacerdotes ou os abades avaros... Evite os favoritos, mantenha-se perto do povo, evite o vão luxo, os gastos e os prazeres, que sabemos, de resto, serem pouco valorizados pelo senhor. Amando o trabalho, saiba repousar; sendo frugal, não se deixe seduzir. Seja bom com todos, mas lembre-se de que é o herdeiro. E que o senhor possa reinar o mais tarde possível.

Mas naquele 10 de maio de 1774, quando ainda não tem vinte anos, Luís ouve, como um trovão, os passos impacientes dos cortesãos que abandonam a antecâmara do soberano falecido para saudar "a nova potência".

O rei está morto! Viva o rei!

2.

Luís se sente oprimido, sufocado.
– Que fardo – exclama –, e não me disseram nada! Sinto como se o universo inteiro fosse cair sobre mim.

Ele temia há mais de dez anos não poder suportar o encargo real que Deus lhe confiava.

Por muito tempo, esperara não subir ao trono.

Era apenas o segundo filho do delfim Luís Ferdinando e da delfina Maria Josefa da Saxônia.

O filho mais velho, o duque de Borgonha, era o sucessor direto de Luís Ferdinando, que por sua vez só subiria ao trono depois da morte de seu pai, Luís XV.

Luís, duque de Berry, nascido em 23 de agosto de 1754, se sentia protegido por aquelas três vidas que o mantinham afastado do trono.

Além disso, quem prestava atenção naquela criança bochechuda, que se tornaria um menino magro, com o olhar vago dos míopes, que parecia incapaz de tomar uma decisão sozinho e que inclusive no andar parecia hesitante?

Seu irmão mais velho, o duque de Borgonha, atraía todos os olhares, todas as atenções, e tratava o irmão mais novo com arrogância e desprezo, enquanto seus preceptores e o governante das crianças reais da França, o duque de La Vauguyon, davam-no como modelo. Os irmãos mais novos de Luís, duque de Berry, os condes de Provença e de Artois, eram, apesar de mais afastados do trono, menos apagados. O conde de Provença tinha uma inteligência fina, e o conde de Artois, o charme de um sedutor.

As irmãs, Clotilde e Elizabeth, contavam pouco diante dos quatro filhos.

"Nossos príncipes são belos e bem apessoados... Monsenhor duque de Borgonha é belo como o dia, e o duque de Berry não lhe perde em nada", dizia-se.

Mas o festejado é o duque de Borgonha!

Quando o duque de Borgonha nasce, em 1751, Luís XV determina três dias de descanso e luzes em Paris. Nada parecido para o duque de Berry três anos depois. Apenas algumas badaladas de sinos.

Por acaso se temeu, como acontecera com o duque de Borgonha, que alguns revoltosos, pobres oprimidos pela miséria, esfomeados pelo preço dos grãos, colocassem no berço da criança um pacote de farinha e outro de pólvora, com os dizeres: "Se um nos faltar, o outro não faltará"?

Uma das amas de leite fora mandada para a Bastilha, sem que no entanto as engrenagens do complô fossem desmontadas, e os cúmplices, revelados.

O duque de Berry permanece à sombra do irmão mais velho. Havia tão pouca preocupação com ele que a ama de leite que lhe é indicada não tem leite, mas é amante de um ministro do Rei, o duque de La Vrillière.

Tanto pior para Luís, duque de Berry, visto que não será rei!

Mas a morte tem outros planos.

Ela ronda o reino da França que parece tão rico, tão poderoso, o modelo incomparável das monarquias.

No entanto, morre-se de fome. Os impostos despojam os mais humildes, tornando-os exangues, enquanto nobres e eclesiásticos parecem intocáveis, e ainda por cima gananciosos, aumentando seus próprios impostos, avaros a ponto de quererem se apoderar de tudo, caçando a cavalo, devastando com isso as colheitas, e levando a juízo, às vezes até o cadafalso, os camponeses que não respeitam suas leis.

As "comoções", os "motins", as "guerras das farinhas", as "revoltas dos pés-nus", portanto, sacodem periodicamente o reino.

Em 1757 – o duque de Berry tem três anos –, um serviçal de Versalhes, Damiens, dá uma facada no flanco do rei bem-amado, Luís XV. Ferimento sem gravidade, mas ato revelador, que merece uma punição na medida do sacrilégio.

Levantar a mão para o rei é bater em Deus! Nesse reino onde se lê Voltaire, onde a favorita do rei, Madame de Pompadour, protege os filósofos, chumbo fundido será derramado nas entranhas abertas de Damiens, cujos membros depois serão atrelados a quatro cavalos, para esquartejá-lo, sendo que, a fim de facilitar o arrancamento das pernas e dos braços, as axilas e a virilha serão cortadas.

A morte está à espreita.

O duque de Borgonha morre em 20 de março de 1761, e Luís, o segundo filho, com sete anos, a quem a morte do irmão mais velho mergulha na doença, se muda para o quarto do irmão defunto, o quarto da criança mimada que era preparada para o trono e que agora não passa de uma lembrança exemplar cujos méritos não cessam de ser louvados para Luís.

Sua educação é acompanhada mais de perto.

"Berry faz grandes progressos em latim e avanços surpreendentes em história", escreve seu pai, o delfim Luís Ferdinando.

Mas os embaixadores que o analisam, visto que ele se aproximara do trono, não têm tanta indulgência.

"Se formos pelas aparências", escreve o embaixador da Áustria em 1769 – Luís tem quinze anos –, "a natureza parece ter-lhe recusado tudo. O príncipe, em sua atitude e em suas palavras, anuncia uma inteligência muito limitada, uma enorme falta de graça e nenhuma sensibilidade..."

O embaixador de Nápoles acrescenta um traço ainda mais grave: "Ele parece ter sido criado no mato".

Luís de fato é tímido e se sente menos à vontade ainda depois da morte de seu pai, o delfim da França, na sexta-feira 20 de dezembro de 1765. A partir de então, só haveria entre o encargo real e ele próprio o seu avô Luís XV, ainda enérgico, rejuvenescido por sua ligação com a condessa Du Barry, que sucedera à marquesa de Pompadour, morta em 1764.

O rei ainda está lúcido e exclama, cheio de preocupação e quase desespero:

– Pobre França, um rei de 55 anos e um delfim de onze! Pobre França.

A partir daquele mês de dezembro de 1765, Luís, duque de Berry, se torna o legítimo delfim da França.

Aos onze anos.

Não passa de uma criança atormentada, que muitas vezes encontra na doença um refúgio contra a angústia de um dia ter que ser rei da França. Dignidade, encargo e função aos quais é preparado aprendendo italiano, inglês e um pouco de alemão. Mas ele gosta mais das matemáticas, das ciências e da geografia. É hábil em desenhar mapas.

Os trabalhos manuais – inclusive os dos jardineiros ou camponeses que conhece – o atraem. Fora franzino. Agora engorda, porque devora e engole tudo com voracidade, como que em busca dos momentos de torpor e indigestão que mascaram a realidade.

Se a morte atingir primeiro Luís XV, seguindo a ordem natural das coisas, ele será rei.

E isso o deixa amedrontado.

O dia se aproxima, pois a morte continua à espreita.

A mãe de Luís – a delfina – morre em 1767; depois, em março de 1768, é levada a rainha Marie Leczinska – avó de Luís.

A cada uma dessas mortes é o delfim quem preside as cerimônias fúnebres, de pesada e minuciosa etiqueta – Luís XV não assiste, por exemplo, ao serviço solene em Saint-Denis em honra à rainha.

Luís ainda não é rei, e essas obrigações às quais precisa se submeter o paralisam, apesar de ele tentar disfarçar. Mas seu rosto redondo marcado pelo enfado e quase pelo desespero, seu olhar apagado, seus gestos canhestros não deixam dúvidas.

Ele também sabe que não poderá satisfazer as expectativas de Luís XV, que não cessa de lamentar a morte do filho, o delfim Luís Ferdinando.

"O senhor calculou bem a minha dor", escreve o rei ao duque de Parma. "Distraio-me o máximo que posso, não há remédio, mas não consigo me acostumar com a ausência de meu filho, e quando chamam meu neto, que diferença sinto, sobretudo quando o vejo entrar."

Então Luís, para se proteger da decepção, fecha-se sobre si mesmo, seu corpo se torna pesado como se a gordura fosse uma carapaça, e a miopia, a maneira de não enxergar, de ignorar a realidade.

Mas ele às vezes rompe o silêncio em que se esconde e, numa resposta a La Vauguyon, revela sua amargura e sua solidão:

– Ora, Monsieur, quem o senhor quer que eu mais ame aqui, onde não me vejo amado por ninguém?

Mas é preciso aceitar, suportar o que Deus impõe.

E a escolha de Deus se expressa na voz de Luís XV.

É o rei que indica o caminho, o rei que, aconselhado por seu ministro Choiseul, está decidido a reforçar a aliança com o Império Habsburgo. A maneira mais simbólica e eficaz de fazê-lo é preparando o casamento do delfim com uma arquiduquesa austríaca.

Em 24 de maio de 1766, o embaixador de Viena em Paris, o príncipe Stahrenberg, escreve à imperatriz Maria Teresa da Áustria: "Sua Majestade sagrada pode, a partir deste momento, considerar como decidido e garantido o casamento do delfim com a arquiduquesa Maria Antonieta", a mais jovem das filhas de Maria Teresa.

Luís XV confirmara-o ao embaixador austríaco, que acrescenta: "É principalmente aos bons préstimos de Monsieur de Choiseul – o primeiro dos ministros – que devo uma vitória a que me dediquei de todo coração".

Não faz parte dos costumes haver preocupação com os sentimentos do delfim da França. A vida de Luís, duque de

Berry, Luís XVI a partir de 10 de maio de 1774, é traçada, portanto, sem que ele nada tenha a dizer sobre o assunto. E as escolhas feitas em nome da tradição, da política e das decisões reais, das obrigações dinásticas, modelam sua personalidade.

Agora que é rei, Luís precisa reinar.
Mas ele não é seguro de si.
Não o ensinaram a governar.
Ele sabe caçar, trabalhar o ferro como um ferreiro ou um serralheiro, ou mesmo abrir um sulco na terra como um agricultor, mas desconhece a arte da conferência e da decisão política.

Procura à sua volta apoios, conselhos.

Seu pai Luís Ferdinando, antes de morrer, fizera uma lista de personalidades que poderiam ajudá-lo com seus conselhos. Ele consulta suas tias, mas as filhas de Luís XV são velhas senhoritas devotas. Uma delas, Louise, inclusive entrara para o convento carmelita de Saint-Denis.

Ele desconfia de sua jovem esposa, Maria Antonieta, que ainda não tem dezenove anos e está totalmente submissa às estratégias do novo embaixador austríaco, Mercy-Argenteau, que quer acima de tudo servir Viena.

Luís ouve uns e outros, hesita entre dois antigos ministros, Machault e Maurepas, um de 73 anos, o outro de quase 74!

Primeiro escolhe Machault, aconselhado pelas tias, depois, cedendo às demais influências, opta por Maurepas, exilado por Luís XV em seu Castelo de Pontchartrain. Ali, Maurepas recebe os espíritos esclarecidos de Paris, próximos do "espírito das Luzes", aberto à economia, às ideias que o "partido filosófico", Voltaire e a *Enciclopédia* defendem e disseminam.

Aquele homem poderia ser seu conselheiro.

Dirige-lhe, portanto, a carta que primeiro escrevera para Machault.

> Monsieur, na justa dor que me aflige e que partilho com todo o reino, tenho no entanto deveres a cumprir.
> Sou rei: esta palavra em si envolve obrigações, mas tenho apenas vinte anos. Não acredito ter adquirido todos os conhecimentos necessários. Além do mais, não tenho nenhum ministro, pois todos foram encerrados com o rei em sua doença.

Os riscos de contágio impunham que ele não os consultasse antes de nove dias.

> Sempre ouvi falar de vossa probidade e da reputação que vosso profundo conhecimento dos negócios tão justamente vos granjeou. O que me leva a rogar-vos que queira ajudar-me com vossos conselhos e luzes.
> Ficar-vos-ei muito agradecido, Monsieur, se vier o mais cedo que puder a Choisy, onde vos verei com o maior prazer.

A carta é deferente, quase humilde. Ela toca e lisonjeia o velho cortesão que é Maurepas.

Em 13 de maio, este vai para Choisy. Encontra-se com Luís XVI, compreende que o jovem rei não precisa de um primeiro-ministro, mas de um mentor, papel que convém a Maurepas.

– Não serei nada para o público – diz Maurepas. – Existirei apenas para Vossa Majestade.

Os ministros trabalhariam com o rei e ele, Maurepas, ofereceria sua experiência.

– Façamos uma conferência ou duas por semana, e se Vossa Majestade tiver agido rápido demais, dir-lhe-ei.

"Em uma palavra, serei vosso homem pessoal e nada mais."

Maurepas acrescenta:
– Se Vossa Majestade quiser se tornar seu próprio primeiro-ministro, poderá pelo trabalho...

O primeiro Conselho se realiza em 20 de maio de 1774 no castelo de La Muette, às margens do Bois de Boulogne.

Luís XVI ouve os antigos ministros de Luís XV.

Neste Conselho e nos seguintes, os despachos são lidos sem ser comentados. O rei se entedia, não intervém, abandona bruscamente o Conselho sem que a data do seguinte tenha sido fixada.

Única decisão: o rei renuncia, num édito de 30 de maio, ao "dom de feliz advento", e a rainha a outro imposto, ambos destinados a celebrar a ascensão ao trono de um novo soberano.

Ao ver Luís XVI passeando a pé, no Bois de Boulogne, sem a guarda pessoal, entre seus súditos, e em seguida a rainha ir a seu encontro a cavalo, e os dois jovens se abraçarem, "o povo bate palmas".

"Luís XVI parece prometer à nação o mais doce e afortunado dos reinos", dizem os periódicos.

3.

As aclamações, o fervor popular espontâneo em torno do castelo de La Muette, os homens e mulheres que se ajoelham à sua passagem, que querem beijar suas mãos ou simplesmente tocar suas vestes, tranquilizam Luís XVI.

Ele abraça Maria Antonieta, e a multidão exclama:

– Viva o rei! Viva a rainha!

De repente tudo parece simples, límpido como um céu que se desanuvia.

Os súditos amam seus soberanos. O rei encarna o reino e a ordem do mundo; os franceses sabem e aceitam isso.

É preciso ser bom, justo e firme com eles, torná-los felizes, aliviar suas misérias, diminuir o máximo possível os impostos que pagam, e portanto reduzir os gastos exorbitantes, o "vão luxo", como dizia o abade Soldani. Senão, haveria explosões de cólera, comoções camponesas, como as de 1771 e inclusive do ano que passara, 1773, suscitadas pelas colheitas deficitárias. A escassez de grãos provoca o aumento do preço do trigo e, portanto, da farinha e do pão. Assim tem início um motim.

Como evitá-lo?

O estado de espírito de Luís se torna sombrio. O sentimento de impotência que várias vezes o acomete se torna dominante e o deixa aborrecido.

Ele olha para Maria Antonieta, que ri, serpenteia e confabula, cercada de cortesãos. Que se afasta a galope enquanto ele fica ali, naquele Bois de Boulogne, hesitante, oprimido por seus súditos cujo entusiasmo de repente o cansa, e que ele sabe, lembrando dos últimos anos do reinado de Luís XV, poder virar desprezo ou cólera.

Ele tem a impressão de ser prisioneiro daquela teia formada pelo poder real, cujos fios convergem todos para sua pessoa.

Precisa soltar-se, agir, mas como fazê-lo sem romper aqueles laços que se entrecruzam, enredados uns nos outros? Cortar um é enfraquecer toda a teia.

Bastam-lhe algumas semanas para descobrir que à sua volta havia um emaranhado de intrigas, ambições e interesses contraditórios.

Ele recebe a sugestão de voltar atrás em relação à reforma determinada em 1771 por Luís XV e seu chanceler Maupeou.

Os cofres reais estavam vazios, visto que a Guerra dos Sete Anos, de 1756 a 1763, desastrosa, encerrada no calamitoso Tratado de Paris, custara caro.

Fora preciso voltar a enchê-los para evitar a bancarrota. Os novos impostos precisaram atingir os "privilegiados".

Os parlamentos se opuseram. Compostos por privilegiados, representantes dos proprietários, estes se apresentaram como "defensores do povo" contra o poder real. O chanceler Maupeou quisera calá-los, transformando os parlamentares em meros agentes do poder real.

Exilara os membros do Parlamento de Paris, restringindo a força desta jurisdição.

O que fizera fora uma verdadeira revolução, que permitira à monarquia realizar reformas decisivas, visto que finalmente poderia aumentar o imposto sobre os privilegiados sem enfrentar a resistência dos parlamentos.

Com a morte de Luís XV, seria necessário apagar aquela "revolução", restituir aos parlamentos toda sua força? Capitular, confortar os privilegiados em detrimento do reino como um todo e dos próprios interesses da monarquia? Luís XVI escuta os conselheiros à sua volta. Mas hesita.

Há o "lado" de Maria Antonieta, que é contra qualquer redução das despesas reais, e para o qual a monarquia só deve respeitar os privilégios, de que é a própria expressão.

Maria Antonieta ama o luxo, os bailes e as festas, e concede aos que compõem sua "corte" milhares de libras de renda.

Herdeira dos Habsburgo, orgulhosa de sua ascendência, ela se preocupa em defender os interesses da corte de Viena.

É pouco inteligente, pois sua educação fora negligenciada.

O abade Vermond, preceptor enviado a Viena para instruí-la e prepará-la para seu papel de rainha da França, constatara que ela era rebelde a qualquer obrigação, que só era possível "aplicar sua mente ao diverti-la", pois nunca fora acostumada a se esforçar e era marcada por "um pouco de preguiça e muita leviandade". Mas ela sabia seduzir, jovem que era, fronte alta e saliente, cabeleira dourada, pele de uma brancura acetinada.

Esse charme a que ninguém resiste incomoda Luís, quando a recebe ao lado de Luís XV em Compiègne, depois em Versalhes, em maio de 1770, para celebrar, segundo os desejos do primeiro dos ministros, Choiseul, o maior casamento do século e, com isso, confirmar de maneira estrondosa a aliança do reino da França com o da Áustria.

Cerimônia grandiosa, baile, ceia, iluminação e fogos de artifício, que uma violenta tempestade obriga a adiar, marcam esse dia, 16 de maio de 1770.

Mas Luís, em sua pesada roupa bordada da Ordem do Espírito Santo*, parece constrangido, distante, entediado, como se o brilho de sua esposa, de apenas quinze anos, deixasse pouco à vontade aquele jovem de dezesseis anos que não tem experiência nenhuma com as mulheres e que precisa, sob os olhares dos cortesãos, despir-se e deitar-se segundo o ritual da Corte ao lado daquela adolescente impulsiva.

Logo se espalha o rumor de que o casamento não fora consumado.

Maria Antonieta ousara interpelar o marido na presença das irmãs de Luís XV:

---

* Ordem do Espírito Santo: a ordem de cavalaria mais prestigiosa da monarquia francesa, reservada à alta nobreza, criada em 1578 por Henrique III. (N.T.)

– O senhor é meu homem, quando será meu marido?

Há murmúrios, gozações.

Maria Antonieta é rapidamente cercada por um séquito de jovens, dentre os quais o conde de Artois, o mais novo dos irmãos de Luís, o mais vivaz, o mais brilhante. Luís parece indiferente, dedicando-se todos os dias, com exacerbada violência, à caça, acossando, sozinho, javalis e cervos, atirando-se sobre os animais com a faca nas mãos, para abatê-los e decepá-los.

Quando retorna para o castelo, volta a ser o jovem silencioso e taciturno, indiferente àquela mulher que se surpreende com a frieza do marido.

– É a falta de vontade do príncipe que provoca uma situação tão singular – concluem os médicos que examinam Luís e Maria Antonieta.

Nos salões da Corte, há risos.

Sussurra-se que aquele casamento inacabado começara sob maus auspícios: uma confusão e o pânico decorrente haviam provocado, na noite de núpcias, 136 mortes em Paris.

Luís escrevera ao tenente-geral da polícia: "Relataram-me a desgraça ocorrida por minha causa. Acabo de receber o que o rei – Luís XV – me envia para meus pequenos prazeres. Não posso dispor dessa quantia, envio-a ao senhor, para que socorra os mais desafortunados".

Monsieur De Sartine recebe, portanto, seis mil libras.

Mas isto não cala os comentários.

Alguns dizem sobre os esposos reais:

– Casaram jovens demais.

Outros são mais severos:

– A natureza parece ter tudo recusado a Monsieur delfim – conclui o embaixador da Áustria, Mercy-Argenteau.

Numa carta à imperatriz Maria Teresa, é mais explícito: "Madame, a delfina – Maria Antonieta – teme perceber no príncipe seu esposo indiferença, pouca capacidade de se comover, talvez uma falta de vigor sem os quais não pensa ou sente com vivacidade suficiente para agir com eficácia".

No entanto – finalmente! – o casamento é consumado – ou quase! – em maio de 1773. Três anos, portanto, depois da cerimônia!

"Acredito o casamento consumado, apesar de não ainda a ponto de estar grávida", escreve Maria Antonieta para a mãe, a imperatriz Maria Teresa. "É por isso que Monsieur delfim ainda não quer que saibam. Que alegria seria ter um filho no mês de maio..."

Seria influência daqueles dias de maio? Luís comparece às festas dadas por Maria Antonieta, e esta participa das caçadas reais.

Quando fazem sua entrada oficial em Paris, em 8 de junho de 1773, a multidão os aclama. Nunca um casal da família real recebera semelhante acolhida popular.

Os jovens – de dezenove e dezoito anos – ficam comovidos.

> O que mais me tocou [escreve Maria Antonieta] foi a ternura e a solicitude desse pobre povo, que apesar dos impostos que o sobrecarregam estava cheio de alegria por nos ver. Quando chegamos às Tulherias havia uma multidão tão grande que ficamos três horas sem podermos ir embora, Monsieur delfim e eu... Antes de nos retirarmos saudamos com a mão o povo, o que causou grande satisfação. Que felicidade, na nossa condição, obter a amizade do povo de maneira tão fácil! Não há nada mais precioso, senti-o muito bem e jamais o esquecerei.

Era o mês de junho de 1773.

Bem no fundo, Luís não consegue se deixar iludir por muito tempo por aquelas cenas comoventes e tranquilizadoras.

Ele precisa submeter-se aos exames do cirurgião Lassonne.

Todos já sabem que um dos irmãos de Luís, o conde de Provença, era incapaz de cumprir seus deveres de esposo, apesar de dissimulá-lo. Luís precisa enfrentar, além da ironia e dos sarcasmos dos cortesãos, a própria Maria Antonieta, que escreve para Maria Teresa: "Ele tem uma ótima constituição, me ama e tem boa vontade, mas é de uma indolência e de uma preguiça que jamais o abandonam".

No entanto, caça com impetuosidade e audácia.

Enfrenta também as críticas do primeiro-ministro, Choiseul, cuja vontade de humilhá-lo e cujo ciúme ele percebe. Luís seria rei. Choiseul escreve: "O príncipe é imbecil, é de se temer que sua imbecilidade, e o ridículo e o desprezo que serão consequência, produzam naturalmente a decadência deste Império, que perderia o trono aos descendentes do rei".

Luís se sente, portanto, observado, avaliado, julgado, criticado. A cólera mesclada de amargura e o sentimento de impotência que o consomem só conseguem ser extravasados quando ele se atira, ao fim de uma cavalgada, com a faca na mão, em cima de uma presa acossada.

Mas esta força e esta raiva interiores são proscritas do mundo policiado, ardiloso e dissimulado da Corte e do labirinto de intrigas formado pela política monárquica.

Luís precisa enfrentar e suportar os olhares cortantes dos cortesãos e dos embaixadores que fazem relatórios para seus soberanos sobre aquela monarquia francesa, tão gloriosa, tão poderosa, e no entanto corroída pelas fraquezas daqueles que a encarnam, paralisada pela resistências às reformas de suas elites privilegiadas.

O embaixador da Espanha escreve:

> Monsieur delfim ainda não revelou seu talento nem seu caráter. Não há dúvida de que seja bom e grande amigo da virtude. Seu tamanho é proporcional, e seu corpo robusto; gosta muito de caçar e anda a cavalo com tanta destreza que é difícil acompanhá-lo. Expõe-se, inclusive, a quedas perigosas.
> Não se conhece ninguém que tenha adquirido sua confiança íntima.

É de se duvidar que tenha consumado seu casamento. Alguns afirmam que sim, mas várias damas da delfina parecem acreditar que não; não faltam motivos para pensar desta maneira.

São encontrados nos lençóis dos príncipes manchas que revelam que o ato ocorreu, mas muitos as atribuem a expulsões externas do delfim, que não teria conseguido concluir a penetração não por problemas de temperamento, mas devido a uma pequena dor em lugar delicado que se acentua quando ele insiste.

Outros acreditam que houve consumação, porque o delfim se mostra cheio de afeição para com a delfina há algum tempo; mas a dúvida que continua pairando sobre o assunto, em si tão importante, não deixa pensar que o resultado desejado tenha sido obtido, para ser celebrado.

A delfina é bela e de coração muito austríaco: enquanto ainda não o tiver mais apegado à França, é natural que aproveite pouco todas as vantagens deste país.

Gosta muito de joias e ornamentos, e não faltam ocasiões para adquirir tudo o que deseja, podendo assim satisfazer com abundância a inclinação de seu sexo...

O conde de Provença tem uma aparência muito boa. Mas todos, com unanimidade, afirmam que é impotente.

O conde de Artois é galante e de belo porte, tem mais luzes que seus irmãos e mais predisposição para se instruir. A julgar pelas aparências, sua vivacidade e suas qualidades o fazem aparecer como o salvador e o restaurador da família. A situação deste governo e desta monarquia não é de invejar...

4.

Luís sabe o que o embaixador da Espanha pensa sobre o reino da França.

Não ignora nada do que os cortesãos, os demais diplomatas e os membros da família real escrevem em suas correspondências, cochicham entre si.

O levantamento dessas palavras e a cópia dessas cartas acabam de ser depositados em sua mesa pelo diretor do "gabinete negro", encarregado de registrar as conversas, de abrir as correspondências e de elaborar um relatório diário ao rei.

Assim haviam feito Luís XIV e Luís XV. Luís faz como eles, fascinado e ao mesmo tempo assustado com as coisas que descobre, ávido em conhecer a realidade submersa daquele reino de que é responsável, e em desvelar as intenções das pessoas à sua volta.

Luís está convencido de que não são as aparências que de fato contam, que as falas públicas são na maioria das vezes máscaras de intenções e projetos diversos.

Desde a infância ele dissimulava suas ideias, fora um adolescente solitário e silencioso. Está persuadido de que só é possível governar aquele reino, agir sobre os homens, fazendo um jogo secreto, cujo alcance não deve revelar a ninguém, nem ao mais próximo dos conselheiros, nem mesmo à rainha.

Como, aliás, agir de outra maneira quando se é aquele que deve, em última instância, decidir sobre o destino dos 25 milhões de súditos que constituem o reino mais povoado da Europa?

Em Paris, contam-se no mínimo seiscentos mil habitantes.

Além disso, é preciso preocupar-se com aqueles filósofos que reinam sobre os espíritos, que propagaram em milhões de exemplares os dezessete volumes da *Enciclopédia*.

Luís desconfia daqueles homens "esclarecidos" com o espírito das Luzes, daquele Voltaire que, hábil e engenhoso, sabia tanto louvar o rei sagrado em Reims quanto conduzir a guerra contra a Igreja. Aquele era um homem que avançava às escondidas, que publicava escritos violentos com nomes falsos e tinha um único objetivo: "Esmagar a infame" – a religião apostólica e romana que era o alicerce da monarquia.

Mas Luís quer ser o Rei Muito Cristão da filha mais velha da Igreja.

Esta tem cerca de 130 mil religiosos e religiosas, dentre os quais 143 bispos. Estes últimos, por sua vez, fazem parte de uma nobreza que conta 350 mil pessoas, das quais quatro mil vivem na Corte.

Privilegiados, com certeza, mas Luís sabe que numerosos são aqueles que, apesar de fiéis à monarquia, invejam o rei. A começar por Luís Filipe de Orléans, seu primo, grão-mestre da maçonaria, seita condenada pela Igreja mas tolerada – depois que em 1764 (vitória do partido filosófico) os jesuítas foram expulsos do reino.

Há também os "frondistas" parlamentares, exilados por Luís XV e pelo chanceler Maupeou, que pressionam Luís para obter a anulação da reforma e o seu retorno a Paris com todos os privilégios.

Por último, o "povo", milhões de súditos, o "Terceiro Estado". O topo é constituído de dois a três milhões de "burgueses", comerciantes, médicos, cirurgiões, advogados e letrados que muitas vezes fazem parte de sociedades e lojas maçônicas, ao lado de alguns nobres, todos cheios do espírito das Luzes, leitores de Montesquieu, Rousseau e sobretudo Voltaire. Abaixo deles, a massa camponesa representa mais de vinte milhões de súditos, sendo que um milhão e meio ainda são servos, e os demais, pequenos proprietários ou fazendeiros e rendeiros, são esmagados por impostos reais, senhoriais, feudais e devem inclusive o dízimo à Igreja!

Este é o reino que Luís tem a governar.

Ele sabe que todos se questionam, naquelas primeiras semanas de governo, sobre sua capacidade.

– Luís XVI terá ou não o dom de fazer escolhas, e o da decisão? – indaga-se um abade da corte, Véri.

É anódino, mas Luís descobre na cópia de uma carta do embaixador da Áustria, Mercy-Argenteau, para a imperatriz Maria Teresa, que o diplomata o considera "pouco amável. Seu exterior é rude. Os negócios podem inclusive causar-lhe momentos de mau humor".

O austríaco se pergunta se aquele rei "impenetrável aos olhos mais atentos" deve aquela "maneira de ser" a uma "grande dissimulação" ou a uma "grande timidez".

O embaixador relata uma exclamação de Maria Antonieta: "O que o senhor acha que se pode fazer ao lado de um homem de pedra?"

Como, ao descobrir essas coisas, não se fechar, não se recusar a confiar, não manter seu jogo secreto? Como não hesitar ao escolher, sabendo que a todo o momento se está sendo observado?

Ele deveria voltar atrás na reforma de Maupeou?

Deveria nomear para controlador-geral das Finanças esse Anne Robert Turgot, intendente de Limousin, chamado de "fisiocrata" – economista, portanto –, adepto do *laissez faire, laissez passer*, que quer acabar com as corporações de ofício, decretar a livre circulação de grãos, imaginando que essas liberdades favoreceriam o comércio e permitiriam reduzir e inclusive apagar aquele déficit, aquele tumor maligno da monarquia, aquela palavra que Luís ouve várias vezes associada a bancarrota, economia, impostos, reformas, privilégios?

Luís se sente acossado. Seu mentor, o velho Maurepas, o intima a decidir-se pela nomeação de Turgot, a responder a inúmeras outras questões prementes em relação à reforma Maupeou e à política externa.

Deveria ele preparar e iniciar uma guerra contra a Inglaterra, grande beneficiária do Tratado de Paris, tirando proveito das dificuldades que Londres encontrava em suas colônias na América?

Isto presumiria dar-se mais peso ainda à aliança com a Áustria, coisa que Maria Antonieta naturalmente queria, guiada pelo embaixador Mercy-Argenteau.

Mas quais são os interesses do reino?

Luís hesita.

– O que o senhor queria! – diz ele a Maurepas. – Estou cheio de problemas e só tenho vinte anos. Tudo isso me perturba.

– Só quando tomar uma decisão é que essa perturbação cessará – responde Maurepas. – Protelar faz os problemas se acumularem, e inclusive os prejudica, sem concluí-los. No dia em que o senhor resolver um, outro nascerá. Trata-se de um moinho eterno, que será vosso quinhão até o dia de vosso último suspiro.

A única maneira de escapar daquele moinho de problemas que precisam de soluções, que gira sem parar, cessando apenas com a morte, é fugir, cavalgar nos bosques, perseguir o cervo e o javali, ir para Versalhes ou Marly. Luís sonha com o dia em que finalmente poderá se instalar em Versalhes.

Já pensa em se mudar para apartamentos privados, com uma sala de geografia, onde reuniria seus mapas e suas plantas, e reservar um andar para a marcenaria. Acima ficaria a biblioteca e, no último andar, colocaria uma forja, bigornas e ferramentas para trabalhar o ferro.

Um belvedere lhe permitiria penetrar, graças a um telescópio, todos os segredos dos pequenos bosques de Versalhes e do castelo.

Manteria aquelas salas fechadas, pois já surpreendera comentários irônicos ou desdenhosos sobre seus gostos de artesão, ferreiro, serralheiro e marceneiro.

Um rei, um fidalgo, joga cartas, gamão, aprecia as corridas, as caçadas, mas não se dedica às atividades de um plebeu, de um aprendiz de ofício!

Elas não são dignas de um rei.

Mas é a maneira que Luís encontra para se retirar, escapar aos olhares, às pressões, às decisões.

É tão simples agir apenas para si!

Luís aceita, por exemplo, apesar de prevenido sobre aquela iniciativa temerária, ser inoculado com a varíola, a pedido da rainha e de seus irmãos – prática ainda considerada perigosa, vinda daquela terra herética e filosófica que era a Inglaterra, tão louvada por Voltaire e o partido filosófico –, para ser vacinado contra aquela doença que causara significativas mortes na família real.

Ao saber que um fio fora passado na chaga purulenta de uma criança de três anos e depois introduzido no braço do rei e de seus irmãos, todos ficam preocupados.

– Por que arriscar de uma só vez essas três vidas tão preciosas para a nação, quando ainda não temos nem herdeiros? – todos se perguntam.

Alguns chegam a pensar que "é querer entregar a França aos Orléans".

Mas a vacinação, administrada aos três irmãos instalados no castelo de Marly, é bem tolerada.

Dizem que Luís XVI, durante os quinze dias de isolamento, apesar do mal-estar e da febre, continuou a trabalhar. Voltaire, que representa a opinião esclarecida, declara:

– A História não omitirá que o rei, o conde de Provença e o conde de Artois, os três em plena juventude, ensinaram aos franceses, ao se fazerem inocular, que é preciso enfrentar o perigo para evitar a morte. A nação foi tocada e instruída.

Luís recebe esses elogios com um sentimento de euforia.

Lê de novo e de novo os versos que são publicados, que todos recitam:

> Continua, e sobre nossos corações exerce doce império
> A França tem em seu seio vinte milhões de filhos

Que glória para ti se logo puderes dizer
Faço todos felizes e tenho apenas vinte anos.*

Os periódicos, geralmente cheios de reserva, também exaltam aquele jovem soberano

> ocupado com os cuidados do trono, ao lado da adorável princesa que com ele ascendeu; tudo o que ficamos sabendo a cada momento se soma ao amor que lhe dedicamos. Se fosse possível para os franceses não levar à idolatria a ternura que sentem por seus mestres...

Mas Luís pressente que querem fazer dele o "soberano das Luzes" – Luís, o Justo.

É convidado, por economia, a ser sagrado rei não em Reims, mas em Paris. Também poderia, por ocasião daquela ruptura com a tradição, mudar o juramento que o rei faz quando da sagração – no qual se compromete a exterminar os heréticos!

Não vivem ainda na França pelo menos seiscentos mil protestantes? Por acaso todos já se esqueceram do caso Calas, em que se torturou e executou um protestante cuja inocência fora provada por Voltaire?

Luís ouve, mas resiste.

Recusa-se a nomear Malesherbes chanceler, pois o julga ligado demais ao partido filosófico. E diz a Maurepas, que insiste para que Turgot seja encarregado das Finanças:

– Ele é muito dogmático e está ligado aos enciclopedistas.

– Nenhuma das pessoas que abordaremos estará isenta de críticas – responde Maurepas – ou de calúnias. Receba-o, questione-o sobre suas opiniões, talvez o senhor veja que seus dogmas se reduzem a ideias que considerará justas.

---

* *Poursuis, et sur nos cœurs exerce un doux empire / La France a dans son sein vingt millions d'enfants / Quelle gloire pour toi se bientôt tu peux dire / Je les rends tous heureux et je n'ai que vingt ans.* (N.T.)

É preciso ouvir Maurepas, pois dizem que Turgot, filho de um conselheiro de Estado que também fora preboste dos comerciantes* de Paris, seria capaz de resolver o déficit de 48 milhões de libras que destroça o Estado real.

Em 24 de agosto de 1774, Luís XVI recebe Turgot, ouve o que ele tem a dizer e conclui, apertando sua mão:
– Dou-lhe minha palavra de honra, de antemão, que participarei de todas as suas ideias e que o apoiarei sempre nas decisões difíceis que precisará tomar.

Fora um momento de emoção, mas quando lê a carta na qual Turgot especifica os meios pelos quais recuperará a situação das finanças do reino, o rei calcula as dificuldades.

O programa implica que sejam cortadas as despesas reais e as liberalidades dos soberanos, e que haja um enfrentamento aos *fermiers généraux*** que descontam uma porcentagem elevada dos impostos que recolhem em nome do rei, ao adiantarem as receitas fiscais do Tesouro real.

Luís aprova, por certo, os objetivos de Turgot: "Sem bancarrota, sem aumento de impostos, sem empréstimos".

Mas o tom que Turgot utiliza, aquela música filosófica, "enciclopédica", o desagrada.

> Precisais [escreve Turgot] armar-vos contra vossa própria bondade, e com essa mesma bondade considerar de onde vem esse dinheiro que distribuis a vossos cortesãos, e comparar a miséria daqueles de quem somos às vezes obrigados a arrancá-lo com práticas rigorosas à situação das pessoas que mais têm títulos e recebem vossas liberalidades.

Turgot parece inclusive esquecer, naquilo que escreve, que um rei está, em essência, acima dos homens:

---

* Preboste dos comerciantes: chefe da administração municipal de Paris no Antigo Regime, cuja competência era ligada a assuntos comerciais. (N.T.)

** *Fermiers généraux*: grupo privado de coletores ou receptores de impostos indiretos. (N.T.)

É a Vossa majestade, pessoalmente, ao homem honesto, ao homem justo e bom, mais do que ao rei, que me entrego... Ela condescendeu em segurar minhas mãos nas suas. Ela apoiará minha coragem. Ela ligou para sempre minha felicidade pessoal aos interesses, à glória e à felicidade de Vossa Majestade.

Luís não responde.
Em 1º de setembro de 1774, instala-se em Versalhes. Mobilia rapidamente seus apartamentos, com os ateliês, o belvedere.
Deixa Turgot, controlador-geral das Finanças, agir, e demite os ministros de Luís XV e o chanceler Maupeou.
Em 12 de novembro, anula a reforma do chanceler e restabelece os parlamentos com suas prerrogativas.
Os aplausos são unânimes.
O povo acredita que os parlamentares, proprietários privilegiados e representantes de si mesmos, são seus defensores.
A elite do Terceiro Estado, impregnada do espírito das Luzes, vê os parlamentos como uma barreira ao despotismo.
E os aristocratas – como o duque de Orléans – esperam, graças a eles, limitar o absolutismo real e se servirem de sua glória usurpada, aos olhos do povo, para conquistarem uma clientela popular, visto que continuam sonhando com um levante aristocrático contra o rei e o Estado.
– Eu havia feito o rei ganhar um processo que se arrastava por trezentos anos – dirá Maupeou. – Se quiser voltar atrás, problema seu.

Luís, por sua vez, acredita que os parlamentos se acalmarão.
– Quero sepultar no esquecimento tudo o que aconteceu – diz ele – e verei com o maior contentamento as divisões internas perturbarem o bom funcionamento e a tranquilidade de meu Parlamento. Preocupem-se apenas em preencher suas funções e responder a meus planos para a felicidade de meus súditos, que será sempre meu único objetivo.

Ele tem a sensação de agir com habilidade ao nomear Turgot e apoiar suas medidas sobre a livre circulação de grãos, o controle dos *fermiers généraux*, a supressão das corporações de ofícios, bem como ao restabelecer os parlamentos e inclusive ao estender os privilégios – no exército, a partir daquele momento, ninguém mais poderia se tornar oficial se não provasse nobreza de quatro costados!

Por um lado, com Turgot, ele passa a impressão de que uma nova era se inicia – Voltaire e o partido filosófico o louvam –; por outro, reconforta os privilegiados, mas sem satisfazê-los: em 30 de dezembro de 1774, o duque de Orléans e os parlamentares redigem críticas hostis ao poder real.

Quanto aos plebeus ambiciosos, que sonhavam com carreiras militares, estes não têm mais futuro: os postos de oficial lhes são proibidos. O que causa raiva e ressentimento!

Mais grave ainda são as medidas de Turgot sobre o livre comércio de grãos postas em prática num momento em que a colheita é pobre, levando a uma alta nos preços do trigo e do pão.

Começa a Guerra das Farinhas.

Motins estouram nos mercados de diversas cidades da região de Brie.

Chegam às regiões de Champagne, Borgonha e Normandia, Dijon e Rouen. Pela primeira vez, a culpa é atribuída ao rei.

– Que porcaria de governo! – grita-se nos mercados de Paris.

A capital é tão povoada que sempre constitui um caldeirão de revoltas, visto que a miséria se acumula e a cólera rapidamente se incendeia.

Na Corte, é criticada a pessoa do rei, sempre hesitante, que muitas vezes parece ausente, indiferente, distraído:

– Ele ainda não se recusa a nada – constata Maurepas –, mas não toma a iniciativa de nada e só corre atrás de algum problema quando é lembrado.

Turgot é atacado, mas continua afirmando que é possível combater a escassez com o preço dos grãos e mantém todas as medidas apesar dos motins que se multiplicam da Guerra das Farinhas que se prolonga.

Seus amigos estão convencidos de que "existe uma infernal cabala contra ele... a padralhada, as finanças, tudo que lhe diz respeito, os aproveitadores se reuniram".

Golpe de misericórdia: o banqueiro genebrino Necker critica as medidas "liberais" preconizadas pelos economistas, pelos fisiocratas, sobretudo a liberdade do comércio de grãos imposta por Turgot. É preciso, diz ele, proteger os mais humildes e, se necessário, limitar o direito de propriedade.

É preciso, acima de tudo, agir levando em conta as circunstâncias: "Permiti, defendei, modificai a exportação de nossos grãos de acordo com a abundância do ano, de acordo com a situação política...".

E ele invoca os preceitos de Colbert, o papel do Estado como protetor.

Lê-se Necker.

O partido filosófico se divide entre seus partidários e os que continuam fiéis a Turgot.

Necker parece a muitos o homem que pode substituir Turgot e propor uma política diferente.

É neste momento que os revoltosos, depois de pilhar comboios de trigo, devastam Versalhes, impõem seus preços de pão e farinha aos padeiros, saqueiam, roubam. Comenta-se que alguns entram no pátio do palácio e seus gritos impedem o rei, que tentava tomar a palavra, de ser ouvido.

O rei teria sido obrigado a voltar para seus aposentos, ordenando que o pão fosse vendido a dois soldos a libra.

Este é o rumor que se espalha e indica a repercussão da Guerra das Farinhas, enquanto, na realidade, o rei enfrentara a situação, mobilizando as tropas e não cedendo ao pânico que se apossara de vários cortesãos e da rainha.

No dia seguinte, depois que os revoltosos saem de Versalhes, ele escreve a Turgot: "Não sairei hoje não por medo, mas para deixar que tudo volte ao normal".

Ao reencontrar o controlador-geral das Finanças, acrescentará:

– Temos a consciência tranquila e, por isso, somos fortes.

Mas na quarta-feira, 3 de maio de 1775, revoltosos atacam as padarias e os mercados parisienses.

Bandos armados com lanças entram em Paris junto com os camponeses que vão vender seus legumes na capital.

A população parisiense assiste a tudo, espantada com a passividade das Guardas Francesas* e com as patrulhas que libertam os revoltosos que são presos.

Quando a calma é restabelecida em Paris, a Guerra das Farinhas recomeça na Beauce e em Brie, na Borgonha e na Normandia.

A repressão, dessa vez, é rigorosa.

Pessoas são presas. Dois jovens são enforcados na Place de Grève, um de 28 anos, o outro de dezesseis, acusados de roubar padarias. Os dois gritam que morrem pelo povo.

Turgot é acusado de "dureza", de ser o responsável por aquela injustiça. Diz-se que o rei pedira que fossem poupadas "as pessoas que apenas foram arrastadas".

Mas o soberano é atingido.

Houvera esperança durante os primeiros meses de seu reinado e da nomeação de Turgot.

Na época, cantava-se o *De Profundis*** dos negociantes, dos financistas, dos *fermiers généraux*, dos coletores de impostos e dos credores do rei.

---

* Guardas Francesas: regimento de infantaria da França durante o Antigo Regime, formado por franceses, em oposição às Guardas Suíças. (N.T.)

** *De Profundis*: literalmente, "das profundezas", palavras iniciais do Salmo 130, recitado em cerimônias fúnebres. (N.T.)

> Graças ao bom rei que reina na França
> Veremos a galinha no tacho
> Esta galinha é a Finança
> Depenada pelo bom Turgot.
> Para cozinhar esta carne maldita
> É preciso a Grève de marmita
> E Maupeou de lenha.*

A miragem e a esperança se dissipam.

Resta a decepção e, aqui e acolá, a cólera, e por toda parte a miséria e a escassez.

E um sentimento insuportável de impotência diante das gritantes desigualdades, dos provocativos privilégios.

O rei não pode fazer nada, e talvez não queira fazer nada. Turgot não é mais digno de confiança:

> Será o execrável Maupeou
> Que torna o trigo caro na França
> Será o clero, a Finança?
> Será dos jesuítas a vingança?
> Ou dos ingleses uma brincadeira?
> Não, esta não é a palavra derradeira
> Mas se você quiser que em confiança
> Eu lhe conte... é Turgot.**

E o rei recebe ameaças.

No entanto, a situação parece favorável aos privilegiados, pois coloca o povo contra o poder reformador real.

Isto é brincar com o fogo, prevê o marquês de Mirabeau, cuja lucidez é aguçada por uma vida caótica, que mescla excessos, duelos e escritos políticos.

---

* Grâce au bon roi que règne en France / Nous allons voir la poule au pot / Cette poule c'est la finance / Que plumera le bon Turgot. / Pour cuire cette chair maudite / Il faut la Grève pour marmite / Et Maupeou pour fagot. (N.T.)

** Est-ce Maupeou tant abhorré / Qui nous rend le blé cher en France / Est-ce le clergé, la finance? / Des Jésuites est-ce la vengeance? / Ou de l'Anglais un tour falot? / Non, ce n'est point là le fin mot / Mais voulez-vous qu'en confidence / Je vous le dise... c'est Turgot. (N.T.)

"Nada me surpreende", escreve ele, "a não ser a atrocidade ou a tolice daqueles que ousam ensinar ao populacho o valor de sua força. Não sei de onde tiram a ideia de que conseguirão parar a fermentação das mentes."

5.

Luís conhece as opiniões do marquês de Mirabeau.
Ele viu os revoltosos pilharem e saquearem as padarias de Versalhes. Ouviu seus gritos invadirem o pátio do castelo. E agora que a Guerra das Farinhas chegou ao fim, que a ordem foi restabelecida em toda parte, ele tem a sensação de que foi capaz de dominar os tumultos.

Enfrentou o motim sozinho, pois Turgot estava em Paris, mobilizou as tropas ao redor do castelo de Versalhes.

Foi rei de fato.

Está convencido de que nada poderá colocar em perigo aquela monarquia milenar de que é a encarnação.

Ele se sente bem em Versalhes. É sua casa. Continua sentindo o mesmo prazer caçando, trabalhando a madeira e o metal.

Como novo divertimento, acompanha Maria Antonieta a um baile. Abre-o inclusive vestido de Henrique IV, soberano ao qual com frequência é comparado. Adora esta referência.

A única irritação, a única preocupação, naqueles dias tranquilos pós-Guerra das Farinhas, é o comportamento da rainha. Ela se demora, cercada por jovens nobres, até as três horas da manhã na Ópera, onde dança a quadrilha ao lado de seus "cabeças de vento", o conde de Artois ou o duque de Lauzun, ou Guines, o embaixador da França em Londres, que dizem ser uma criação do duque de Choiseul, o velho primeiro-ministro de Luís XV que sonha – com o apoio da rainha – em voltar a governar.

Os mexericos se espalham, acusam a rainha de frivolidade, inclusive de infidelidade e de gosto por intrigas.

Isso também faz crescer "a fermentação das mentes". Para sufocá-la, é preciso reafirmar o caráter sagrado do rei, o laço pessoal que o liga a Deus, e a sagração em Reims torna-se manifesto.

Esta é a certeza, a crença de Luís XVI.

É por isso que ele recusa a sagração em Paris, indo contra a solicitação das "mentes esclarecidas" que invocam a contenção de despesas que seria feita.

Da mesma forma, ele não renuncia ao juramento pronunciado pelo rei sobre o extermínio dos heréticos.

Ele rejeita a fórmula proposta por Turgot, que seria a manifestação da aliança do rei a um espírito de tolerância.

Turgot queria que o rei proclamasse: "Todas as Igrejas de meu reino podem contar com minha proteção e minha justiça."

Mas Luís diz a Turgot:

– Acho que há menos inconvenientes em não mudar nada.

Luís acredita que, como o abade de Beauvais pregara diante da Corte durante a quaresma, "depois que os princípios sagrados da fé foram abalados, houve um abalo geral de todos os demais princípios".

E os responsáveis por este questionamento dos princípios sagrados da fé eram a seita filosófica, a seita maçônica, todas as sociedades de pensamento, os volumes da *Enciclopédia* e as obras de Voltaire.

Luís não cederá diante do espírito das Luzes, onipotente nos salões e periódicos, mesmo que precise usar de subterfúgios, manipular.

Ele pode servir-se de um Turgot, encontrar amanhã um Necker, mas não receberá na Corte o velho Voltaire, que sonha, antes de morrer, em voltar para Paris e ser apresentado ao rei.

Aos olhos do rei, não é vantajoso ao controlador-geral das Finanças que Voltaire escreva: "Não me surpreende que os canalhas, enriquecidos graças a nosso sangue, se declarem contra Turgot, que quer mantê-lo dentro de nossas veias". Pelo contrário, isso o torna suspeito.

Mas o momento, para Luís, não é o de decidir a sorte de Turgot, mas de mostrar ao povo que o rei da França é um rei de direito divino.

Será em Reims, onde Clóvis* fora batizado, que a cerimônia da sagração ocorrerá, em 11 de junho de 1775.

Luís sabe que nunca se esquecerá daqueles dias de junho de 1775, da viagem até Reims, dos camponeses na beira das estradas, das aclamações, dos gritos de "Viva o rei! Viva a rainha!", da população inteira de Reims reunida na frente da catedral, das luzes e por fim da cerimônia dentro da nave, dos juramentos que pronuncia, dos bispos que o cercam, da bênção da coroa, da espada e do cetro de Carlos Magno, depois da bênção dos de Luís XVI. O rei se prostra, se estende num quadrado de veludo violeta, se ajoelha, recebe a unção na fronte, com o óleo da Santa Ampola.**

As cinco outras unções sobre seu corpo são feitas pelas ordens da Igreja.

Luís não é apenas rei no domínio da política, mas rei no domínio do religioso. E tem o poder de fazer milagres.

Rei taumaturgo, ele irá para a abadia de Saint-Remi, tocará as escrófulas de quatrocentos doentes, seus corpos convulsivos e malcheirosos.

O rosto de Luís demonstra embevecimento.

O ritual da sagração transforma o jovem rei e o transporta para além da História.

Ele é o homem escolhido por Deus para reinar.

E quando olha à sua volta, descobre a emoção da rainha, dos cortesãos.

Ninguém consegue escapar àquele momento finalizado com a revoada de centenas de pássaros.

As aclamações submergem o rei e a rainha quando estes surgem no átrio da catedral.

---

* Clóvis: o primeiro rei cristão dos francos, batizado no século V na catedral de Reims. (N.T.)

** Santa Ampola: recipiente que guarda os Santos Óleos, óleos sagrados usados na igreja em cerimônias de bênção. (N.T.)

"É muito justo que eu trabalhe para tornar feliz um povo que contribui para minha felicidade", escreve Luís XVI para Maurepas, que não assistiu à cerimônia.

"Fiquei irritado que o senhor não tenha partilhado comigo da satisfação que experimentei aqui", conclui Luís.

A preocupação e o temor de que se desenvolva a "fermentação" dos espíritos observada pelo marquês de Mirabeau são reprimidos no fundo de sua alma.

Ele esquece por alguns dias os "problemas" que precisa resolver. Quer responder às expectativas do povo, fazer sua alegria.

"O trabalho é árduo, mas com coragem e vossos conselhos", diz ele a Maurepas, "espero conseguir."

A jovem rainha – vinte anos! – partilha de sua emoção e de suas boas resoluções:

> É uma coisa surpreendente e muito feliz ao mesmo tempo [escreve ela para a imperatriz Maria Teresa] sermos tão bem recebidos dois meses depois da revolta e apesar do preço elevado do pão... É certo que ao ver pessoas que em meio à desgraça nos tratam tão bem, fiquemos mais obrigados ainda a trabalhar para a sua felicidade.
> O Rei me pareceu imbuído desta verdade.
> Quanto a mim, tenho certeza de que nunca em minha vida esquecerei o dia da sagração.

Eles se despedem de Reims na tarde do dia 15 de junho de 1775 para primeiro passar por Compiègne.

As carruagens avançam alegremente com rapidez.

"Estou livre de todas as minhas fadigas", escreve Luís. "Espero que o senhor tenha pensado no assunto de que conversamos", acrescenta dirigindo-se a Maurepas.

Está falando da felicidade de seu povo.

"De minha parte, pensei o máximo que pude durante as cerimônias."

Naquele momento, tudo parece possível, pois Deus o escolheu.

Eles serão recebidos em Paris.
A multidão espera, na frente da Notre Dame, depois no Hôtel de Ville*, mas uma chuva violenta a dispersa.
Está prevista uma parada na frente do liceu Louis-le--Grand, coração da Universidade.
A carruagem para, mas a chuva é tão forte que nem o rei nem a rainha podem descer.
Contentam-se em abrir a porta.
Um jovem está ali, ajoelhado no chão, cercado por seus professores.
Espera a carruagem há mais de uma hora.
Está encharcado, imóvel sob a chuva, cabelos colados na fronte, roupas ensopadas.
Melhor aluno da aula de retórica do colégio, fora escolhido para ler um elogio aos soberanos.
Ele lê. A chuva abafa sua voz.
Nascido em Arras no dia 6 de maio de 1758, é apenas quatro anos mais novo que o rei. Quer ser advogado.
Seu nome é Maximilien Robespierre.

---

* Hôtel de Ville: o prédio da administração municipal de Paris, que com a Revolução Francesa passa a ser chamado de Mairie. (N.T.)

6.

Luís não se demorou na frente do liceu Louis-le-Grand. Prestou uma atenção distraída ao jovem ajoelhado sob a chuva. Mal ouvia, da carruagem, sua voz aguda.

A rainha ri às palavras da princesa de Lamballe, sua confidente e amiga, a quem quer que seja atribuído o cargo de superintendente da Casa da Rainha.

Turgot se opõe a esta ressurreição, inútil, custosa – 150 mil libras de ordenado! – num momento em que tenta implantar economias, colocar um fim às liberalidades reais, que acabam aumentando o déficit.

Maurepas apoia Turgot, mas como resistir a Maria Antonieta?

– O que dizer a uma rainha que diz a seu marido, na minha frente – revela Maurepas – que a felicidade de sua vida depende daquilo? O que pude fazer foi causar-lhes vergonha, obrigando-os a manter em segredo o dinheiro que isso custará. O público está enfurecido com o que ficou sabendo. Não ouviu tudo... Seria pior ainda se soubesse a que ponto a princesa de Lamballe e seu sogro, o duque de Penthièvre, foram desdenhosos, e que foi apenas pelo dinheiro que acabaram aceitando.

Assim, é preciso ceder à rainha, que intervém cada vez mais no jogo político, pressiona o rei, é hostil às reformas de Turgot, está preocupada em defender a política austríaca e, portanto, é favorável ao confronto que se delineia contra a Inglaterra.

As colônias inglesas da América recebem ajuda e, no dia 4 de julho de 1776, proclamam sua independência. No dia 24 de dezembro, seu enviado Benjamin Franklin chega a Versalhes, enquanto delegado dos *Insurgentes* – pelos quais os jovens nobres, como La Fayette, e a "seita filosófica", claro, manifestam entusiasmo e solidariedade.

Ajudar os Estados Unidos da América significa ao mesmo tempo vingar-se da Inglaterra e enfraquecê-la, mas também fortalecer o novo Estado que, republicano, é a encarnação do espírito das Luzes.

Mas tudo tem um custo. Os cofres estão vazios, e o apoio à causa americana, à guerra que se configura, aprofundará o déficit real e conduzirá à bancarrota.

Luís XVI não ignora os perigos, apesar de a sagração ter-lhe dado confiança.

Ele ouve Turgot propor reformas – éditos – que deveriam transformar o reino e trazer-lhe prosperidade, enchendo os cofres reais.

Primeiro seria preciso introduzir a igualdade perante os impostos: suprimir a corveia de manutenção de estradas, substituindo-a por um imposto pago por todos.

Luís hesita, depois aprova esta primeira medida que anuncia o fim dos privilégios.

Os camponeses, como escreve Voltaire, demonstram "sinais de adoração por seu soberano".

Eles cantam, nas aldeias:

> Não iremos mais às estradas
> Como às galeras
> Trabalhar noite e dia
> Sem salário algum.
> O Rei, não mintamos
> Colocou a corveia abaixo
> Oh! Que coisa boa.*

Luís tem a impressão de estar sendo fiel à suas intenções profundas: constituir a felicidade de seu povo.

Ele também apoia o édito proposto por Turgot sobre a supressão das *jurandes, maîtrises* e corporações.**

---

* *Je n'irons plus aux chemins / Comme à la galère / Travailler soir et matin / Sans aucun salaire / Le Roi, je ne mentons pas / A mis la corvée à bas / Oh! La bonne affaire.* (N.T.)

** *Jurandes* e *maîtrises*: reunião de representantes e de mestres das antigas corporações de ofício. (N.T.)

Com isso, é instaurada a liberdade de cada um montar seu próprio negócio, exercer esta ou aquela profissão das artes e dos ofícios.

A "seita filosófica" aprova o rei pelo apoio aos éditos de Turgot, "obras-primas de razão e bondade".

O controlador-geral das Finanças vai ainda mais longe:

– A causa do mal vem do fato de nossa nação não ter uma Constituição – diz ele. – Somos uma sociedade composta por diferentes ordens mal-unidas e por um povo cujos membros têm entre si pouquíssimos laços sociais... Vossa Majestade é obrigada a decidir sozinha sobre todas as coisas, ou através de mandatários. Vossas ordens especiais para contribuir para o bem público são esperadas...

Os apoiadores de Turgot, adeptos da "seita filosófica", Dupont de Nemours, Condorcet, propõem por sua vez a criação de municipalidades, encimadas por uma Assembleia Nacional, representando a nação.

No ministério, Turgot coloca Malesherbes, antigo diretor da Librairie*, jurista, filósofo, favorável às Luzes. Este se torna secretário de Estado da Casa do Rei. O conde de Saint-Germain é colocado no ministério da Guerra – um reformador, que apoia a política de Turgot.

– Nosso governo está cheio de filósofos – comenta-se. – É o reino da virtude, do amor ao bem público, da liberdade, o reino dos Platões e dos Sócrates.

D'Alembert, coordenador da *Enciclopédia*, diz:

– Um dia perfeito virá.

Luís XVI se deixa levar.

Impõe os éditos de Turgot ao Parlamento hostil, àqueles que os filósofos chamam de "velhacos", "répteis", "saltos vermelhos", "barretes quadrados".

---
* Trata-se da Librairie Royale ou Bibliothèque du Roi, que se tornará Bibliothèque de la Nation com a Revolução Francesa, e hoje é a Bibliothèque Nationale de France. (N.T.)

Ao mesmo tempo, Luís XVI se preocupa.

No momento em que parece o mais fiel apoio de Turgot, ele se afasta.

Turgot parece-lhe não ter entendido o que significa para um rei a sagração de Reims, a necessidade que tem o soberano de respeitar as "leis fundamentais" do reino, que não têm a mesma grandeza que as elaboradas por uma Assembleia Nacional e reunidas numa Constituição.

O rei é enfático:

– Não devemos empreender iniciativas perigosas se não enxergarmos onde acabarão.

Turgot o irrita com sua segurança, com sua certeza de estar certo em tudo.

Uma carta, aberta pelo "gabinete negro", dirigida a Turgot por um de seus amigos, choca o rei.

"Não imaginei o rei tão limitado quanto você o descreveu", escreve o correspondente do controlador-geral das Finanças.

Aquilo fere Luís, bem como a publicação de libelos que zombam de sua pessoa por não ver que a intenção de Turgot é suprimir a realeza. Luís seria aquele rei

> Que, acreditando-se um abuso,
> Não quererá mais sê-lo.
> Ah, como é preciso amar o bem
> Para, de Rei, não ter mais nada!*

A *Profecia turgotina*, título deste texto, o deixa irritado, exacerba sua preocupação de estar sendo levado para mais longe do que gostaria de ir e, com isso, de estar sendo o joguete daquele "partido filosófico", hostil à monarquia de direito divino, à sagração que torna uma obrigação do rei, através de juramentos diante de Deus e da Igreja, defender as leis fundamentais do reino, portanto a fé católica, que para os libertinos não passa da "infame" a ser esmagada.

---

* *Qui se croyant un abus / Ne voudra plus l'être. / Ah qu'il faut aimer le bien / Pour, de Roi, n'être plus rien!* (N.T.)

Luís fica sensibilizado com o Memorando enviado pelos bispos reunidos em assembleia, que o convidam a "calar a boca ao erro":

> Tentarão, em vão, impressionar Vossa Majestade com pretextos ilusórios de liberdade de consciência... Reprove esses conselhos de falsa paz, esses sistemas de um tolerantismo capaz de abalar o trono e mergulhar a França na maior das desgraças... Ordene que as assembleias cismáticas sejam dissolvidas, exclua os "sectários", sem distinção, de todas as camadas da administração pública...

Ele o relê.

Ele quer ser um rei sábio e comedido. Não quer ceder nem aos filósofos nem aos devotos.

Mas Luís tem a angustiante sensação, que acreditara eliminada pela sagração e pela euforia que a ela se seguira, de que tudo escorre por suas mãos, de que mais se submete do que ordena ou aprova.

Ele quisera e acreditara criar unanimidade entre seus súditos em relação a sua pessoa e sua política, mas eis que, pelo contrário, desde a Corte e salões nas cidades e aldeias até os parlamentos, e inclusive no próprio governo, surgiam divisões. Ele tem a impressão de se encontrar diante de uma escolha maior, que orientaria todo o seu reinado e decidiria seu destino.

As reformas de Turgot provocam confusões.

Camponeses atacam castelos e seus ricos proprietários, pois o édito sobre a corveia impunha que os privilegiados pagassem e não mais exigissem trabalhos de manutenção de estradas. Alguns se recusam a colocá-lo em prática.

A reorganização por Turgot dos serviços de transportes, o início da circulação de berlindas leves e ligeiras – as *turgotinas* –, a instalação de numerosas paragens de correio levam à demissão de milhares de empregados.

Turgot é atacado:

> Ministro embriagado do orgulho cortante do soberano
> Tu que sem comover-te fazes tantos miseráveis
> Possa teu cargo absurdo ir tão longe
> Que te leve para o diabo!*

Os artesãos, por sua vez, se queixam que seus companheiros os abandonam, criando, em nome do édito sobre as *jurandes*, negócios concorrentes.

Reformar, portanto, em nome da liberdade e da igualdade é descontentar quase todos os súditos do reino.

Para uns, Turgot não vai até o fim necessário das coisas.

Para outros, vai longe demais.

Luís ouve as recriminações de seus irmãos, o conde de Provença e o conde de Artois, e as da rainha, cujo séquito se ergue contra aquele Turgot que ela, segundo suas próprias palavras, gostaria de enviar para a Bastilha.

Este não atacara o conde de Guines, que fora obrigado a deixar sua embaixada em Londres e que ela, numa afronta a Turgot, conseguira fazer com que fosse nomeado duque?

Luís cede, apesar de desconfiar das intrigas de Maria Antonieta.

Ele se preocupa com a reputação da rainha que, no inverno de 1776, vai com seus cortesãos no meio da noite, iluminados por tochas, percorrer de trenó as ruas cobertas de neve de Paris.

Depois, há ceia, baile, festa, despesas.

O rei a interroga:

– A senhora foi muito aplaudida em Paris?

– Não, estava frio.

– É que aparentemente, Madame, a senhora estava com poucas plumas.

---

* *Ministre ivre d'orgueil tranchant du souverain / Toi qui sans t'émouvoir, fais tant de misérables / Puisse ta poste absurde aller un si grand train / Qu'elle te mène à tous le diables!* (N.T.)

– Gostaria de vê-lo, Sire, com vosso Saint-Germain e vosso Turgot.

Pois, agora, a rainha tem a mania de "fazer e desfazer dos ministros".

Ela se aproxima de Maurepas. O mentor de Luís XVI tem ciúme de Turgot. É, portanto, um aliado.

– É para o bem do Estado – diz ela –, para o bem do rei e, consequentemente, para o meu bem.

Malesherbes, consciente da oposição da rainha, pede demissão. Luís não confia nela, mas ela é obstinada e está cercada por confidentes interessados, todos contrários a Turgot e às reformas, todos defensores dos privilégios de que são beneficiários.

Até mesmo o embaixador da Áustria se preocupa. Ele escreve à imperatriz Maria Teresa, que segue, dia após dia, as manobras da filha: "Conseguem ferir seu amor-próprio, irritá-lo, denegrindo aqueles que para o bem da coisa querem resistir a suas vontades. Tudo isso acontece durante as corridas e demais tipos de prazeres".

Como Luís poderia resistir à coligação que reúne a rainha e o conde de Artois, os bispos e Maurepas, os parlamentares e os mestres das *jurandes* e das corporações de ofício?

O rei tenta fugir para não ter que decidir, escolher.

Ele caça com energia e violência redobradas. Aviva sua forja. Golpeia o metal. Mas a tensão à sua volta aumenta.

Maurepas o pressiona, quer a demissão de Turgot, deposita na frente de Luís um panfleto intitulado *Os manequins*, inspirado, diz-se, em seu irmão, o conde de Provença, e fala de um *rei manequim* nas mãos de um certo "Togur"...

As ofensas ao amor-próprio de Luís se tornam mais graves.

São ainda mais insuportáveis porque Luís não se reconhece nas ideias de Turgot.

Ele é rei por direito divino e cabe somente a ele definir o que se entende por igualdade, liberdade, tolerância, coisa que não compete a uma Assembleia, mesmo que nacional, ou a filósofos que rejeitam a Igreja.

Quando Turgot, no Conselho, formula a máxima "As despesas do governo tendo por objeto o interesse de todos, todos devem contribuir para elas; quanto mais se goza das vantagens da sociedade, mais se deve sentir a honra de partilhar de seus encargos", o rei entende que a política de Turgot está imbuída de uma mudança radical nas leis fundamentais do reino.

Acima de tudo, ele sabe que esta política ergueria contra si própria os parlamentos, todos os privilegiados e os bispos, portanto a Corte, e, naturalmente, a rainha.

Ele não quer, não pode se deixar levar para uma oposição, uma fronda, uma guerra contra ele, o rei, sua família e aqueles que são os pilares da monarquia.

Luís quer a felicidade de seus súditos, mas não ao preço da renegação dos juramentos da sagração e de todo o passado da monarquia.

Não quer uma ruptura com a Igreja apostólica e romana, da qual a França é a filha mais velha, nem um sacrifício da nobreza, que é a base milenar do reino.

Ele não pode conceber outro mundo, não quer fazê-lo. É preciso, portanto, que Turgot saia.

Mas cabe ao controlador-geral das Finanças pedir demissão.

Luís não quer confrontá-lo, mas age de maneira a que Turgot entenda que não tem mais a confiança do rei.

É isso que acontece na primavera de 1776.

Luís não recebe mais Turgot e, quando os dois se cruzam, não fala com ele, não olha para ele.

"Sire", escreve Turgot, "não quero dissimular a Vossa Majestade a chaga profunda que causou em meu coração o cruel silêncio que manteve para comigo... Vossa Majestade não se dignou a me responder uma única palavra..."

Luís não gosta do tom da carta.

> Falta-vos experiência, Sire [continua Turgot]. Mostrei-vos todos os males causados pela fraqueza do falecido rei.
> Revelei-vos a marcha das intrigas que aos poucos tinham aviltado sua autoridade... Pensai que seguindo o curso da natureza, Sire, tereis cinquenta anos para reinar, e pensai no progresso que pode fazer uma desordem que, em vinte anos, chegou ao ponto em que a vimos.
> Ó, Sire, não espereis que tão fatal experiência ocorra e saibais aproveitar a de outrem...

Turgot sabe que perdeu a partida.
Ele confidencia ao abade Véri:
– Partirei com o desgosto de ter visto um belo sonho dissipar-se e o de ver um jovem rei, que merecia melhor sina, e um reino inteiro perdidos por aquele que deveria salvá-los.

Ele quer ver o rei, obrigar Luís a dizer-lhe, face a face, que está dispensado.

Mas Luís se esquiva, recusa-lhe audiências e, quando cruza com Turgot, vira o rosto e diz afastando-se:
– O que o senhor quer? Estou sem tempo para falar-lhe.

Todo o ressentimento acumulado por quase dois anos se manifesta, toda a incapacidade humilhante de dominar a situação se revela – na recusa em reformar em profundidade a monarquia. A ruptura da confiança do rei para com Turgot, de quem gostara, é mantida.

– Não são apenas seus amigos que têm mérito, não são apenas suas ideias as boas – resmunga Luís XVI.

Turgot finalmente pede demissão, em 12 de maio de 1776, e recusa a pensão que lhe é oferecida:
– Fiz, Sire, aquilo que acreditei ser meu dever. Meu único desejo é que possais continuar acreditando que me enganei... Desejo que o tempo não prove minha razão.

Os partidários das reformas ficam desolados. É gritante o contraste entre a vontade de apoiar Turgot – contra os parlamentos –, que Luís XVI manifestara, e a maneira como abandonou seu ministro, passando do entusiasmo e do apoio determinado ao repúdio e à desaprovação.

Seria impossível, portanto, uma reforma da monarquia?

"É um desastre", escreve Voltaire. "Vejo apenas a morte à minha frente... O golpe acertou-me o cérebro e o coração... Nunca me consolarei de ter visto nascer e perecer a idade de ouro que Monsieur Turgot nos preparava."

Em sua carta a Luís XVI, Turgot dissera – e suas palavras foram as que mais chocaram Luís, como se concordasse com a profecia trágica do ministro, sabendo-se incapaz de impedi-la:

> Não me canso de repetir a Vossa Majestade aquilo que prevejo, e todo mundo prevê: um encadeamento de fraquezas e desgraças, se os planos iniciados forem abandonados... E o que será, Sire, se às desordens internas se somarem as complicações de uma guerra... Como a mão que não pôde segurar o leme na calmaria poderá segurá-lo durante a tempestade? Como manter uma guerra com semelhante flutuação de ideias e vontades, com o hábito da imprudência que sempre acompanha a fraqueza?

Uma frase de Turgot transtorna Luís XVI.

Ela lembra ao rei o tempo de Cromwell e a sina do soberano da Inglaterra, que assustara e horrorizara todas as cortes da Europa.

Turgot escrevera: "Não esqueçais jamais, Sire, que foi a fraqueza que colocou a cabeça de Carlos I no cepo..."

7.

A imagem do rei ajoelhado, que terá a cabeça cortada por uma lâmina, persegue Luís XVI.

Ele a repele, caçando o cervo por até nove horas seguidas, voltando esgotado, engolindo com avidez seu jantar, depois cochilando, ou golpeando o ferro com toda força, o rosto queimado pelo fogo da forja, ou ainda passeando sozinho pelos sótãos de Versalhes, espantando ratos e gatos, subindo nos telhados do castelo, percorrendo-os, apaziguado pela solidão.

Mas ele precisa voltar a seus aposentos, para o quarto onde os cortesãos o esperam para o cerimonial do *grand lever* ou do *coucher**, aos quais deve se submeter, porque é rei, e assim o quer a etiqueta.

Felizmente, mandara construir um corredor secreto, estofado e sempre iluminado, pelo qual podia chegar com toda discrição aos aposentos da rainha.

Mas por mais alguns meses, seria uma provação humilhante ver-se deitado a seu lado na cama, sem conseguir fecundá-la.

Ele se retira com uma sensação de impotência, enquanto o conde de Artois já é pai, e todos comentam sobre a incapacidade do rei.

É sabido que ele consultara médicos, que alguns continuavam a invocar sua indiferença e sua preguiça, mas que o médico da rainha sugerira que um pequeno corte de bisturi, anódino, liberaria o rei de um ligamento que o impedia não de penetrar na esposa, mas de gozar dentro dela.

Entremeentes, pouco a pouco, porque escapa aos olhares dos cortesãos sempre à espreita, prestes a enumerar suas vi-

---

* *Grand lever* e *coucher*: cerimoniais do despertar e do adormecer do rei, que envolviam toda a Corte. (N.T.)

sitas, vãs, à rainha, Luís se acostuma àquele corpo de jovem mulher admirada, desejada. Todos os jovens aristocratas sonham em aproximar-se dela, em participar de suas festas, de seus bailes, de serem admitidos ao Trianon*, para onde ela se retira com frequência quando a Corte e suas fofocas maldosas a cansam.

Todos reconhecem seu charme, sua sedução.

Ela é "a estátua da beleza", orgulhosa e segura de sua imperial majestade. Mas comenta-se que num baile, em 1774, ela se apaixonara por um nobre sueco, Axel Fersen, e que sucumbira à sua virilidade.

Luís quer ignorar esses rumores.

Confidenciou ao irmão de Maria Antonieta, José, que viera incógnito para Paris, seus "impedimentos".

– Preguiça, falta de jeito e apatia – concluíra José, julgando Luís XVI. – Deveria ser chicoteado para deixar de foder como os burros – acrescenta ele. – Minha irmã tem pouca experiência, e os dois, juntos, são verdadeiros incompetentes.

E repreende Maria Antonieta:

– A senhora se faz necessária ao rei? Vê ele sua atenção voltada apenas para si?... A senhora pensou no efeito de suas ligações e amizades com pessoas que não são irrepreensíveis em todos os pontos?... Pense por um momento nos inconvenientes que já presenciou no baile da Ópera e nas aventuras que a senhora mesma contou-me a respeito.

Luís ouve os conselhos de José, insiste, apesar de cada fracasso o ferir e aumentar suas inseguranças.

No entanto, ele seria capaz de erguer um peso considerável acima da cabeça, de forjar e aplainar, de derrubar um javali ou um cervo.

Finalmente, no dia 18 de agosto de 1777, ele conclui "a grande obra", esperada há sete anos.

---

* Trata-se do Petit Trianon, palácio construído por Luís XV no parque do castelo de Versalhes, oferecido a Maria Antonieta por Luís XVI. (N.T.)

Exultante, escreve para José, que voltara para Viena: "É ao senhor que devemos esta felicidade, pois desde sua visita as coisas foram cada vez melhores, até sua perfeita conclusão. Conto tanto com sua amizade que ouso contar-lhe esses detalhes".

Quando a rainha dá à luz uma filha, Maria Teresa – que será chamada de Madame Real –, no dia 19 de dezembro de 1778, depois a um filho, Luís José, em 1781 – que morrerá em 1783 – e a um segundo filho – o delfim – em 1785 (uma filha nascida em 1787 morreria no mesmo ano), Luís manifesta sua alegria.

Deus quisera que a monarquia francesa se prolongasse.

A ordem divina e a ordem natural se uniram para o bem do reino da França e de seus soberanos.

Esses nascimentos, depois da cerimônia da sagração, confortam Luís na certeza de sua legitimidade, que Deus vem de novo confirmar.

Ele é um rei de direito divino e, por isso, o que ele decide é a "razão" do mundo.

Mas a sombra de dúvida que no terreno da ação o torna hesitante não desaparece.

Inclusive reforça seu gosto pelo segredo, o direito que ele se atribui de dissimular seus pensamentos, de iludir seus interlocutores, de renegar ministros que antes apoiara.

Agira assim com Turgot. Até mesmo seu mentor Maurepas, que nomeara chefe do Conselho de Finanças depois da queda de Turgot, sofre com isso:

– O rei se corrompe todos os dias, ao invés de crescer – confidencia Maurepas ao abade Véri. – Quis fazê-lo tornar--se homem por si mesmo, alguns sucessos me haviam feito esperar isto. As circunstâncias me provam o contrário e não sou o único a percebê-lo, pois outros ministros também comentaram isso comigo... Com frequência ele me evita com seu silêncio indeciso sobre assuntos importantes e tem fraquezas inconcebíveis por sua mulher, seus irmãos e seus vizinhos...

O irmão de Maria Antonieta, depois de sua estadia em Paris, concluirá:

– É mestre absoluto, apenas para passar de uma escravidão a outra... É honesto, mas fraco com aqueles que sabem intimidá-lo e, consequentemente, é dominado... Trata-se de um homem frágil, mas nem um pouco imbecil: tem ideias, tem juízos, mas tanto uma apatia de corpo quanto de espírito.

Luís não ignora o que pensam sobre sua pessoa, mas não procura desmentir aqueles que o julgam com severidade.

Hesita? Tem dúvidas no momento de tomar decisões?

Mas no cerne de sua pessoa há um bloco indestrutível, certezas sobre as quais deslizam os acontecimentos cotidianos. Se tentarem partir ou quebrar o âmago de seu caráter e de suas convicções, não conseguirão.

Quando, em 1778, Voltaire faz sua volta triunfal a Paris, do Trianon de Maria Antonieta aos salões da Rue de la Chaussée-d'Antin, onde Madame Necker recebe Marmontel e Grimm, o abade Raynal, Buffon, Diderot e todos os espíritos "esclarecidos", ele é aclamado.

A Academia Francesa faz uma homenagem ao patriarca de 84 anos cujas ideias e obras "iluminam" a Europa, de Londres a Berlim e a São Petersburgo.

Mas Luís XVI, apesar desta unanimidade, se recusa a recebê-lo.

Não cederá nem às opiniões da Corte e da Cidade, nem a Maria Antonieta, que quer instalar uma galeria para Voltaire, perto da do rei, na Ópera.

Voltaire, cujas obras Luís comprara e lera, figurando em lugar de destaque em sua biblioteca, acima de sua forja, é um inimigo da Igreja e portanto da monarquia de direito divino. O rei não receberia o homem que se atribuíra o objetivo de "esmagar a Infame", a Santa Madre Igreja apostólica e romana.

Será Madame Necker quem abrirá uma subscrição para mandar erigir uma estátua do eremita de Ferney.

Quando da morte de Voltaire, em 30 de maio de 1778, não há nenhuma celebração oficial, apenas um enterro longe de Paris, onde, com habilidade, os amigos do escritor conseguem com que seja realizado um enterro religioso, enquanto que na capital a hierarquia da Igreja, apoiada por Luís XVI, se mostrara reticente.

Ou seja, para as coisas que lhe parecem essenciais, Luís XVI não é transigente, sabe opor-se a seus cortesãos. Ele não faz confidências com a rainha, por exemplo, pois sabe que ela nada esconde ao embaixador da Áustria.

Os negócios estrangeiros são o território em que Luís XVI, guiado por seu ministro Vergennes, aplica uma política que mantém, pelo maior tempo possível, secreta.

Ele assina, em 6 de fevereiro de 1778, um tratado de aliança com os Estados Unidos da América, o que significa entrar em guerra contra a Inglaterra.

Os jovens nobres seguem La Fayette, se alistam para combater na América, primeiro como voluntários, depois como parte de um corpo expedicionário de seis mil homens, comandados pelo general Rochambeau.

Estranha aliança, pois é em auxílio aos "republicanos" americanos, que, em 1781, se atribuem uma Constituição.

Para os defensores das reformas, trata-se de um modelo a ser imitado.

Como evitar o contágio americano, quando os *Insurgentes* despertam tanto entusiasmo, quando, inclusive em Londres, oito dias de motins incendeiam a cidade e é exigida a instauração do sufrágio universal, além de um Parlamento renovável a cada ano e eleito por voto secreto?

Esse programa radical tem ecos na França. Os periódicos louvam ao mesmo tempo a guerra contra a Inglaterra, a Constituição americana e os radicais ingleses.

Como o reino da França, o primeiro a reconhecer os Estados Unidos da América, poderia não seguir a via das reformas profundas?

Principalmente porque a guerra na América era um sorvedouro de riquezas, a bancarrota uma ameaça, e a única solução para evitá-la seria modificar o sistema fiscal, fazer os privilegiados pagarem impostos, reduzir as despesas da Casa do Rei e da Casa da Rainha.

Em outras palavras, colocar em prática o programa de Turgot, que causara a dispensa de Turgot!

Luís, que administra o orçamento de sua Casa e a da rainha com a minúcia de um financista prudente, sabe muito bem que a questão do déficit, ou seja, dos impostos, é crucial.

Ele recuara ao despedir Turgot e nomear um controlador-geral corrompido – Clugny –, que governara São Domingos* com a brutalidade de um saqueador, que mantinha relações incestuosas com suas três irmãs, e cujas primeiras ações – por ordem do rei – foram suprimir os éditos reformadores de Turgot sobre as corveias e as *jurandes*.

Para arrebanhar dinheiro, Clugny cria a "Loteria Real da França", enche o Controle Geral das Finanças de vigaristas e desperta desconfiança e desaprovação. "O rei se estabelece, de certa forma, como o chefe de todos os vigaristas do reino, dá-lhes o exemplo de uma abominável avidez e parece querer fazer de todos os seus súditos meros joguetes", dizem os periódicos.

A morte de Clugny, em outubro de 1776, interrompe, felizmente, uma gestão calamitosa, que apenas agravara a situação das finanças, destruindo um pouco mais a confiança, enquanto o déficit aumentava.

Luís dá ouvido aos rumores, aos conselhos de Maurepas.

Parece que todos concordam (inclusive a rainha e seus cortesãos) que as finanças do reino devem ser entregues a Necker, um representante de Genebra em Paris, banqueiro de imensa fortuna que já emprestara quantias consideráveis ao Tesouro Real, que criticara a política de Turgot, e cuja

---

* São Domingos: colônia francesa das Antilhas, atual Haiti. (N.T.)

esposa reinava sobre os espíritos esclarecidos de Paris, garantindo-lhe, portanto, o apoio dos que constituem a opinião pública.

Além disso, admirador da Inglaterra, Necker é um dos inúmeros anglófilos a exemplo de Voltaire na seita filosófica.

É protestante e suíço... Mas Luís XVI tem tanta certeza de sua fé, de sua capacidade, se necessário fosse, de dispensar Necker como fizera com Turgot, que recebe Necker e o nomeia diretor-geral do Tesouro Real em outubro de 1776, depois, em junho de 1777, diretor-geral das Finanças.

O rei não pode nomeá-lo controlador-geral, pois Necker é protestante e estrangeiro e, por isso, não poderia assistir a nenhum dos Conselhos dos ministros.

Situação estranha, que ilustra o comportamento de Luís, prisioneiro apenas do essencial.

Bastam algumas semanas para que Necker, habilmente, recupere – em parte – as finanças do Estado, recorrendo não a impostos, mas a empréstimos.

Como todos confiam naquele banqueiro rico e íntegro, sua proposta é aceita. O dinheiro começa a entrar no momento em que a guerra na América se torna cada vez mais cara.

O rei observa.

A política de Necker é popular. Um de seus críticos, o intendente Calonne, falaria em *neckromania* e acusaria Necker de fazer o reino sobreviver endividando-o ainda mais e, portanto, agravando o mal.

Necker sabe disso e precisa, com o restabelecimento da confiança, pensar em reformas que suscitarão resistências ferozes.

Ele não fala mais em suprimir a corveia e modifica apenas de maneira superficial os impostos da vintena e da talha, sem tocar no dízimo eclesiástico.

Prudente, ele avança com cautela, buscando a todo o momento o apoio da opinião pública.

Diminui o número de recebedores gerais, atacando assim a Ferme*, que eleva a seu proveito os impostos, dos quais apenas uma parte acaba nos cofres do Estado. E coloca em causa as despesas da Casa do Rei.

É a guerra aberta contra os privilegiados, sobretudo com a proposta de criação de assembleias provinciais e de municipalidades encarregadas de estabelecer os impostos.

A título de experiência, cria uma em Bourges e outra em Montauban e projeta mais duas em Grenoble e Moulins.

O que revolta os privilegiados, os parlamentares, não é apenas o fato de serem insidiosamente instauradas – Turgot já o propusera – assembleias que serão locais de poder, e portanto enfraquecerão as cortes existentes.

É sobretudo porque em Bourges e Montauban os delegados representantes do Terceiro Estado – os plebeus – serão, sozinhos, mais numerosos que os da nobreza e do clero reunidos!

Esta dupla representação do Terceiro Estado remete em causa a hierarquia política e social, baseada na preeminência dessas duas ordens, o nobre e o eclesiástico, com garantia de maioria se o voto for por ordem, e reduzidos no mínimo à igualdade se o voto for por cabeça, depois de duplicado o número de representantes do Terceiro Estado.

O que o anglófilo Necker, aquele protestante, quer? É o que se perguntam as ordens privilegiadas, erguendo-se contra Necker.

Na *Lettre d'un bon Français*, ele é acusado: "Depois de ter começado como Law – o financista – o senhor quer acabar como Cromwell?"

A imagem do rei ajoelhado, com a cabeça no cepo, volta a se impor a Luís, que até então apoiara Necker.

Este sente que uma dispensa como a de Turgot o ameaça.

---

* *Ferme*: sistema de cobrança de impostos indireto, no qual um funcionário (o *fermier*) negociava a quantia determinada a ser repassada adiantadamente ao rei, reservando-se como pagamento a diferença entre essa quantia e as quantias efetivamente cobradas nos impostos. (N.T.)

E mais uma vez joga com a opinião pública, publicando, em fevereiro de 1781, um opúsculo de capa azul, o *Relatório ao rei por Necker*, isto é, o orçamento da França.

O feito é revolucionário: despesas e receitas são apresentadas e vão a público.

Agora é possível saber quanto custam a Casa do Rei, as pensões, rendas e liberalidades concedidas aos cortesãos.

Necker denuncia todas as prodigalidades do Tesouro Real que beneficiam alguns milhares de privilegiados.

"É, portanto, a este tipo de abuso", escreve ele, "cuja extensão não podemos avaliar, que acreditei dever opor os maiores obstáculos."

Por outro lado, apresenta um orçamento que conta com um excedente de receitas. E apela à opinião pública, que se precipita para comprar o *Relatório ao rei*.

Seis mil exemplares são vendidos no primeiro dia, cem mil em algumas semanas. O livro é inclusive traduzido para o inglês, o alemão e o italiano.

> Não sei se descobrirão que segui o bom caminho, mas com certeza o procurei... [escreve Necker] Não me sujeitei nem ao crédito nem ao poder, e desdenhei dos prazeres da vaidade. Renunciei inclusive ao mais doce prazer privado de servir a meus amigos ou conseguir o reconhecimento daqueles que me cercam... Só tive olhos para o meu dever.

Ele reivindica – e este é o sinal dos novos tempos – o fim do segredo monárquico, portanto, de um privilégio imenso e de um "direito" soberano, divino.

A atitude é "revolucionária" porque Necker se dirige a todos os súditos, iguais, com isso, em direito.

"Por fim, confesso também", conclui Necker, "que contei fielmente com esta *opinião pública* que os maus procuram em vão deter ou dilacerar mas que, apesar de seus esforços, a justiça e a verdade continuam carregando consigo."

Trata-se de um momento crucial, como nos tempos de Turgot.

A mesma questão se coloca: é possível reformar a monarquia; Luís XVI continuará apoiando Necker?

Ora, a publicação do *Relatório*, que faz crer que agora se poderia calcular, controlar e discutir as receitas e as despesas do poder, o emprego dos impostos, sua repartição, que em suma começaria um tempo de justiça, de igualdade e de liberdade, fortalece o crédito do Estado.

Um novo empréstimo de setenta milhões produz cem!

Mas contra Necker, de agora em diante, há a união de todos os privilegiados. Dos Polignac – os frequentadores do Trianon e os mais próximos confidentes da rainha – aos parlamentares, dos irmãos do rei aos bispos e financistas.

O intendente Calonne, em um panfleto, zomba dos *neckrômanos*, que não percebem que o *Relatório ao rei* está incompleto: Necker esquecera (!) as despesas da guerra na América e dos reembolsos das dívidas, de forma que seu orçamento, longe de apresentar um excedente de dez milhões, apresenta um déficit de 218 milhões!

Esta *prestação de contas* não passa de um *conto de fadas*, diz Maurepas.

Necker, diante dos ataques, pede ao rei que confirme seu apoio passando-lhe a administração direta dos Cofres da Guerra e da Marinha, o que faria dele o verdadeiro senhor do ministério e manifestaria a vontade do rei de iniciar reformas radicais.

Luís XVI recusa, e Necker apresenta sua demissão no dia 19 de maio de 1781.

É um choque brutal para esta opinião pública que apoiara Necker. Uma decepção ainda maior do que a que seguira à queda de Turgot.

Uma fenda se abre no reino.

Quanto pode o rei? O que ele quer?

Os espíritos esclarecidos sonham com a América, com assembleias de votos, com igualdade e justiça.

A rainha é responsabilizada pela demissão de Necker, apesar de ter mantido boas relações com ele. Mas o rei é poupado. Continua sendo o rei de direito divino, enquanto a rainha não passa de uma "austríaca frívola", cujo coração está em Viena e não em Paris. Grimm, que escreve e anima o periódico *Correspondance littéraire*, observa, depois da demissão de Necker: "A consternação estava refletida em todos os rostos; as ruas, os cafés, os locais públicos estavam apinhados de gente, mas neles reinava um silêncio extraordinário. As pessoas se olhavam, se apertavam tristemente as mãos".

8.

Luís vira o rosto, se afasta num andar lento e pesado, seu rosto contrariado expressa tédio e também desprezo.

Ele não quer mais que lhe falem de Necker, da opinião pública, dos espíritos esclarecidos e, entre estes, dos grandes senhores, inclusive o duque de Orléans, que frequentam o salão de Madame Necker, na Rue de la Chaussée-d'Antin.

Esses homens eloquentes criticam os novos controladores das Finanças, que se sucedem, Joly de Fleury, Lefèvre d'Ormesson, e agora Calonne, intendente amável, eloquente, bem-visto, que com palavras contundentes revelara os subterfúgios de Necker e contribuíra para sua saída.

É ele agora quem deve enfrentar o déficit, mas que, habilmente, multiplicando os empréstimos, jogando com as cotações da moeda, favorece a especulação, consegue o apoio dos financistas, dos credores, e cria um clima de euforia.

Os problemas são apenas adiados, inclusive agravados, diz Necker de seu lado, mas a morosidade e a decepção que haviam seguido à sua demissão se dissipam.

Luís tem, em seu íntimo, a confirmação de uma convicção: os ministros passam; as crises, inclusive as financeiras, sempre encontram uma solução; a opinião pública varia, vai e vem como o fluxo e refluxo das águas, somente o rei e a monarquia permanecem.

E ei-los reforçados e celebrados, visto que em 22 de outubro de 1781, comovido até as lágrimas, Luís se debruça sobre Maria Antonieta, que acaba de dar à luz seu primeiro menino, e murmura-lhe:

– Madame, a senhora realizou meus desejos e os da França: sois mãe de um delfim.

Ele chora de novo ao ficar sabendo que, em Paris, a notícia do nascimento de um herdeiro real fizera a multidão manifestar sua alegria, dançando, festejando e se abraçando. Mulheres do povo, vindas a Versalhes, celebram a rainha de maneira rude.

Parecem ter desaparecido todos os panfletos que criticavam a austríaca, acusada de infidelidade, inclusive de preferir as favoritas e suas carícias ao marido! Ou então de cair nos braços daquele oficial sueco, encontrado num baile de máscaras na Ópera, em 1774, e reencontrado em 1778, agitada, sedutora, não escondendo sua atração por aquele conde Axel Fersen, que partira com o exército de Rochambeau para ajudar os *Insurgentes* da América.

O clima, portanto, mudara. Um delfim, dinheiro fácil graças aos empréstimos e às habilidades de Calonne.

Depois, a vitória das tropas francesas e dos *Insurgentes* contra os ingleses em Yorktown; mais de sete mil uniformes vermelhos se rendem!

Glória ao exército do rei, festa em Paris para celebrar o "herói dos Dois Mundos". La Fayette, que volta em janeiro de 1782, é feito marechal de campo. Fogos de artifício, Tratado de Versalhes com a Inglaterra em 1783, revanche do Tratado de Paris de 1763.

Teria o rei jamais sido tão popular?

Benjamin Franklin o celebra como "o maior fazedor de pessoas felizes que há neste mundo".

Mais ainda, é associado à *Révolution de l'Amérique*, exaltado neste livro do abade Raynal.

Quem poderia dissociar o Luís XVI que permitira a vitória dos *Insurgentes* da política de reformas?

O rei é bom.

É visto, nas aldeias pelas quais passa ou visita, dando esmolas aos camponeses miseráveis, concedendo pensões vitalícias a alguns.

Pois a fome e o frio assolam o país nos invernos entre 1783 e 1785.

Os arrendamentos agrícolas aumentam, pois a moeda foi na verdade desvalorizada. O pão está caro. Os pobres sem domicílio acendem grandes fogueiras nas ruas de Paris em volta das quais se espremem.

Revoltas de fome explodem em vários pontos.

Mas quando Luís, em junho de 1786, vai a Cherbourg para visitar a frota real, é saudado com fervor ao longo de toda a viagem.

As pessoas se ajoelham à sua frente, beijam-no.

– Vejo um bom rei e não desejo mais nada neste mundo – diz uma mulher.

Luís convida a multidão que se espreme a avançar:

– Deixem-nos se aproximarem – diz ele –, são meus filhos.

Há gritos de "Viva o rei!", e ele responde "Viva o meu povo! Viva o meu bom povo!".

Versos que o louvam são recitados e são gravados nos pedestais das estátuas.

Alguns dizem:

> A Luís Homem
> Este frágil monumento terá frágil existência
> Tuas bondades, ó meu Rei, nestes tempos de rigor
> Bem melhor do que no bronze colocaram no fundo de meu coração
> Um monumento firme, o reconhecimento.*

Outros lembram que Luís, jovem rei, já realizara "milagres":

> Luís de seu domínio baniu a escravidão
> À América, nos mares, devolve a liberdade
> Suas leis são dádivas, seus projetos são os de um sábio
> E a glória o aponta à imortalidade.**

---

* *À Louis Homme / Ce faible monument aura faible existence / Tes bontés ô mon Roi dans ces temps de rigueur / Bien mieux que sur l'airain ont mis au fond du cœur / Un monument certain, c'est la reconnaissance.* (N.T.)

** *Louis de son domaine a banni l'esclavage / À l'Amérique, aux mers, il rend la liberté / Ses lois sont des bienfaits, ses projets sont d'un sage / Et la gloire le montre à l'immortalité.* (N.T.)

Luís fica comovido até as lágrimas. Escreve a Maria Antonieta: "O amor de meu povo ecoou até o fundo de meu coração. Imagine se não sou o rei mais feliz do mundo."

Mas às vezes, quando descobre em seus próprios apartamentos algum panfleto atacando a rainha, a felicidade que experimentara diante dos sinais de afeição manifestados pelo povo se dissipa.

Maria Antonieta é acusada de ter reatado com o conde de Fersen, que voltara da América com as tropas francesas. É suspeita de infidelidade. Há dúvidas se os filhos que teve – um segundo filho nascerá em 1785, e uma filha em 1787 – são do rei ou do belo Fersen. Ela pedira ao rei que atribuísse a Fersen o comando de um regimento estrangeiro, o Royal Suédois*, e o "bom" Luís XVI logo concordara, concedendo a Fersen uma pensão de vinte mil libras.

Luís, no entanto, não se arrepende de suas extravagâncias ou de suas complacências.

Maria Antonieta é a rainha, mãe do delfim.

Ele conhece as inclinações da esposa: festas, joias, castelos. Ele as aceita.

Ela dispõe do Trianon. Ele compra para ela, a pedido, o castelo de Saint-Cloud.

E todos atacam a austríaca, Madame Déficit, que arruína o reino.

Mas ela é a rainha, ele às vezes tem vontade de gritar. Quer defendê-la, protegê-las dos caluniadores.

Ele fica sabendo com assombro e com um sentimento de indignação que o cardeal de Rohan, grão-capelão da Corte, em maus termos com a rainha, diz ter comprado, para se reconciliar com ela, um colar de um milhão e seiscentas mil libras do joalheiro Böhmer.

---

* Royal Suédois: regimento de infantaria do Antigo Regime que aceitava apenas oficiais suecos. (N.T.)

O cardeal afirma ter recebido cartas da rainha pedindo-lhe para fazer a compra se quisesse se reconciliar com ela, e inclusive se encontrara com ela à noite nos bosques do parque do castelo de Versalhes!

Luís fica escandalizado.

O relato sugere que a rainha estaria disposta a complacências em favor de Rohan – joguete e vítima de uma certa condessa de La Motte-Valois, que se apropria do colar – para conseguir a compra do colar!

Questão delicada, que Luís pressente que acabará sujando mais ainda a reputação de Maria Antonieta.

Os invejosos, os rivais, os inimigos da monarquia e os adversários das reformas que Calonne é suspeito de querer operar se unirão para espalhar os rumores.

Mas Luís não cede, ordena a prisão do cardeal de Rohan, que irá para a Bastilha antes de ser julgado pelo Parlamento.

O rei concedera a Rohan a possibilidade de ter um processo parlamentar. Era o mesmo que escolher, como adversários, juízes! Pois os parlamentares querem impedir o rei de reduzir seus direitos e suas vantagens. Inocentar Rohan – cuja família é uma das mais ilustres do reino – é o mesmo que condenar a rainha e, portanto, afirmar que o Parlamento tem o direito de julgá-la, como poderia, a partir de então, julgar o rei.

É sob os gritos de "Viva o Parlamento! Viva o cardeal inocente!" que a multidão acolhe o veredicto que "exime o cardeal de Rohan das queixas e acusações".

A condessa de La Motte-Valois, por sua vez, é condenada ao cárcere e marcada a ferro em brasa, mas fugirá para Londres, onde se encontrará com o "mágico Cagliostro", envolvido no caso.

Na Corte, nos bares, nos salões, entre os grandes ou os simples, todos se regozijam com o veredicto, criticam a rainha, sobre quem são vertidas inúmeras injúrias e calúnias.

Com ela, toda a monarquia é atingida.

Condena-se a impiedade e a licenciosidade dos "abades e bispos da corte", como Rohan, apesar de o cardeal ser julgado vítima de arbitrariedade.

Rohan é libertado da Bastilha, mas dispensado de seu cargo de grão-capelão da Corte e exilado em sua abadia de La Chaise-Dieu.

Evocam-se as fraudes, as especulações organizadas pelos Orléans a fim de aumentarem seu patrimônio imobiliário no Palais Royal.*

Conta-se que o duque de Chartres, filho do duque de Orléans, organiza em sua casa de Monceau noitadas libertinas e ceias em companhia de mulheres nuas.

Uma onda de reprovação e indignação, em que verdades e calúnias se misturam, é desencadeada depois do caso do colar da rainha.

"Grande e feliz questão", lê-se. "Um cardeal vigarista! A rainha implicada num caso de falsidade! Lama sobre a cruz e o cetro! Que triunfo para as ideias de liberdade! Que importância para o Parlamento!"

A rainha fica prostrada. Sente-se ultrajada, "vítima de cabalas e injustiças".

Ela desconfiava, desde os primeiros dias após sua chegada a Versalhes, que teria dificuldade em ser aceita, amada. Agora, chegando à aversão, tem certeza.

— Um povo é muito infeliz – diz ela chorando – quando tem como tribunal supremo um bando de pessoas que consulta apenas suas paixões ao julgar, sendo algumas suscetíveis de corrupção, e outras de uma audácia que sempre manifestaram em relação à autoridade e que acabaram de detonar contra aqueles que a envergam.

---

* Palais Royal: palácio parisiense pertencente, neste momento, a Filipe de Orléans, que dele fez um local importante da cidade, abrindo seus jardins, reformando suas galerias e ali instalando lojas, teatros e cafés. Durante a Revolução, torna-se ponto de encontro, discursos e agitações populares. (N.T.)

Ela tenta esquecer, multiplica o número de festas e bailes, ensaia o papel de Rosina no *Barbeiro de Sevilha*, que pretende interpretar em seu teatro. E não presta atenção ao fato de Beaumarchais ser um dos adversários desta autoridade que ela encarna.

– Mas neste país as vítimas da autoridade sempre têm a opinião pública a seu favor – afirma a filha de Necker, que acaba de casar com o barão de Staël.*

Na verdade, a situação é muito mais crítica do que transparece na absolvição do cardeal de Rohan, nos rumores e nos panfletos que cobrem a rainha – e portanto a monarquia – de opróbrio.

Em 20 de agosto de 1786, Calonne se vê obrigado a anunciar ao rei que a bancarrota está às portas do reino, que é preciso reembolsar as dívidas se quiserem evitá-la.

O déficit se eleva a cem milhões de libras. Os empréstimos lançados por Calonne chegam a 653 milhões, aos quais é preciso acrescentar 597 milhões tomados desde 1776.

– É preciso admitir, Sire – diz Calonne –, que a França só se sustenta por uma espécie de artifício.

Não se pode, acrescenta ele, "aumentar o fardo das imposições, é inclusive necessário diminuí-las", ou seja, é preciso estabelecer a igualdade perante os impostos, único remédio para as doenças das finanças reais.

É preciso colocar um fim aos privilégios fiscais da nobreza e do clero e criar um imposto único sobre a terra, a "subvenção territorial", e restabelecer a livre circulação de grãos. Calonne, com isso, toma o caminho que antes Turgot e Necker haviam tentado seguir.

Como eles, sugere apoiarem-se numa Assembleia que poderia ser uma *assembleia de notáveis*.

Luís XVI hesita. Mas o déficit é uma corda no pescoço do reino.

---

* A filha de Necker é a conhecida Madame de Staël, escritora entusiasta das ideias iluministas. (N.T.)

A medida derradeira seria reunir os Estados-Gerais, sinal da situação dramática da França. Luís XVI se recusa a pensar naquilo. Os Estados-Gerais não eram reunidos desde 1614! Apesar do déficit, a França é rica. Basta reformá-la, e para isso uma Assembleia dos Notáveis, consultiva, parece ser suficiente.

No grande Conselho de solicitações de 29 de dezembro de 1786, depois de uma discussão de cinco horas, Luís toma a decisão de convocá-la.

Ele quer agir. Tenta fazer isto desde que é rei, desde 1774, há doze anos.

Ele lê a carta que o embaixador da Áustria, Mercy-Argenteau, envia para Viena.

> Enquanto o desperdício e a profusão devoram o Tesouro Real, eleva-se um grito de miséria e de terror... O governo atual ultrapassa em desordem e pilhagem o reino anterior, e é moralmente impossível que o presente estado das coisas continue por mais tempo sem que aconteça uma catástrofe.

Ainda haverá tempo para evitá-la?

Luís acredita que sim.

Mas a opinião pública duvida. A cólera vencerá a razão?

Cagliostro, um dos acusados no caso do colar, exilado em Londres, denuncia o arbítrio real. É encarcerado na Bastilha e faz da velha fortaleza o símbolo desta arbitrariedade:

> Todas as prisões do Estado se parecem com a Bastilha [escreve ele em sua *Lettre à un ami*, que circulará na França clandestinamente].
> Não fazeis ideia dos horrores da Bastilha. A cínica impudência, a odiosa mentira, a falsa piedade, a ironia amarga, a crueldade sem travas; injustiça e morte imperam. Um silêncio bárbaro é o menor dos crimes ali cometidos.
> Tendes tudo de que precisais para serdes felizes, franceses! Só vos falta uma pequena coisa, que é ter a certeza de que

podereis dormir em vossas camas se fordes irrepreensíveis.
As *lettres de cachet** são um mal necessário? Como sois simples! São ninados com contos de fada...
Mudai de opinião e merecei *a liberdade* com *a razão*.

Cagliostro data esta *Lettre à un ami* de 20 de junho de 1786.

---

* *Lettre de cachet*: carta com o selo do rei, contendo uma ordem de prisão ou de exílio sem julgamento. (N.T.)

9.

Luís encontra essas palavras, *razão*, *liberdade*, *igualdade*, *opinião*, todos os dias em periódicos ou panfletos, que surgem diariamente. Ele contara mais de quarenta de cada nos últimos meses. Ele os folheia com preocupação e angústia crescentes desde que tomara a decisão, no dia 29 de dezembro de 1786, de convocar a Assembleia dos Notáveis.

Ele não sabe mais se a proposta de Calonne a que aderiu é acertada.

Inclusive tem a sensação quando a reunião da Assembleia é fixada para o dia 22 de fevereiro, na Sala dos Pequenos Prazeres, que a opinião pública já se inflama, que as críticas abundam, que as paixões se exacerbam.

Se pudesse, voltaria atrás em sua escolha. E ele já pensa em despedir Calonne, sobretudo depois que as críticas contra o ministro se multiplicam.

A rainha não gosta dele. Ela sugere o nome de um substituto, o arcebispo de Toulouse, Loménie de Brienne.

Outros acusam Calonne de, com sua política financeira, ter conduzido o reino à bancarrota. Inúmeros são aqueles que sugerem a reconvocação de Necker.

Luís dissera:

– Não quero nem neckralhada, nem padralhada.

Arrependeu-se do desabafo. Não queria fechar nenhuma via. Melhor deixar reinar a dúvida e a incerteza, ficar o maior tempo possível inapreensível do que se expor.

Mas era preciso compor aquela Assembleia dos Notáveis, portanto escolher as personalidades que dela fariam parte.

Logo os panfletos, os periódicos impressos no exterior e introduzidos na França, as caricaturas estigmatizam esta Assembleia que só podia ser submissa, com seus sete príncipes de sangue, seus 36 duques e pares ou marechais da França, seus 33 presidentes ou procuradores-gerais de parlamentos, seus 11 prelados, seus 12 conselheiros de Estado, seus 12 deputados de províncias de Estado e seus 25 prefeitos das principais cidades do reino.

O absolutismo, inclusive o despotismo, é lembrado. Faz-se uma comparação das assembleias que se reúnem nos Estados Unidos com as que suíços, flamengos e holandeses querem eleger.

Em todos esses países, os povos conquistaram direitos – às vezes com a ajuda do rei da França, que os recusa a seus súditos.

La Fayette ou Mirabeau repetem que é preciso uma "verdadeira" Assembleia Nacional e insistem que é preciso reunir os Estados-Gerais; mas apontam que os representantes do Terceiro Estado devem ser tão numerosos quanto os das duas ordens privilegiadas, e o voto deve ser por "cabeça" e não por "ordem".

E a Assembleia dos Notáveis ainda nem se reunira!

Luís se sente prostrado. Tem a impressão de que os diques que seguravam uma correnteza poderosa começam a ceder. E que as ondas que rebentam não submergem apenas o reino da França, mas o mundo, da Filadélfia a Liège, de Genebra a Amsterdã.

Ele se recusa a ajudar os burgueses holandeses que se rebelam contra o *stathouder*. Deveria ele favorecer os adversários da autoridade na Holanda, enquanto a defende na França?

A agitação e a angústia o dominam, até mesmo o desespero.

Vergennes, seu ministro dos Negócios Estrangeiros, morre.

– Perco o único amigo em quem podia confiar – diz ele –, o único ministro que nunca me enganou.

Sua tristeza se mistura à amargura e à indignação quando descobre que vários panfletos acusam a rainha de ter mandado envenenar Vergennes!

Ela censurava o ministro por tê-la mantido afastada, cheio de desconfiança pela "austríaca", jamais comunicando-lhe seus projetos, e ela inclusive o acusava de ter discretamente apoiado o cardeal de Rohan no caso do colar.

Desde que se tornara rei, Luís tem a sensação de que as "coisas" – o poder, a opinião pública, inclusive seus próximos, seus ministros – escorrem por entre seus dedos, como se uma das ferramentas que maneja na forja ou na serralheria lhe escapasse no momento em que a quisesse utilizar.

Ele se fecha sobre si mesmo, querendo com isso que a corrente de críticas e ataques passasse por cima dele, sem carregá-lo.

Ele não perdoa Calonne, que, diante da Assembleia dos Notáveis, para justificar suas reformas, a igualdade perante os impostos que quer estabelecer, faz uma verdadeira acusação contra a monarquia e as ordens da nobreza e do clero que são seus pilares.

Calonne não precisava dizer:

– Os abusos que hoje tratamos de aniquilar para a salvação pública são os mais eminentes, os mais protegidos, que têm as raízes mais profundas e as ramificações mais extensas. Tais são os abusos cuja existência pesa sobre a classe produtiva e trabalhadora, os abusos dos privilégios pecuniários, as exceções à lei comum. Tantas exceções injustas isentam uma parte dos contribuintes, agravando a sina dos demais.

Ele fala em "razão", "justiça", "interesse nacional", acusa abertamente os privilegiados da nobreza, não poupa o clero – "os eclesiásticos são, ao nascerem, cidadãos e súditos", insiste ele. Denuncia o número assustador de "agentes do fisco", predica o novo imposto, a subvenção territorial, critica a gabela* e se dirige diretamente à opinião pública, distribuindo, em 31 de março, uma *Advertência* comentada por jornalistas a seu serviço.

---

* Gabela: imposto indireto sobre o sal, abolido em 1790. (N.T.)

> Com certeza se pagará mais, mas quem? [nela pergunta]. Apenas aqueles que não pagam o suficiente; estes pagarão o que devem... Privilégios serão sacrificados, a justiça o quer, a necessidade o exige. Seria melhor sobrecarregar mais ainda os não privilegiados, o povo? Haverá grandes reclamações... Estamos à espera delas. Pode-se fazer o bem geral sem ferir alguns interesses particulares? Pode-se reformar sem que haja queixas?

Nunca se ouvira um ministro do rei falar desta forma, tomar o partido do povo não em nome da compaixão, mas em nome da igualdade e da justiça.

Os notáveis ficam indignados:

– O senhor nos toma por ovelhas, reunindo-nos para sancionarmos uma obra pronta?

Calonne é condenado, e sua *Advertência* é considerada "indigna da autoridade real, que só deve falar ao povo através das leis, não por intermédio de uma espécie de escrito sem nenhum caráter...".

Os notáveis, acima de tudo, se apresentam como os defensores da liberdade e do direito diante de um poder ávido em extorquir o reino.

– Monsieur de Calonne – diz um dos membros da Assembleia – quer mais uma vez sangrar a França, e pergunta aos notáveis se deve sangrá-la nos pés, nos braços ou na jugular.

A opinião pública está a tal ponto imbuída do espírito das Luzes, da hostilidade ao modo de governo absolutista, que qualquer discurso que se proclame pela liberdade e exija as representatividades das assembleias é ouvido.

Melhor ou pior, qualquer assembleia – e em primeiro lugar os parlamentos, que reúnem apenas os privilegiados – vale mais que o poder executivo.

De novo há uma exigência pela convocação dos Estados-Gerais, pela duplicação dos deputados do Terceiro Estado e, reivindicação decisiva, pelo voto por cabeça e não por ordem.

Luís não aceita isso.

Ele censura Calonne por suas palavras excessivas, seus ataques contra as ordens privilegiadas.

Aquele controlador-geral das Finanças pensa, fala e escreve como um panfletário da "seita filosófica"!

Isso é o que dizem as pessoas próximas ao rei, em primeiro lugar Maria Antonieta, que pressiona Luís a se livrar de Calonne.

O rei, mais uma vez, se esquiva de um frente a frente com o ministro.

Calonne, que quer ver o rei, ouve do primeiro-mordomo que Sua Majestade proibiu-o de deixá-lo entrar.

Em 8 de abril de 1787, em nome do rei, anuncia-se a Calonne sua demissão.

Em 30 de abril, Luís aceita nomear para controlador-geral das Finanças, pressionado pela rainha, o arcebispo de Toulouse, Loménie de Brienne, amigo de Turgot, que todos dizem hábil e capaz de conquistar "a aprovação das sociedades dominantes".

Mas Luís XVI sabe que Loménie de Brienne é um daqueles prelados da corte mais libertinos que piedosos.

Se Luís cede é porque a situação se degrada e é preciso agir com rapidez.

A Assembleia dos Notáveis obtém uma vitória com a dispensa de Calonne. É fortalecida em sua recusa às reformas.

A opinião pública exige a volta de Necker.

Os parlamentos se eriçam, dispostos a defender com unhas e dentes seus direitos perante o rei, a proteger seus privilégios contra qualquer reforma, seguros do apoio conferido pela opinião pública.

Em cada província, todo um universo gravita em torno dos parlamentos: milhares de pequenos funcionários dos tribunais, diplomados e mortos de fome, libelistas, periodistas, "jornalistas".

Nesse meio, o dos advogados, da franco-maçonaria, das sociedades de pensamento, lê-se Voltaire, aplaude-se Beaumarchais e os "patriotas" da América e da Holanda.

E detesta-se a austríaca, Madame Déficit, cujo coração está em Viena, capital dos Habsburgo, a mais absolutista das dinastias europeias.

Esta "fermentação dos espíritos" em torno dos parlamentos atinge o meio dos artesãos, dos comerciantes, que têm a sensação de ser "podados" em benefício daqueles "marqueses" que festejam com a austríaca e que só se "deram o trabalho de nascer".

Há também todos aqueles, povo incalculável, que se ajoelham diante do rei bondoso.

Esses "súditos" só comem pão, que fica cada vez mais caro nesses anos entre 1787 e 1789, pois o trigo sofre com o frio intenso; os grãos se tornam raros, e seu preço cada vez mais elevado.

Enquanto isso, afirma-se cada vez com mais ênfase, a rainha compra um colar de várias centenas de milhares de libras, por intermédio de um daqueles cardeais que têm a audácia de invocar o Cristo, esse pobre crucificado.

Os padres, o baixo clero que conhece, frequenta e inclusive partilha da miséria dos humildes, se sentem mais próximos dos pobres trabalhadores jornaleiros do que do cardeal de Rohan ou de Loménie de Brienne, arcebispo de Toulouse, libertino que se torna chefe do Conselho das finanças, pela graça do rei e pela vontade da austríaca.

Luís, apesar de perceber a dificuldade da situação, não mede a extensão da evolução da opinião pública.

Ela é como uma floresta seca cuja vegetação rasteira começa a queimar e que uma rajada de vento pode inflamar.

Maria Antonieta desconfia menos ainda, apesar das calúnias, injúrias, caricaturas e panfletos que todos os dias a têm como alvo, apesar da extensão e profundidade da reprovação e do ódio que suscita.

Portanto, ela fica mais surpresa que Luís quando, ao receberem Loménie de Brienne, este externa o desejo de ser auxiliado por Necker e de ser autorizado a preparar a convocação dos Estados-Gerais.

Luís fica estupefato, mas também aterrorizado.

– Mas, Monsieur arcebispo, então o senhor nos acredita perdidos? Os Estados-Gerais? Se eles podem corromper o Estado e a realeza! E Necker! Peça qualquer coisa, menos essas duas. A rainha e eu estamos prontos para reformas e economias. Mas, por favor, não exija nem Monsieur Necker nem os Estados-Gerais.

Bastam algumas semanas para que o rei se dê conta, com assombro, que a ideia da convocação dos Estados-Gerais progride com velocidade e aos poucos vai se impondo. Loménie de Brienne nada obtém da Assembleia dos Notáveis, diante da qual retoma o essencial do plano de Calonne. Mas os notáveis primeiro exigem que o controlador-geral das Finanças seja fiscalizado por um Comitê – o mesmo que dizer que o rei perde o controle das finanças.

Coisa inaceitável para Luís XVI. Em 25 de maio de 1787, o rei dissolve a Assembleia dos Notáveis, o que imediatamente reforça junto à opinião pública o desejo de convocação dos Estados-Gerais. Estes reuniriam, segundo La Fayette, "os representantes autênticos da nação".

Os periódicos, por sua vez, não hesitam: "Por que o rei não poderia ficar sob tutela?... Às vezes é preciso lembrar aos chefes das nações de suas instituições primeiras e ensinar-lhes que detêm o poder dos povos que muitas vezes tratam como escravos!"

Esses periodistas são quase todos pagos por um ou outro círculo, sendo o do duque de Orléans o mais influente. O duque é primo do rei, mas ambicioso, ciumento, várias vezes atacado pelos soberanos, e apresenta-se como homem das Luzes.

E "seus" periodistas criticam o rei, a rainha, o poder monárquico, mas ao mesmo tempo apoiam os parlamentares: "Os notáveis mostraram que a nação ainda existia".

Luís, que imagina poder registrar os éditos reformadores no Parlamento de Paris, usando, se necessário, como era de seu direito enquanto soberano, de um *lit de justice**, que impõe o registro, não consegue medir, mais uma vez, a evolução da opinião pública.

Durante os meses de maio e junho, o Parlamento se recusa a registrar o édito que cria o imposto chamado de "subvenção territorial" e declara "que apenas a nação reunida em seus Estados-Gerais pode consentir com um imposto perpétuo".

Em 6 de agosto, o rei convoca em Versalhes um *lit de justice*. Faz calor na sala onde os parlamentares se espremem. O registro dos éditos é obrigatório, mas enquanto a sessão se desenrola, o rei pega no sono, às vezes ronca, passando a impressão, naquele período tenso, crucial, de um soberano ao mesmo tempo desdenhoso e impotente.

Mas, em 7 de agosto, o Parlamento de Paris declara nulo o *lit de justice* da véspera.

Em 10 de agosto, decide pela abertura de uma investigação criminal contra as "depredações" cometidas por Calonne. Era a maneira de demonstrar sua decisão, de avisar aos ministros que eles não eram mais intocáveis – e, atrás deles, o rei – e de convidá-los à moderação e ao respeito às prerrogativas parlamentares.

Calonne – apesar da decisão do Parlamento ser derrubada – fica preocupado e decide se refugiar na Inglaterra: é obrigado a emigrar por uma assembleia de privilegiados que o censuram por tentar, em nome do rei, reformar o reino!

Abatido, o rei lê os relatórios dos "moscas", os informantes do tenente-geral de polícia, que são acossados pelos pequenos funcionários dos tribunais, perseguidos e surrados sob os aplausos de uma multidão de milhares de pessoas que aclamam os parlamentares todas as vezes que estes denunciam os éditos como contrários "aos direitos da nação" ou decidem anular o registro de éditos em *lit de justice*.

---

* *Lit de justice*: trono sobre o qual o rei sentava ao presidir uma sessão solene do Parlamento; por metonímia, a sessão em si. (N.T.)

Os manifestantes exclamam:
– Viva os pais do povo! Fim dos impostos!

Luís XVI fica tomado de indignação.

O Parlamento precisa ceder, pensa ele bruscamente, ouvindo Loménie de Brienne pedir-lhe que exile os parlamentares em Troyes.

Depois o rei fica tomado de dúvidas. Ele teme as consequências de semelhante prova de força; no entanto, toda sua concepção da autoridade monárquica o incita a agir daquela maneira.

Sente-se dividido. Ele que busca o esforço físico para relaxar, sente-se de repente cansado, sem ter cavalgado ou usado a forja. Tem a impressão de que seu corpo vigoroso e pesado o oprime.

Ele cochila para fugir às dores de cabeça, às queimações de estômago, sintomas que não conhecia. Aceita a proposta de Brienne, sem nem mesmo poder medir todos os efeitos de sua decisão.

Ele assina *lettres de cachet* aos parlamentares, para que estes as recebam na noite de 14 para 15 de agosto.

Ele não sabe que alguns parlamentares haviam ameaçado Brienne, prevenindo-o:
– Tome cuidado, não é mais uma guerra parlamentar que o senhor provocará, mas uma guerra civil.

Os parlamentares deixam Paris, mas assim que chegam a Troyes afirmam que não mudarão de opinião.
– Somente os Estados-Gerais podem sondar e curar as chagas do Estado e outorgar os impostos.

Mais grave que isso, Paris se inflama.

Em 17 de agosto, dia em que os condes de Artois e Provença vão ao Palácio da Justiça para registrar os éditos, a multidão invade o prédio e rodeia os irmãos do rei, gritando:
– Para Bicêtre! Para Bicêtre!*

---

* Bicêtre: hospital de Paris, que acolhia indistintamente, na época, indigentes, doentes e criminosos. (N.T.)

E dirigindo-se ao conde de Provença – que se opunha às escolhas de Luís XVI:

– Coragem, Monsieur, o senhor é a esperança da nação.

A guarda ataca. Há mortos e feridos.

Os magistrados da Cour des Aides – a sala onde deliberam é ocupada pelos manifestantes – declaram, como os da Chambre des Comptes, que é preciso reunir os Estados-Gerais.

Bandos de jovens percorrem as ruas, invadem as lojas, saqueiam a casa de um comissário de polícia que prendera dois manifestantes, espancam os ambulantes que gritam o texto dos éditos, insultam as guardas francesas.

Cartazes são afixados: "Em oito dias queremos o Parlamento ou fogo."

O rei, a rainha e o conde de Artois são insultados. São distribuídos panfletos injuriosos aos soberanos, sobretudo à austríaca, Madame Déficit.

Uma gravura representa o casal real à mesa com a seguinte legenda: "O rei bebe, a rainha come, o povo grita!"

Nas províncias, manifestações acontecem em torno dos parlamentos, e os magistrados enviam mensagens ao rei exigindo a "reconvocação do Parlamento".

Luís quer escapar deste pesadelo que lhe mostra um reino que não imaginara.

Primeiro deixa Brienne restabelecer a ordem em Paris e evacuar o Palácio de Justiça, mas ao mesmo tempo ele quer dar sinais de pacificação, seduzir aquela opinião pública esclarecida, separá-la dos parlamentos.

Um Édito de Tolerância devolve a condição civil aos protestantes. A situação dos judeus do reino é examinada e tenciona-se emancipá-los.

Mas cada gesto desencadeia a reação hostil de uma parte da opinião pública: a Assembleia do Clero da França dirige suas repreensões ao rei.

É preciso, portanto, negociar com o Parlamento de Paris, colocar um fim a seu exílio, retirar a subvenção territorial e prometer a convocação dos Estados-Gerais para 1792.

O Parlamento, por sua vez, aceita registrar um édito sobre o imposto da vintena.

Manifestações de alegria e enfrentamentos violentos com as guardas francesas acolhem o retorno dos parlamentares a Paris.

Mas o arranjo destes com o rei é considerado, pelos mais implacáveis, como uma capitulação e uma fraqueza. O Parlamento, aos olhos destes, se desacreditou.

– Precisamos de uma barreira ao retorno dos abusos – dizem –, precisamos dos Estados-Gerais.

Outros acrescentam:

– De uma Assembleia Nacional.

A rainha, por sua vez, desabafa:

– Pensei ter casado com o rei da França, vejo meu erro, casei apenas com o rei da Inglaterra.

Na Corte, sua decepção é partilhada.

O rei, desamparado, constata que ninguém está satisfeito. A agitação não passa. A crise financeira se agrava.

Já que se renunciou à subvenção territorial, é preciso ampliar os empréstimos, sendo um de 420 milhões. O Parlamento precisa registrá-lo em sessão real.

Esta ocorre em 19 de novembro de 1787, em Paris.

O rei se expressa com firmeza:

– Quero presidir esta sessão para lembrar a meu Parlamento os princípios dos quais ele não deve se afastar. Referem-se à essência da monarquia, e não permitirei que sejam ameaçados ou alterados.

Depois de ouvir as respostas dos parlamentares, ele encerra sua fala dizendo que conforme as regras de uma sessão real, não haveria votação:

– É necessário instituir os empréstimos contidos em meu édito. Prometi os Estados-Gerais para 1792, minha palavra deve bastar. Ordeno que o édito seja registrado.

Ele se levanta, se prepara para sair em meio a murmúrios.

De repente, o duque Filipe de Orléans grita, em pé, numa voz furiosa mas hesitante:

– Isso é ilegal!

Ele insiste para que seja especificado que era por ordem do rei – seu primo – que o édito seria registrado.

Luís, rosto avermelhado de surpresa e emoção, balbucia:

– Isso me é indiferente, os senhores é que sabem.

Depois, numa voz mais forte:

– É legal porque assim o quero.

Luís fica indignado com a "traição" de Filipe de Orléans. Maria Antonieta fica mais escandalizada ainda pelo comportamento do duque de Orléans, que parece querer impor-se como o chefe dos adversários da política real. É preciso reprimir, insiste ela.

O rei se decide a fazê-lo.

O duque de Orléans será exilado em seu castelo de Villers-Cotterêts, e dois parlamentares que parecem ter agido a seu lado serão aprisionados na fortaleza de Doullens. Uma comissão do Parlamento tentará, no dia seguinte, fazer o rei voltar atrás em suas decisões.

– Não devo contas a ninguém sobre minhas resoluções – responde-lhes Luís XVI. – Todos estão interessados na manutenção da ordem pública, e a ordem pública deriva essencialmente da preservação de minha autoridade.

Mas a multidão, à saída do Parlamento, carregara o duque de Orléans em triunfo.

Os parlamentares, em Paris e nas províncias, afirmam que "a liberdade individual é a mais sagrada das propriedades".

O parlamento de Rennes declara:

– Os abusos tolerados e o esquecimento das regras levam ao desprezo das leis, e o desprezo das leis prepara a queda dos Impérios.

10.

Luís se cala. Ele ouve a rainha e depois Loménie de Brienne, que o exortam a cada sessão do Conselho superior a acabar com aquela fronda parlamentar, verdadeira rebelião que de um canto a outro do reino, em nome da liberdade individual, da defesa do direito, quer entravar o poder real, submeter a autoridade monárquica.

Ele ouve Maria Antonieta, que agora tem lugar no Conselho. Ela o incita à firmeza:

– Se demorarmos, menos meios teremos de conservar e manter a autoridade do rei.

Luís baixa a cabeça. Ele tem a sensação angustiante de que o que quer que decida ou faça, não conseguirá recuperar as rédeas que, sem que soubesse quando, lhe haviam escapado.

Talvez tenha sido em 1774, quando, pouco depois de sua ascensão ao trono, a conselho de Turgot, anulara a reforma de Maupeou.

Agora, quatorze anos depois, o Guarda dos Selos*, Lamoignon, propõe medidas que retomam, em essência, aquilo que Maupeou conseguira impor.

Hoje, são os parlamentos que todos os dias tentam arrancar um pedaço do poder real.

Eles acabam de declarar as "*lettres de cachet* ilegais, contrárias ao direito público e ao direito natural". Elas violariam "os direitos do gênero humano, os princípios fundamentais da sociedade, as mais vivas luzes da razão, os mais caros interesses do poder legítimo, as máximas elementares da moral e as leis do reino".

---

* Guarda dos Selos: ministro do Antigo Regime ao qual são confiados os selos do Estado. Cargo substituído, junto com o de Chanceler, pelo de ministro da Justiça. (N.T.)

Evidentemente, Luís proibirá aos parlamentos de deliberar sobre o assunto. Mas ele sabe que os parlamentares voltarão ao ataque.

Ele está cansado, exausto de ter que transpor aquela montanha, da qual escorregará de novo ao longo da subida.

Ele se sente impotente. Tem vontade de chorar, como quando lê as cartas que lhe são entregues e nas quais descobre que a rainha continua a se encontrar com o conde Axel Fersen, que inclusive estaria hospedado no castelo de Versalhes. Luís é convidado a desmascarar o amante.

Diante da esposa, ele é tão impotente quanto diante dos parlamentos, ou diante da doença que atinge sua família, seu filho mais velho. Uma de suas filhas morrera.

Mas o mais doloroso a aceitar é aquele ódio cada vez mais violento, descarado, expresso abertamente.

Aqueles que escrevem nos muros de Paris "Parlamentos à venda, ministros à forca, coroa para alugar", parecem seguros da impunidade.

Bem como aqueles que penduraram sobre a galeria da rainha, no Théâtre des Italiens, um letreiro: "Tremam tiranos, vosso reino acabará".

Tiranos?

Enquanto isso as guardas francesas e os soldados de outras unidades recebem ordens de seus oficiais para não reagirem com vigor diante dos revoltosos que os atacam.

Assim, deixam casernas serem incendiadas e recebem, sem reagir, insultos, pedras, garrafas, troncos. Quando o marechal Biron, que comanda as tropas em Paris, dá ordens de pegar armas e atirar – há mortos, cerca de cinquenta –, o Parlamento abre um inquérito sobre a violência dos revoltosos e das forças reais como se uma se equivalesse à outra.

Como permitir a ação desse Parlamento de Paris que, em 4 de maio de 1788, publica uma declaração das *Leis fundamentais do reino* e repete que, em matéria de subsídios, os

Estados-Gerais devem ser consultados previamente, que em resumo o rei é apenas um dos poderes em que está dividido o governo do Estado, e ele está sob o controle do Parlamento e dos Estados-Gerais?

Luís, diante de tais pretensões, se sente atingido em sua legitimidade.

Era de fato uma revolução que os parlamentos estavam iniciando.

O que queriam? Uma "revolução da América" que gerasse uma Constituição?

Luís recebe Malesherbes, que o convida a tomar a frente daquele movimento que arrebatava o reino.

– Concebei a Constituição de vosso século – diz Malesherbes de maneira premente –, tomai nela vosso lugar e não temais fundamentá-la sobre os direitos do povo. Vossa nação, ao ver-vos à altura de seus desejos, só precisará aperfeiçoar vossa obra antes de sancioná-la. Será assim que conduzireis um grande acontecimento, realizando-o vós mesmos.

Mas ele também ouve a rainha, o conde de Artois e seus cortesãos, que o incitam a iniciar uma grande reforma, equivalente à de Maupeou, que reduziria os poderes dos parlamentos. Ele próprio está intimamente convencido de que não deve deixar os parlamentares desmantelar o poder real.

– A monarquia não passaria de uma aristocracia de magistrados, tão contrária aos direitos e interesses da nação quanto aos da soberania – diz ele. – Preciso defender a nação de semelhante desgraça.

Ele aprova, portanto, a decisão do Guarda dos Selos, Lamoignon, de lançar um grande decreto-lei sobre a administração da justiça.

Os tribunais são suprimidos, bem como cargos no Parlamento de Paris.

É criada uma Corte Plenária presidida pelo rei.

E, medida própria para responder aos desejos dos espíritos *esclarecidos*, são abolidos os "interrogatoire sur la sellette"* e a "question préalable"**, em outras palavras, a tortura.

– Os senhores acabam de ouvir minhas vontades – dirá Luís XVI, num *lit de justice*, depois de anunciar esses éditos e a dispensa dos parlamentos. – Quanto mais moderadas elas forem, mais firmemente executadas serão; todas visam à felicidade de meus súditos.

Luís não imaginava o grau de revolta da opinião pública e a resistência que os parlamentares oporiam.

Eles denunciam um golpe de Estado.

Em Paris, recusam-se a indicar às tropas os dois parlamentares que elas haviam sido encarregadas de prender:

– Somos todos Duval d'Eprémesnil e Goislard de Monsabert – gritam para os soldados.

Os dois magistrados só se entregarão depois de trinta horas. Uma multidão composta por escrivães, artesãos, lacaios, serviçais, moradores do Faubourg Saint-Antoine, aos quais se somam vagabundos e miseráveis, aplaude os magistrados que se opõem aos soldados.

Uma parte da população parisiense (e o mesmo se dá em Pau, Dijon, Rennes, Besançon, Toulouse ou Grenoble), mesmo ignorando as causas do enfrentamento entre os magistrados e o poder real, sempre escolhe se opor a este último, e de maneira cada vez mais violenta.

Quanto aos oficiais e nobres, estes geralmente pactuam com os parlamentares, e os suboficiais, cheios de ressentimento para com uma monarquia que lhes proíbe qualquer tipo de ascensão, quando são plebeus, não têm muita pressa em restabelecer a ordem.

---

* *Interrogatoire sur la sellette*: a *sellette* é o pequeno banco de madeira, infamante e desonroso, onde sentava o acusado quando de seu último interrogatório antes da aplicação da pena. (N.T.)

** *Question préalable*: interrogatório com tortura do condenado antes da execução, em que devia denunciar seus cúmplices. Havia também a *question préparatoire*, abolida em 1780, com que se obtinha a confissão do acusado. (N.T.)

O poder real, com isso, é paralisado, dividido: o duque de Orléans atiça o incêndio, por intermédio de escritores que publicam artigos, libelos e panfletos.

Luís teme mais do que nunca ser impotente diante daquele progressivo aumento de revolta, desprezo e ódio.

Ele chora, hesita. Talvez devesse recuar, mais uma vez.

Luís sente que o poder está enfraquecido: algumas províncias, como a Bretanha e o Dauphiné, estão à beira da insurreição.

Os parlamentares se reúnem, contestam os éditos reais. Os nobres se opõem ao rei, suplicando-lhe que renegue os éditos.

Os oficiais toleram as manifestações de violência e deixam os revoltosos atacarem as tropas.

O "povo", que sofre com a elevação do preço do pão, se une aos revoltosos.

Isso é o que os intendentes relatam ao rei, eles próprios bastante complacentes com os parlamentares.

Em Grenoble, os parlamentares reunidos ilegalmente declaram que, se os éditos forem mantidos, "o Dauphiné se considerará de todo desimpedido de sua fidelidade para com seu soberano".

"É preciso finalmente ensinar aos ministros o que pode uma nação generosa que eles querem aprisionar."

O comandante da província, o duque de Clermont-Tonnerre, repassa aos parlamentares, em 7 de junho de 1788, as ordens de exílio que recebera.

Assim que a notícia se espalha, as lojas fecham, cortejos se formam, as 41 corporações de ofício acorrem à sede do Parlamento, os camponeses e as vendedoras do mercado se unem a eles. A população dos subúrbios, os limpadores de chaminés, os montanheses comparecem.

Os soldados são bombardeados com telhas. Haviam recebido ordens de não usarem suas armas.

Clermont-Tonnerre cede, autoriza os parlamentos a se reunirem ao término daquele "Dia das Telhas" que colocara em evidência um juiz real, Mounier, e um jovem advogado, Barnave.

Algumas semanas depois, em 21 de julho, no castelo de Vizille, propriedade do rico industrial Périer, representantes do Terceiro Estado, da nobreza e do clero se reúnem sem autorização real. Eles decidem convocar os estados da província, exigir a reunião dos Estados-Gerais, com a duplicação do número de deputados do Terceiro Estado, e o voto por cabeça e não por ordem. E a admissão dos plebeus a todos os empregos.

A assembleia invoca "a proteção do rei, da lei e da nação em favor de todos os cidadãos cuja liberdade é atacada pelas *lettres de cachet* e demais atos de poder arbitrário".

Os representantes do Dauphiné assumem uma perspectiva nacional.

Confirma-se, com isso, a consolidação e a presença, em todo o território nacional, de "patriotas" que compõem um "partido nacional".

É isto que preocupa Luís XVI e a Corte.

Às informações trazidas pelos "moscas" que percorrem as ruas, passeiam sob as arcadas do Palais Royal, se instalam no restaurante Massé, escutam as conversas nos cafés e os oradores que discursam aos clientes no Café de Foy e no Café du Caveau, se soma a proliferação dos panfletos. Centenas surgem a cada mês.

As brochuras se acumulam nas mesas dos ministros e na do Rei.

Filósofos – Condorcet –; advogados – Barnave, Danton –; nobres – Mirabeau –; periodistas – Brissot, o abade Sieyès – publicam e adquirem ou confirmam sua notoriedade.

Les Sentiments d'un républicain, de Condorcet, e, sobretudo, *Qu'est-ce que le tiers état?*, de Sieyès, têm grande difusão.

Sieyès perguntava: "O que é o Terceiro Estado? Tudo. O que ele foi até o presente na ordem política? Nada. O que ele está pedindo, para tornar-se alguma coisa?".

Camille Desmoulins, que fora aluno no liceu Louis-le-Grand na mesma turma de Robespierre, é o autor de um opúsculo inflamado, *La France libre*.

Mirabeau edita, em Aix, *Le Courrier de Provence*; Volney, em Rennes, *La Sentinelle du peuple*.

Clubes são criados. O Clube de Valois está sob a influência do duque de Orléans, o Clube dos Trinta reúne Mirabeau, La Fayette, Talleyrand, Sieyès, o duque de La Rochefoucauld-Liancourt. A Sociedade dos Amigos dos Negros, de Brissot e do abade Grégoire, faz campanha pela abolição da escravatura.

Evoca-se uma "democracia monárquica", ou uma monarquia aristocrática à inglesa, e também a República.

Alguns *enragés** lembram que se contam apenas cem mil privilegiados para 25 milhões de franceses.

Essa imensa maioria, dizem eles, só poderia se fazer ouvir nos Estados-Gerais. E todos os "patriotas" exigem a eleição dos representantes para esses Estados, que devem ser convocados não em 1792, como Loménie de Brienne e o rei haviam anunciado, mas já no ano seguinte, em 1789.

Luís e os ministros constatam, além disso, que não conseguem impor suas decisões.

Os parlamentares se mostram hostis, e o exército dividido e reticente em manter a ordem. Os impostos diretos não entram mais em caixa, o pão está caro, os empregos, raros, e os vagabundos erram no próprio coração das cidades.

A desordem se instala: motins, pilhagens, ajuntamentos. A opinião pública é cada vez mais crítica.

É preciso afrouxar e desfazer o nó que sufoca o país; e a única maneira de fazê-lo é aceitar a convocação imediata dos Estados-Gerais, na esperança de agrupar em torno do rei o Terceiro Estado.

---

* *Enragés*: revolucionários radicais, fanáticos ou "ultrarrevolucionários", sobretudo no período entre 1793 e 1799. (N.T.)

– Os privilegiados ousaram resistir ao rei – diz Lamoignon. – Antes de dois meses não haverá mais parlamentos, nem nobreza, nem clero.

O rei se preocupa, apesar de aprovar, em 8 de agosto, a convocação dos Estados-Gerais para o dia 1º de maio de 1789.

Mas poderia a monarquia francesa existir sem ordens privilegiadas?

A situação é ainda mais perigosa porque o Estado, depois de raspar os fundos de todas as caixas existentes – dos hospitais, dos Inválidos*, dos teatros, das vítimas do granizo... –, é obrigado, em 16 de agosto de 1788, a suspender todos os pagamentos por seis semanas.

É a bancarrota, o pânico da opinião pública, a confirmação de que não se pode mais confiar no governo.

E o rei precisa aceitar aquilo que recusara: a reconvocação de Necker e a demissão de Brienne.

Isto, pensa ele, tranquilizaria a opinião pública.

– Faz anos que não tenho um instante de alegria – disse Luís ao receber Necker.

Necker responde:

– Espere mais um pouco, Sire, e não falareis mais assim; tudo acabará bem.

Conseguirá ele?

Necker tem o apoio da rainha.

– Tenho medo – diz ela –, porque fui eu que o fiz voltar. Minha sina é trazer desgraça; e se maquinações infernais o fizerem falhar de novo ou diminuírem a autoridade real, serei detestada ainda mais.

As guardas francesas e suíças recebem ordens de restabelecer a calma, abrindo fogo sobre os manifestantes que queimam um boneco de Brienne, obrigando as lojas a fecharem.

---

* O Palácio dos Inválidos, ou simplesmente Inválidos (Hôtel des Invalides ou Invalides), construído por Luís XIV para abrigar os inválidos dos exércitos. (N.T.)

Contam-se vários mortos, mas, ao fim de setembro, a ordem é restabelecida.

A confiança é recuperada.

Os títulos reais na Bolsa sobem, em poucos dias, trinta por cento. Necker adianta ao Tesouro Real, de sua fortuna pessoal, dois milhões. Ele consegue adiantamentos de banqueiros, notários, e o Estado pode dar continuidade a suas despesas, até os Estados-Gerais.

Mas esses "milagres", que tornam Necker mais popular ainda, não aquietam os debates que dividem a opinião pública.

Aqueles que são chamados de *aristocratas* – o conde de Artois, vários príncipes de sangue – querem que os Estados-Gerais se reúnam na forma de 1614: sem duplicação do número de deputados do Terceiro Estado, e cada ordem (Terceiro Estado, nobreza e clero) reunindo-se em câmaras separadas.

Os aristocratas não querem uma assembleia única: seria o início de uma revolução, dizem eles.

Os *patriotas* têm uma opinião oposta: exigem a duplicação do Terceiro Estado, o voto por cabeça e a câmara única.

Em 5 de dezembro, o Parlamento aceita a duplicação, mas não se pronuncia nem sobre o voto por cabeça nem sobre a assembleia única. A opinião pública se inflama, e a popularidade do Parlamento se esvai.

Diante deste futuro incerto, a expectativa ansiosa do país é imensa. A qualquer momento, visto que a miséria é grande e o pão está cada vez mais caro, se a decepção suceder à esperança, a cólera poderá inflamar as multidões.

Necker sabe disso e, em 27 de dezembro de 1788, diante do Conselho superior, na presença do rei e da rainha, clama pela duplicação do Terceiro Estado – o que seria, repete ele, um ato de justiça. Os soberanos consentem.

Para apaziguar a opinião pública, o *Resultado do Conselho* é imediatamente publicado e divulgado por toda a França.

Nele pode-se ler: "O número de deputados do Terceiro Estado será igual ao das duas outras ordens juntas, e esta proporção será estabelecida pelas cartas de convocação."

A eleição seria feita por bailiado*, e os curas poderiam ser deputados do clero.

Os patriotas exultam. Esse "baixo clero" de curas geralmente partilha das opiniões do Terceiro Estado.

Em todas as províncias, há gratidão ao rei por sua decisão.

Ele é o "Deus tutelar", e Necker, seu "anjo".

No entanto, não houvera pronunciamento nem sobre a assembleia única nem sobre o voto por cabeça.

Mas a esperança é grande.

Não há dúvidas de que a justiça e a razão acabarão vencendo ao longo daquele ano eleitoral que se inicia.

Amanhã começa 1789.

---

* Bailiado (ou senescalia): instância judiciária e territorial que caíra em desuso por esta época, mas mesmo assim mantida como quadro da eleição. (N.T.)

SEGUNDA PARTE

Janeiro de 1789-17 de julho de 1789
"O povo parece marchar por si próprio."

"Não há mais obediência em parte alguma
e não se pode mais confiar nem nas tropas."

Necker, fevereiro de 1789

11.

Luís, desde o início desse ano de 1789, vive numa angústia paralisante.

A morte se faz presente, avança.

Ele nada pode contra ela, que já escolhera sua presa. Nem mesmo um rei poderia rivalizar com ela.

Quem agoniza é uma criança de oito anos, Luís José, o delfim, cujo nascimento fora para Luís uma explosão de alegria, a garantia dada por Deus de que a dinastia se prolongaria, legítima e eternamente renovada.

Mas esse filho, agora, não passa de um corpo doente, deformado.

Ele murmura a Luís e Maria Antonieta que sua morte está próxima, que aguarda seu alívio, que inclusive o deseja.

Luís e Maria Antonieta choram. Mas as lágrimas não impedem que a morte colha a criança, mesmo esta sendo filha de um rei.

Luís gostaria de se retrair sobre aquela dor, aquele desespero. Mas minuto a minuto é arrancado de sua angústia íntima pelos acontecimentos externos, que se sucedem e fazem do décimo quinto ano de seu reino um ano decisivo.

Outra angústia, política, alimenta sua angústia íntima, se apodera dele.

Ele se questiona: e se a morte anunciada do delfim fosse um presságio sinistro da morte da monarquia?

Ele tenta se convencer de que, agora, o novo sucessor é seu filho mais novo, de quatro anos, que está sadio. Mas fora no mais velho que se depositaram todas as suas esperanças.

Mas ele está morrendo.

Para Luís, é como se um véu de luto cobrisse todo o reino. Como se o rei fosse tão impotente quanto o pai.

No entanto, concedera aquilo que a opinião pública exigira.

As eleições para os representantes nos Estados-Gerais aconteceriam em todos os bailiados.

Eleição direta para a nobreza e o clero, a dois ou três graus para os camponeses e dentro das cidades.

Em Paris, um regime particular exige que o eleitor possua um ofício ou uma *maîtrise*, um grau universitário, ou pague um imposto de capitação de seis libras, o que limitava o número de eleitores a cinquenta mil, de um total de seiscentos mil habitantes.

Todos desconfiam da capital.

São vistos entrando nela, vindos de toda a Île-de-France*, "um número assustador de homens malvestidos e de figura sinistra", camponeses esfomeados, expulsos pela escassez, vagabundos esfarrapados, armados com grandes bastões.

Ao lado deles, dezenas de milhares de trabalhadores, sem emprego, colocados na rua com o fechamento dos ateliês.

O pão é tão caro que devora todo o dinheiro de uma família que não pode comprar outra coisa, seja sapatos, roupas ou móveis. As bancas e os ateliês correm perigo.

Contam-se 120 mil indigentes em Paris.

A situação faz temerem-se violências.

A escassez, que faz de Paris, nesse início do ano de 1789, uma cidade faminta, assola todo o país.

O inverno de 1789, depois de um ano de seca e repentinas chuvas de granizo, que devastam as colheitas, é de um rigor extremo: dezoito graus abaixo de zero no mês de janeiro de 1789. O Sena congela em Paris e no Havre.

Faltam grãos em toda parte.

Multidões se formam na frente das padarias.

---

* Île-de-France: durante o Antigo Regime, nome de uma província francesa que reunia onze regiões em torno de Paris. Hoje a Île-de-France é uma das 26 regiões francesas e agrupa oito departamentos em torno de Paris. (N.T.)

"Cada loja é cercada por uma multidão, a quem se distribui pão com a maior parcimônia. Esse pão é geralmente escuro, terroso, amargo, dá inflamações na garganta e provoca dores nas entranhas", escreve uma testemunha.

As autoridades não conseguem controlar a situação.

Os comboios de grãos são atacados por bandos dirigidos por mulheres, que estão à frente de todas as manifestações que se transformam em pilhagens e saques de casas de ricos, castelos e inclusive conventos suspeitos de receptar grãos.

Necker confessa que todas as noites é aterrorizado pela ideia – um pesadelo – de que Paris ficasse sem pão por 24 horas. Ele imagina o que aconteceria se as próprias tropas encarregadas de manter a ordem ficassem malnutridas.

Também para os soldados falta pão, e ele é tão terroso quanto o vendido a alto preço nas padarias.

Necker não esconde do rei, em vista dos despachos que recebe dos intendentes e dos subdelegados que os assistem, "que não há mais obediência em parte alguma e não se pode mais confiar nem nas tropas".

Os aldeões obrigam, em toda parte, os agricultores e os fazendeiros que levam grãos aos mercados a vendê-los a baixo preço.

Todas as províncias do reino são afetadas por esta epidemia de revolta. A Bretanha, a Normandia, o Languedoc, a Provença.

"Volto a repetir a Monsieur Necker", escreve o comandante militar das províncias do centro, "o quadro da terrível situação da Touraine e do Orléanais. Cada carta que recebo dessas duas províncias contém o detalhe de três ou quatro motins contidos com grande dificuldade pelas tropas e pela polícia."

Algumas cidades criam "milícias burguesas" para tentar proteger os mercados, as lojas e as residências dos representantes da autoridade.

Ninguém escapa a esta raiva acumulada, como se a revolta tivesse se tornado universal, como o fora durante séculos a resignação.

Em Manosque, o bispo que visita o seminário é acusado de favorecer um atravessador.

É apedrejado. Ouve gritos de:

– Somos pobres, o senhor é rico, queremos todos os seus bens.

Em algumas localidades, forma-se uma municipalidade "insurrecional", que sujeita todos os abastados à contribuição.

A fome, a escassez e o medo da miséria constituem a "pólvora" das explosões, mas a faísca é política.

A convocação dos Estados-Gerais e a duplicação do número de deputados do Terceiro Estado parecem finalmente abrir uma brecha aos "infortunados", na qual eles têm a impressão de que o rei os convida a se atirarem.

Há pilhagens e saques a padarias, a residências de "ricos" e de "grandes", sempre aos gritos de "Viva a Liberdade! Viva o Rei!".

Com assombro, Luís toma consciência da situação que a rainha, o conde de Artois e os aristocratas afirmam ter sido provocada pela concessão feita às reivindicações do Terceiro Estado, ao direito de voto quase universal instituído para a designação dos representantes nos Estados-Gerais.

Eles criticam as assembleias eleitorais, onde todos intervêm, onde são adotados os *cahiers de doléances**, cujos modelos são escritos em Paris, nos clubes.

Fora o rei quem aceitara o debate nacional. Cabeça baixa, Luís precisa reconhecer que o regulamento fixando as condições da campanha para os Estados-Gerais, publicado em 24 de janeiro, além de fixar a idade de 25 anos para poder votar, especifica: "Sua Majestade desejou que das extremidades do reino e das residências menos conhecidas fosse a cada um garantido fazer chegar até Ela seus desejos e suas reclamações."

---

* *Cahiers de doléances* (literalmente, cadernos de queixas): cada assembleia de centro administrativo, encarregada da eleição dos deputados para os Estados-Gerais, era responsável por fazer a síntese das "queixas" da ordem que representava, reuni-las em um "caderno" e enviar um exemplar a Versalhes. (N.T.)

Os súditos que antes se rebelavam de maneira irregular e brusca, separados uns dos outros no espaço e no tempo, agora tomam a palavra num movimento de conjunto.

A campanha para as eleições dos Estados-Gerais unifica a revolta, bem como o reino.

E predomina a ideia de que o próprio rei justifica esta revolta.

Luís se preocupa.

As palavras que deixara Necker enunciar, as que aprovara ao organizar as eleições, se transformaram em pedras atiradas contra os privilegiados e, portanto, também contra si mesmo.

Necker dissera:

– O desejo do Terceiro Estado, quando unânime, quando de acordo com os princípios de equidade, sempre será chamado de desejo nacional. O tempo o consagrará, o julgamento da Europa o encorajará. O soberano só pode regular em sua justiça ou antecipar em sua sabedoria o que as circunstâncias e as opiniões devem mostrar por si mesmas.

O que equivalia a conceder ao Terceiro Estado um papel eminente, de expressão do "desejo nacional" e, portanto, reduzir de fato o lugar das ordens privilegiadas!

Podia parecer uma manobra hábil, destinada a enfraquecer os aristocratas e o alto clero hostil às reformas.

Mas à luz do incêndio provocado pelas revoltas, Luís sente a garganta apertada pela angústia, com medo de ter-se deixado levar longe demais.

Ele lê num artigo escrito em janeiro de 1789 pelo periodista protestante Mallet du Pan, que se refugiara na França depois da revolução genebrina de 1782.

"O debate público", escreve Mallet du Pan, "mudou de cara. Só se fala muito secundariamente do rei, do despotismo e da Constituição, trata-se de uma guerra entre o Terceiro Estado e as duas outras ordens, contra as quais a Corte sublevou as cidades."

Mas se o Terceiro Estado vencer, Luís tem a convicção de que seu poder será reduzido, talvez mesmo aniquilado.

Luís se alarma quando lê mais uma vez – e ele ouve informações convergentes – nos despachos dos intendentes "que aqui há uma espécie de guerra declarada aos proprietários e à propriedade. Tanto nas cidades quanto nos campos, o povo continua a declarar que não quer pagar nada, nem impostos, nem direitos, nem dívidas".

A análise dos acontecimentos feita por um comandante das tropas é ainda mais preocupante e aumenta a aflição de Luís:

> Não se trata de um motim isolado como de costume. Os mesmos erros se espalharam por todos os espíritos... Os princípios passados ao povo são que o rei quer que tudo seja igual, que ele não quer mais senhores e bispos, não quer mais hierarquias, dízimo e direitos senhoriais. Assim, estas pessoas desnorteadas acreditam estar fazendo uso de seus direitos e seguindo a vontade do rei.

Luís tem a sensação de que foi usado, enganado, e de que deformaram suas ideias.

Como, em que momento, em que ocasião fazer com que ouçam o que ele realmente deseja, mesmo sendo dilacerado por opiniões divergentes?

Ele quer que seus súditos esperem que os Estados-Gerais operem a "regeneração do reino".

Mas ele repele a ideia segundo a qual "a época da convocação dos Estados-Gerais deve ser uma época de mudança total e absoluta nas condições e nas fortunas".

Como não se sentir horrorizado, transtornado, com as consequências dessa mentira, dessa ilusão, que provocam "uma insurreição tão viva quanto geral contra a nobreza e o clero"?

Luís e os aristocratas acusam os membros dos clubes, das lojas maçônicas, das sociedades de pensamento, que publicam centenas de panfletos e se reúnem nos cafés e nas livrarias.

"Cada hora produz sua brochura", constata o inglês Arthur Young, que percorre a França neste ano de 1789. "Surgiram treze hoje, ontem foram dezesseis, e 92 na semana passada. Dezenove de cada vinte são a favor da liberdade." "A fermentação ultrapassa qualquer compreensão", acrescenta Young.

A Mirabeau, Volney, Brissot, Camille Desmoulins, se somam novos periodistas, como Marat.

Os candidatos aos Estados-Gerais se dirigem a seus eleitores. Mirabeau lança um *Appel à la Nation provençale*, e Robespierre se dirige à *Nation artésienne*.

Dentro ou na frente dos cafés, os oradores interpelam a multidão que se amontoa, bem como sob as arcadas do Palais Royal:

– Já que a fera caiu na armadilha – exclama Camille Desmoulins –, que seja abatida... Jamais tão rica presa será oferecida aos vencedores. Quarenta mil palácios, palacetes, castelos, dois quintos dos bens da França serão o preço da valentia. Aqueles que se pretendem conquistadores serão conquistados por sua vez. A nação será purgada.

Esta violência não aparece nos *cahiers de doléances*.
Quer-se a "regeneração do reino".
Quer-se justiça, igualdade, liberdade.
O rei é respeitado. Mas condena-se o despotismo. Exige-se uma Constituição.

Fim aos intendentes, aos subdelegados, aos agentes do despotismo, aos cobradores de impostos!

Fim aos privilégios. "A nação e o rei."

As assembleias elegem 1.139 deputados: 291 do clero (dentre os quais 208 curas e o bispo d'Autun Talleyrand); 270 da nobreza (dentre os quais 154 militares!) – sendo 90 "liberais": o duque de La Rochefoucauld, La Fayette; e 578 do Terceiro Estado, sendo a metade advogados – como Robespierre –, juristas, notários, sábios e escritores – Bailly, Volney –, 11 nobres, como Mirabeau, e 3 sacerdotes, como Sieyès...

Entre os nobres, para grande escândalo de Luís e de Maria Antonieta, um príncipe de sangue é eleito: o duque Filipe de Orléans.

Rei, Necker, aristocratas e patriotas examinam esse milhar de eleitos, cuja maior parte é formada por desconhecidos.

A maioria deles – se somarmos aos deputados do Terceiro Estado os nobres liberais e os curas – são favoráveis às reformas, influenciados pelas ideias do partido patriota.

Mas poderá esta maioria se manifestar?

Seria preciso que os 1.139 deputados deliberassem na mesma sala, formassem uma assembleia única e votassem por "cabeça", não por ordem.

E esses homens serão submetidos aos ventos dos acontecimentos, das emoções e das revoltas dos campos e das ruas.

Ao fim do mês de abril, sopra a tempestade em Paris.

A cidade é percorrida há semanas por bandos de pobres, vagabundos, artesãos e ajudantes de ofício sem emprego.

Os "moscas" relatam as preocupantes conversas das mulheres que não conseguem mais comprar pão, pois está caro demais.

– É indigno fazer o pobre morrer de fome – diz uma. – Deveríamos incendiar os quatro cantos do castelo de Versalhes.

Um agente do tenente-geral de polícia enfatiza que "a polícia está desencorajada, a resolução do povo é impressionante; estou assustado com o que vi e ouvi... O povo esfomeado não está longe de arriscar a vida pela vida".

O que acontece em Paris é a exacerbação daquilo que acontece nas províncias.

Aqui, "lacaios devoravam panfletos na porta dos palácios", e "o povo se persuade, loucamente, de que era tudo e tudo podia em vista da pretensa vontade do rei sobre a igualdade de condições".

Basta que se espalhe o rumor, na Rue du Faubourg-Saint-Antoine, no sábado 25 de abril, de que Reveillon, eleitor, patriota, fabricante de papel de parede, teria dito: "Um trabalhador que tenha mulher e filho pode viver com quinze soldos por dia", para que sua efígie seja queimada, aos gritos de que é preciso "pôr tudo a ferro e fogo em sua casa". Henriot, fabricante de salitre, que teria aprovado sua fala, também é atacado.

Pouco importa que Reveillon seja um antigo operário, que pague 25 soldos por dia a seus 350 operários, que inclusive os pague em período de descanso. A revolta explode.

A multidão se reúne no Faubourg Saint-Antoine, no Faubourg Saint-Marceau.

A casa de Henriot é destroçada, pilhada e incendiada, pois a casa de Reveillon estava protegida.

Na terça-feira 28, os manifestantes se reúnem aos milhares, ameaçando, parando as carruagens, insultando seus ocupantes, obrigando-os a gritar: "Viva o Terceiro Estado!"

A carruagem de Filipe de Orléans é parada. O duque, aclamado, entrega sua bolsa de dinheiro e diz:

– Avante, meus amigos da calma e da paz, aproximamo-nos da felicidade.

Mas a casa de Reveillon é invadida, pilhada por centenas de saqueadores, que destroem e roubam, sob os olhares de uma multidão de cem mil pessoas, que impede a movimentação das tropas – cavaleiros do Royal Cravate*, guardas francesas, guardas suíças –, acolhidas com arremessos de telhas e pedras.

Os incendiários resistem, arrastam a multidão em seus confrontos com as tropas, que atacam, abrem fogo. Contam-se várias centenas de feridos e cerca de trezentos mortos. Algumas testemunhas falam em novecentas vítimas. Os relatórios do tenente-geral de polícia, vinte e cinco.

Ao fim do mês de abril de 1789, às vésperas da abertura dos Estados-Gerais, Paris está coberta de sangue.

E o delfim morrerá.

---

* Royal Cravate: regimento de cavaleiros croatas, chamados de "cravates" pelos franceses, que usavam gravatas ou lenços coloridos no pescoço. (N.T.)

12.

Luís gostaria de esquecer o sangue derramado no Faubourg Saint-Antoine, as violências nas províncias, que não cessam, e, acima de tudo, o corpo e o rosto de seu filho já tocados pela morte.

Ele precisa esquecer, pois neste sábado 2 de maio de 1789, no castelo de Versalhes, os deputados se apresentam, individualmente, numa fila interminável, ao rei, que os recebe em pé entre seus dois irmãos.

Mas Luís não consegue esquecer. Nem mesmo a lembrança, que tem quase todos os dias, daquele mês de maio de 1774, há quinze anos, quando lhe anunciaram a morte de Luís XV, e ele sentiu o peso esmagador do poder que precisaria suportar. O pânico, o sentimento de fraqueza e a impotência que o haviam tomado voltavam, presentes, fortes, dolorosos.

Contudo não se pode recuar no tempo. Aquilo que ele fez ou sofreu, aquilo que deveria ter feito e não teve a audácia de fazer ou continuar, se tornaram os rastros e os traços de seu reino.

Ele precisa encarar os 578 deputados do Terceiro Estado, vestidos de preto, cuja impaciência, raiva e humilhação adivinha, pois há "três horas mortas" que esperam, amontoados atrás das barreiras.

À frente deles avançam, em seus trajes ornamentados, usando grandes chapéus, os deputados da nobreza, seguidos pelos bispos e cardeais – apenas os curas, de preto, rompem com o longo desfile de ouro e seda, de violeta e púrpura.

O rei olha para aqueles homens pretos que se inclinam à sua frente e não pisca.

Contenta-se em lançar um "Bom dia, bom homem" ao "pai" Gérard, um deputado do Terceiro Estado que vestira seu traje de camponês bretão.

Ele volta exausto para seus aposentos e encontra seus irmãos, a rainha e seus cortesãos, aristocratas que, a cada dia, o incitam à firmeza.

Eles dizem que é preciso, na segunda-feira 4 de maio, dia da grande procissão pelas ruas de Versalhes, da catedral de Notre Dame à de Saint-Louis, e depois, na terça-feira 5 de maio, na Sala dos Pequenos Prazeres, quando se dirigir, antes do Guarda dos Selos, Barentin, e do ministro Necker, aos deputados reunidos, afirmar a autoridade do rei.

Ele devia convidar os plebeus do Terceiro Estado a respeitar as ordens privilegiadas. A única maneira de não deixar voltarem a questionar a autoridade monárquica é recusando a deliberação comum das três ordens, que faria nascer uma Assembleia Nacional e uma Constituição.

Também é preciso resistir à questão do voto por cabeça.

Luís ouve. Partilha dessas ideias. Mas como impô-las?

Ele se contenta em aprovar, com um aceno de cabeça. Depois, acompanhado por Maria Antonieta, vai à cabeceira do filho.

Na segunda-feira 4 de maio, em meio a uma multidão de curiosos que invade as ruas de Versalhes e ocupa todas as janelas, Luís, em seu grande traje do Espírito Santo, a rainha, ornada com todas as suas joias, os membros da família real e os príncipes de sangue se dirigem à catedral Saint-Louis.

Os deputados do Terceiro Estado sentam longe do rei. Os da nobreza e do clero o cercam. Há o mesmo contraste de cores: o preto das roupas austeras dos deputados do Terceiro Estado, o vermelho, o violeta, os dourados e a insígnia branca do clero e da nobreza.

Dentro da catedral, nobres e clérigos têm seus bancos marcados, e os deputados do Terceiro Estado ficam nas naves laterais.

O bispo de Nancy, La Fare, apresenta ao rei "as homenagens do clero, os respeitos da nobreza e as humildes súplicas do Terceiro Estado".

Humilhação! O bispo, em seu sermão, condena o luxo da Corte, convida à renúncia dos privilégios, denuncia a miséria dos campos e prega a paciência e a submissão.

Como esquecer que, durante a travessia da cidade, o Terceiro Estado fora aclamado, o rei, aplaudido, mas que o duque de Orléans, desfilando no meio dos deputados, fora ovacionado?

Quando a rainha passa, gritam-lhe "Viva o duque de Orléans!", e, depois, o silêncio a acompanha.

Luís, após a procissão solene, cercado pelos seus, por Necker, prepara o discurso do dia seguinte, corrige-o, ensaia-o diversas vezes até tarde da noite.

Ele tivera o sentimento angustiante, durante a procissão, e na catedral, de estar vivendo, ao lado da família real, talvez a última manifestação do esplendor do ritual da autoridade monárquica.

E ele depende de seu discurso, das consequências que este terá, de que o que ele teme se realize.

Ao mesmo tempo em que está decidido a enfrentar seu destino, ele tem medo de que este já esteja traçado, e que um discurso não possa interromper a roda que gira inexoravelmente.

Ao entrar, a uma da tarde, na Sala dos Pequenos Prazeres, nesse 5 de maio, acompanhado pela rainha, que tomará assento à sua direita, e pelos ministros, que se instalarão atrás dele, Luís sabe que os deputados estão ali desde as oito horas da manhã para responder à chamada de seus nomes.

Os deputados do clero e da nobreza estão sentados nos lados direito e esquerdo da imensa sala, os do Terceiro Estado formam uma massa viva, no fundo, em frente ao rei. Seu trono, colocado num estrado, é coberto por um dossel violeta de flores de lis em ouro.

Luís começa a ler numa voz firme, quase rude.

Ele quer afirmar seu poder soberano, fixar limites àquele movimento que o arrebatara até então, aos deputados que são sua expressão.

– Uma inquietude geral, um desejo exagerado de inovações – diz ele – se apoderaram dos espíritos e acabariam por desnortear totalmente as opiniões, se não nos apressássemos em fixá-los numa reunião de pareceres sábios e moderados... Os espíritos estão em meio à agitação, mas uma assembleia de representantes da nação só ouvirá, com certeza, os conselhos da sabedoria e da prudência.

Presta-se pouca atenção ao discurso do Guarda dos Selos, e o discurso de Necker, tão esperado, decepciona. O ministro popular fala por longo tempo, sua voz desaparece. Ele manda lerem a conclusão de seu discurso.

Há aplausos, gritos de "Viva o rei!", e até mesmo a rainha é aclamada.

No círculo do rei, todos se tranquilizam. Até mesmo Necker parecia ter admitido a existência das três ordens, e nem o rei nem seus ministros haviam feito alusão a uma assembleia única, a uma Constituição, nem ao voto por cabeça, é claro.

Basta ler o novo periódico que os vendedores anunciam pelas ruas, o *Journal des États généraux*, publicado por Mirabeau, para saber que o Terceiro Estado não desistiria de obter o voto por cabeça e a deliberação em assembleia única, não por ordem.

Mirabeau critica Necker, "as delongas insuportáveis de seu discurso, suas inúmeras repetições, suas trivialidades ditas com pompa".

É preciso calar Mirabeau, diz Necker, interditar esse *Journal des États généraux*. Coisa que é feita em 7 de maio. Mas Mirabeau muda o título e publica *Uma carta do conde de Mirabeau a seus comitentes*, onde diz:

> Vinte e cinco milhões de vozes reclamam a liberdade de imprensa, a Nação e o Rei pedem com unanimidade o concur-

so de todas as luzes, e um ministro pretensamente popular ousa colocar, com desfaçatez, um lacre em nossos pensamentos, privilegiando o tráfico da mentira... Não, senhores!

Todos sabem que, para Mirabeau, Necker não passa de um "charlatão, um rei da canalha", mas como impedir a publicação de seu jornal, enquanto Brissot lança o *Le Patriote français*, e outras folhas surgem?

É sob a vigilância dos jornais que vão se desenrolar os debates nos Estados-Gerais.

A opinião pública de que serão o eco e cujo caminho orientam entra na sala onde os deputados deliberam, e de lá nunca mais sairá.

Esses jornais são lidos com paixão, e inúmeros parisienses viajam até Versalhes para acompanhar as discussões.

São admitidos sem dificuldade na sala comum dos Estados-Gerais, que fora deixada para o Terceiro Estado, a ordem que conta com o maior número de deputados.

Ouvem aqueles que, por seu talento ou notoriedade, se impõem dia após dia: Mirabeau, Sieyès, Mounier, Barnave.

Às vezes, um desconhecido toma a palavra, como aquele deputado de Arras, o advogado Maximilien Robespierre, que é ouvido com distração em sua primeira intervenção em 18 de junho.

As duas ordens privilegiadas se retiram para salas "separadas", onde se reúnem a portas fechadas, marcando assim sua vontade de não aceitar a "assembleia única", enquanto os deputados do Terceiro Estado decidem se nomear "Comuns", a exemplo da Inglaterra, e em alguns dias escolherão como seu "decano dos Comuns" o astrônomo Jean Sylvain Bailly, deputado de Paris.

Luís observa, interroga, escuta.

A rainha, o conde de Artois – os príncipes – repetem que o Terceiro Estado, ao recusar-se a verificar isoladamente os poderes de seus membros, ao pedir às demais ordens que se juntem a ele, se coloca em estado de "sedição". O Terceiro Estado quer romper a divisão em ordens.

Chama os deputados da nobreza e do clero para se unirem a ele. Recusa todas as "transações". É preciso, portanto, "reduzi-lo à obediência".

Mas como?

Luís mede o perigo para o poder real.

Seria suficiente apoiar-se nas ordens privilegiadas que, em suas salas separadas, haviam decidido verificar, cada uma por si, os poderes de seus deputados?

Entretanto, 47 nobres se opunham (contra 141 vozes a favor), e o clero estava profundamente dividido: havia 114 vozes a favor da união com o Terceiro Estado, da constituição de uma assembleia única, e uma pequena maioria de 133 vozes a favor de manter-se a separação. Delegações do Terceiro Estado tentam convencer os "curas" a unirem-se aos "Comuns".

Esse "baixo clero" fica tentado. Ousa erguer-se contra os prelados:

– Os curas das aldeias, se não têm os talentos dos acadêmicos, têm pelo menos o bom senso dos aldeões – diz um deles ao abade Maury, membro da Academia Francesa.

– Aqui, Monsenhores – diz um outro – somos todos iguais.

O abade Grégoire, "amigo dos negros", famoso por seu *Mémoire sur l'émancipation des Juifs*, reúne à sua volta, todas as noites, "sessenta curas" patriotas.

Paris fervilha, do Palais Royal ao Faubourg Saint-Antoine.

Testemunhas, mesmo "patriotas", se preocupam com a violência das palavras que são ditas.

Reivindica-se um "pelourinho na Pont-Neuf para o abade Maury".

Os inimigos da nação são contados nos dedos: "duas altezas reais, três altezas sereníssimas, uma favorita...".

Trata-se dos irmãos do rei, do príncipe de Condé, do duque de Bourbon, do príncipe de Conti e de Madame de

Polignac. Como seria de esperar, a rainha é atacada, coberta de injúrias. O livreiro Nicolas Ruault, editor de Voltaire, espírito esclarecido, patriota, se preocupa:

> Se o ódio fermentar por mais algum tempo no povo, contra as ordens privilegiadas, se a autoridade não vier acalmá-la ou apagá-la, é de temer-se que a parte do povo sem propriedades, essa multidão sem existência civil, sem princípios morais, tão fácil de colocar em movimento, com frequência por mínimas palavras ouvidas nas esquinas e cruzamentos, nos estabelecimentos e mercados públicos, corra de castelo em castelo, para tudo pilhar e tudo destruir. Ouvi tais ameaças da população de Paris em grupos que vemos se multiplicarem a cada dia.*

Nicolas Ruault acrescenta: "É de se esperar que o soberano intervenha com sua autoridade para trazer a paz a esta assembleia de homens livres..."

Mas ao fim do mês de maio, os Estados-Gerais ainda não constituem uma assembleia única.

As três ordens continuam em seus respectivos lugares, e quando o rei propõe "conferências de conciliação" entre as ordens, o Terceiro Estado, que teme uma armadilha, rejeita-as.

Mirabeau alega que, ao permanecer imóvel, o Terceiro Estado se torna "assustador para seus inimigos".

O rei está cansado, desesperado.

Tudo se mistura dentro dele, a decepção de ver seu povo dividido e rebelado, e a constatação, a cada dia, de que a morte toma conta do corpo do delfim.

A criança fora levada para Meudon, na esperança de ali poder respirar um ar mais puro que o de Versalhes.

Luís vai todos os dias à cabeceira do filho, e é como se tivesse à sua frente, na figura do menino moribundo, a prova de sua impotência.

---

* Nicolas Ruault, *Gazette d'un Parisien sous la Révolution, lettres à son frère (1783-1796).* Paris: Perrin, 1976. (N.A.)

O delfim morre no dia 4 de junho.

Conforme a etiqueta, os soberanos não podem acompanhá-lo até Saint-Denis.

Eles se instalam em Marly, abatidos pela tristeza, ansiosos para se recolherem.

Mas Luís não pode ignorar os acontecimentos.

As agitações continuam. Celeiros de trigo são pilhados.

O conde de Artois, a rainha e seus cortesãos pressionam o rei quando ficam sabendo que no dia 17 de junho, por proposta do abade Sieyès, os Comuns do Terceiro Estado se constituem em Assembleia Nacional.

Esta Assembleia Nacional imediatamente vota um decreto garantindo *provisoriamente* a cobrança de impostos e a distribuição da dívida pública.

Provisoriamente: isto é, a Assembleia ameaça uma "greve de impostos" se o rei e as ordens privilegiadas se recusarem a reconhecê-la enquanto Assembleia Nacional.

Provisoriamente: até que a Assembleia Nacional tenha elaborado uma Constituição.

Cada deputado do Terceiro Estado se sente carregado pela onda que varre o país.

– O Terceiro Estado tem por si o direito e a força das coisas – diz o abade Sieyès.

13.

— Assembleia Nacional.
Luís repete essas palavras, lê os relatórios e panfletos que são colocados à sua frente e tem a impressão de ser tomado de vertigem, como se estivesse à beira de um abismo, prestes a cair, e não conseguisse parar de oscilar, para frente e para trás, como se seu corpo expressasse a hesitação e o medo que pesam sobre ele.

Os deputados do Terceiro Estado, aqueles plebeus, ousaram desafiá-lo, apesar de só existirem por sua causa, e aceitaram organizar as eleições e reunir os Estados-Gerais.

Seus irmãos, a rainha, os príncipes de sangue, os aristocratas, aqueles que o povo chama de *aristocranes**, exigem que os rebeldes sejam esmagados, que os próprios Estados-Gerais sejam dissolvidos.

O Guarda dos Selos, Barentin, insiste que o rei deve obrigar o Terceiro Estado a se submeter:

– Por que tanta complacência, tanta consideração? – diz Barentin no Conselho Real reunido em 19 de junho. – É preciso vigor e caráter, não usar de severidade é degradar a dignidade do trono, opor a moderação à injúria, a fraqueza à violência, é autorizar a violência.

Luís partilha deste sentimento, mas ouve Necker, que propõe um plano de reformas: o voto por cabeça, a igualdade perante os impostos, a admissão de todos os franceses aos cargos públicos, a criação de uma Câmara Alta, o poder executivo confiado ao rei com direito de veto...

O mesmo que se render, dizem os irmãos do rei, a rainha, o Guarda dos Selos.

Luís se cala.

---

* *Aristocrane*: junção dos termos franceses para aristocrata e crânio. Assim chamados, de maneira burlesca, os aristocratas que tinham a cabeça a prêmio. Outras formas de gozação eram: *aristocruche*, *aristocroc*, *aristocrossé*, *aristocrache*. (N.T.)

Terão eles esquecido que o ex-Guarda dos Selos, Lamoignon, se dera um tiro na cabeça no jardim de sua casa?

Não sabem eles que, nas ruas de Versalhes, bandos vindos de Paris perseguem os deputados da nobreza e do clero contrários à "reunião" com os do Terceiro Estado?

O arcebispo de Paris fora perseguido a pedradas. Jogaram lama, injuriaram o abade Maury. Ambos foram insultados, chamados de *aristocranes*.

Em Paris, no Palais Royal, um orador propusera "queimar a casa de Monsieur d'Esprémesnil, sua mulher, seus filhos, seu mobiliário e sua pessoa", por ele ser contrário à união com o Terceiro Estado.

A multidão pisoteara, batera e fustigara todos os que ousavam não gritar "Viva o Terceiro Estado!", "Viva a Assembleia Nacional!".

Uma mulher que proferira "injúrias ao busto de Necker foi carregada e golpeada, até sangrar, pelas mulheres do povo", diz um espião de polícia.

Seu relatório continua: os "uniformes suspeitos" são atacados. Assim que surge um hussardo, há gritos de "Olhe o fantoche, e os pedreiros o apedrejam. Ontem à noite, dois oficiais hussardos, senhores de Sombreuil e de Polignac, vieram ao Palais Royal, e jogaram-lhes cadeiras. Eles teriam sido espancados se não tivessem fugido...".

Quando um espião de polícia fora desmascarado, foi jogado no rio, cercado e extenuado como um cervo, jogavam-lhe pedras, batiam-lhe com bengalas, um de seus olhos foi tirado da órbita e, por fim, apesar de suas súplicas e de gritar por piedade, foi lançado uma segunda vez ao rio. Seu suplício durou do meio-dia às cinco e meia, e deviam ser uns dez mil carrascos.

No meio da multidão, membros das guardas francesas, cercados, gritam:

– Viva o Terceiro Estado!

Todos os patriotas se agarram a eles.

Haviam deixado suas casernas, apesar de estarem aquartelados. O Palais Royal é o local que costumam frequentar. É o ponto de encontro das moças, e agora dos patriotas.

"Pagam-lhes sorvetes, vinho. São desviados às barbas de seus oficiais."

O que fazer, se pergunta Luís, quando não se pode dispor da força?

O que fazer quando a Assembleia do Terceiro Estado, esta Assembleia que se quer Nacional, delibera, segundo o próprio Bailly, seu decano, sob a vigilância de mais de seiscentos "espectadores" que votam as moções com os eleitos, aplaudem, contestam e ameaçam os raros deputados do Terceiro Estado que não se aliam à maioria? Seus nomes são anotados, e a multidão os aguarda à saída da sala.

O que fazer?

Nesse 9 de junho, Luís não se pronuncia sobre as palavras de Necker.

Mas à sua frente está o abismo que o apavora e fascina.

Ele fica sabendo que o clero, por 149 votos a 137, decide juntar-se ao Terceiro Estado.

Alguns prelados, portanto, se unem aos curas e dizem:

– Precedidos pela chama da razão, conduzidos pelo amor do bem público e pelo grito de nossa consciência, venhamos nos colocar ao lado de nossos concidadãos e irmãos.

Os deputados do Terceiro Estado e do clero se abraçam chorando, e a multidão grita:

– Viva os bons bispos!

A ordem da nobreza, pelo contrário, mantém sua recusa à união.

Os príncipes de sangue real, a rainha e os irmãos do rei não cessam de incitá-lo a defender a "sua" nobreza, que lhe permanece fiel.

Luís olha o precipício à sua frente que pode engolir todos.

Ele ouve seus próximos, no Conselho Real de 20 de junho, dizerem que as reformas de Necker vão "abalar as leis fundamentais do Estado".

A rainha insiste que o rei coloque um fim àquela "revolta".

Luís concorda. Ele não pode aceitar que a monarquia que herdara desaparecesse.

Que ajam, murmura ele, que deem o primeiro passo, que façam um sinal. Ele acrescenta que precisa ser comedido e sábio.

Ele escolhe mandar fechar a grande sala comunal dos Estados-Gerais, onde os deputados do Terceiro Estado se reúnem.

Espera, angustiado, suas reações.

Eles encontram as portas fechadas, visto que os bedéis, dizem-lhes, precisam arrumar a sala para uma sessão geral – sessão real para as três ordens – prevista para o dia 23 de junho.

Ao redor do rei, onde todos são a favor do fechamento, e da nobreza, esta medida equívoca é criticada a meia-voz, por não ousar confessar-se como o que realmente era: uma tentativa de impedir a Assembleia Nacional de deliberar.

A desorientação é grande entre os deputados.

Eles não ousam forçar as portas.

Um deles grita:

– Para o Jeu de Paume.*

A sala fica perto. É ocupada. Bailly é cercado.

Sieyès propõe a transferência para Paris. A comoção é extrema; o rei, dizem, prepara um golpe de Estado contra a Assembleia.

É preciso avisar o povo, gritam alguns.

Mounier, deputado de Grenoble, convida todos a prestarem juramento "de jamais se separar e de se reunir em todos os lugares que as circunstâncias exigirem, até que a Constituição seja estabelecida e consolidada em bases sólidas".

---

* Jeu de Paume: sala de Versalhes construída para o Jogo de Pela. (N.T.)

Na sala, reina o entusiasmo. Bailly é aclamado. Todos prestam juramento. Com unanimidade, à exceção de uma voz, do deputado Martin d'Auch.

Este é denunciado ao povo, "aglomerado à entrada da sala, e ele é obrigado a fugir por uma porta secreta para evitar ser feito em pedaços".

Os deputados se dispersam por Versalhes, espalhando a notícia do "golpe de Estado real" e do "juramento do Jeu de Paume". São aclamados. Todos vão para Paris, ao Palais Royal.

Os aristocratas, a rainha e os príncipes são insultados.

Diante de Luís, o abismo se alargou e se aprofundou.

Seus irmãos, a rainha e o Guarda dos Selos repetem que não se pode recuar, que é preciso aceitar o desafio lançado pelos deputados do Terceiro Estado.

O conde de Artois mandará fechar, no dia seguinte, a sala do Jeu de Paume, sob pretexto de que precisa jogar uma partida.

Luís, numa voz surda, anuncia, no Conselho Real de 21 de junho, que rejeita o plano proposto por Necker e que a sessão real ocorrerá em 23 de junho.

Ele se endireita, diz com firmeza que esta sessão será um *lit de justice* e que ele imporá sua vontade.

A preocupação que o atormenta é maior do que nunca.

Ele fica sabendo, no dia 22 de junho, que a Assembleia se reunira na igreja Saint-Louis, cujo padre abrira as portas "à nação".

E que 148 membros do clero e dois nobres haviam se unido à Assembleia.

A sessão real de 23 de junho promete ser decisiva. Luís não pode renunciar a ela, apesar de Necker, que se recusa a participar:

– Ela irritará a nação, ao invés de colocá-la a favor – diz o diretor-geral das Finanças.

A grande sala está protegida por inúmeros soldados quando os deputados nela penetram, chamados por ordem.

O conde de Artois olha com arrogância para os eleitos do Terceiro Estado, molhados pela chuva.

O rei, ao lado do irmão, parece triste e abatido.

Mas quando começa a falar, sua voz, primeiro "trêmula e alterada", se endurece, autoritária, e declara que as deliberações feitas pelo Terceiro Estado, que pretende ser uma Assembleia Nacional, são "nulas, ilegais, inconstitucionais".

Ele dissera a uma delegação da nobreza:

– Jamais permitirei que corrompam a autoridade que me foi confiada.

Diante das três ordens, ele se mantém fiel a esta promessa, apesar de consentir com a igualdade perante os impostos, com a liberdade individual, com a liberdade de imprensa e com a criação de estados provinciais.

Ele aceita o voto por cabeça, mas mantém o voto por ordem quando se trata dos "direitos antigos e constitucionais das três ordens".

Quanto à igualdade fiscal, ele aceita "a vontade generosa das duas primeiras ordens".

Portanto, nada de Assembleia Nacional, nada de Constituição.

O rei ameaça:

– Se me abandonardes em tão bela empresa, sozinho farei a felicidade de meu povo.

Seria o anúncio da dissolução dos Estados-Gerais?

– Ordeno que vos separeis imediatamente e que, amanhã pela manhã, compareçais todos às salas destinadas às vossas ordens para retomar as deliberações.

O rei se levanta e sai. Fanfarras tocam enquanto sobe em sua carruagem.

Toda a nobreza o segue, e a maioria a imita.

Fica para trás a massa negra do Terceiro Estado, silenciosa.

O destino hesita, e Luís sabe disso.

O grande mestre de cerimônias, o marquês de Dreux-Brézé, avança, magnífico em sua veste ornamentada:

– Vossa Majestade – diz ele – roga que os deputados do Terceiro Estado se retirem.

Um piquete de guardas francesas e guardas suíças os acompanha até a porta. Vê-se o brilho de suas baionetas.

Bailly, pálido, responde que "a Assembleia deliberará, mas a nação reunida não pode receber ordens".

Mirabeau se aproxima, como um lutador que se prepara para agarrar o adversário:

– Monsieur – exclama ele –, vá dizer a vosso Mestre que somente as baionetas nos farão sair daqui.

É uma prova de força.

"O rei e a rainha sentem um pavor mortal", observara na véspera o americano Morris. "Concluo que de novo recuarão."

Luís ouve Dreux-Brézé, que conta que precisara atravessar o pátio do palácio para chegar até o rei. Ele vira e ouvira a multidão, ansiosa, mas determinada, aclamando o Terceiro Estado, e Necker anunciando que não pediria demissão.

A multidão gritara:

– Monsieur Necker, nosso pai. Não nos abandone.

– Não, meus amigos, ficarei com vocês – respondera o ministro.

"O populacho que se permite tudo, exige que a cidade seja iluminada em honra a este acontecimento."

Depois Dreux-Brézé relata as palavras de Bailly e Mirabeau.

O rei baixa a cabeça, resmunga.

– Pois bem, se querem ficar, diabos, que fiquem.

Ele está exausto.

O que fazer, visto que "as guardas francesas garantem que são Terceiro Estado e que só atirariam nos nobres e eclesiásticos"? Visto que "os oficiais não são mais senhores, e um deles recebeu uma bofetada de um soldado"?

O Terceiro Estado retoma, portanto, suas deliberações.

Em 24 de junho, a maioria dos membros do clero se une a ele.

No dia seguinte, 47 nobres os imitam, dentre eles Filipe, duque de Orléans.

Há choro, abraços, o primo do rei é aclamado como bom patriota.

A reunião de Terceiro Estado, clero e alguns nobres cada vez mais se assemelha a uma Assembleia Nacional.

O desafio ao rei é duplicado.

O soberano sai enfraquecido do insucesso de sua primeira tentativa de golpe de força.

O que fazer?

Solicitar a três regimentos de infantaria e três regimentos de cavalaria que abandonem as fronteiras e se dirijam a Paris, aonde chegariam o mais tardar em 13 de julho. Até lá, era necessário dissimular suas intenções.

Luís ordena a seu "fiel clero e à sua fiel nobreza" que se reúnam à assembleia do Terceiro Estado.

Versalhes e o Palais Royal são iluminados.

"A revolução terminou", alguém escreve.

Mirabeau declara diante da Assembleia:

– A história narrou, vezes sem conta, apenas as ações de bestas ferozes, dentre as quais se distinguem, de tempo em tempo, alguns heróis. Agora, podemos ter a esperança de estar começando a história dos homens.

14.

Como Mirabeau, Luís gostaria de "ter esperança".
Por alguns instantes, ele de fato acreditara que o povo satisfeito se reuniria à sua volta.

Nesta noite de 27 de junho, a multidão reunida no pátio do castelo de Versalhes grita "Viva o Rei!", "Viva o Terceiro Estado!", "Viva a Assembleia!", e Luís decide ir até a sacada, acompanhado pela rainha.

Olha para aquela alegre multidão, agradecida por ele ter convidado o clero e a nobreza a se reunirem ao Terceiro Estado. Luís fica comovido às lágrimas, abraçando a rainha que também chorava. A multidão os aclamava.

Depois, Luís entra no palácio e logo é rodeado por seus cortesãos. A rainha parara de chorar e, junto com os condes de Artois e de Provença, suplica ao rei que reúna novas tropas ao redor de Versalhes e de Paris.

Foulon de Doué, encarregado de abastecer as tropas que chegavam de Metz, Nancy, Montmédy, e que logo reuniriam trinta mil homens, acrescenta que suas presenças são mais necessárias ainda visto que as guardas francesas não obedecem mais às ordens que recebem.

Companhias se rebelam, se misturam ao povo, gritam:
– Somos os soldados da nação, viva o Terceiro Estado!
Algumas acrescentam:
– As tropas pertencem à nação, que as paga, e não ao rei, que gostaria de comandá-las.

Quando os soldados voltam para suas casernas, gritam à multidão:
– Fiquem tranquilos, façam o que quiserem!

Ouvindo os irmãos, a rainha, Foulon, Luís perde a lembrança daquele breve momento de esperança que experimentara.

Os despachos que se sucedem neste início de mês de julho são preocupantes.

Paris, inundada por um calor extremo, fervilha. No Palais Royal, em todas as portas da cidade, nos subúrbios, as pessoas se reúnem, se manifestam, atacam todos os que se recusam a aclamar o Terceiro Estado.

O duque de Châtelet, coronel comandante das guardas francesas, manda prender na prisão da Abadia* onze soldados que expressam discursos sediciosos e se recusam a obedecer.

Em pouco tempo, várias centenas de pessoas cercam a Abadia, forçam a golpes de lança ou martelo as portas da prisão e libertam, além dos onze membros das guardas francesas, todos os demais militares prisioneiros. Os dragões, cavaleiros e hussardos enviados à Abadia para dispersar a multidão se recusam a atirar, embainham seus sabres e brindam com o povo, que gritava:

– À saúde do rei e do Terceiro Estado.

Eles respondiam:

– Viva a nação!

Os dragões dizem ao oficial que os conduz a Versalhes:

– Obedeceremos ao senhor, mas, quando chegarmos, anuncie aos ministros que se nos comandarem a menor violência contra nossos concidadãos, o primeiro tiro será para eles.

Os soldados, como o povo, não confiam nos regimentos estrangeiros.

Em Versalhes, membros das guardas francesas e homens do povo atacam hussardos que falam alemão, aos gritos de:

– Derrubemos esses fantoches, que não sobre nenhum.

Há indignação quando se fica sabendo que o Conselho de Guerra da Suíça enforcara dois membros das guardas suíças que haviam manifestado sua simpatia pelos sentimentos patrióticos franceses.

---

* Prisão da Abadia, ou simplesmente Abadia (Prison de l'Abbaye, ou l'Abbaye): prisão parisiense, destruída em 1854, que originalmente constituía o cárcere abacial do monastério de Saint-Germain-des-Prés, em Paris, transformado em prisão militar e prisão política. (N.T.)

Constatam-se deserções entre as tropas que se estabelecem no Campo de Marte.

No Palais Royal, nota-se a presença, ao lado das guardas francesas de artilharia, também aclamados pelas mulheres, de operários.

Um sargento lê uma "mensagem ao público" na qual garante "que nada havia a temer por parte das tropas nacionais, que nunca a baioneta e o fuzil serviriam para espalhar o sangue dos franceses, de seus irmãos e de seus amigos".

Luís, ao ler esses despachos, tem a impressão de que seu corpo é uma massa pesada, que o esmaga.

Mais prostrado ainda, lê as conclusões de um livreiro parisiense que, em 8 de julho, escrevera ao irmão:

> Acreditara-se até então que a revolução se faria sem derramamento de sangue, mas hoje são esperadas algumas manifestações de violência por parte da Corte: os preparativos, todo um aparato militar, assim o indicam. Sem dúvida haverá resposta, com tanta ou mais violência.

Como evitar o enfrentamento se Luís quer preservar a ordem monárquica que lhe fora transmitida e da qual era o responsável?

Ora, esta ordem, em todo o reino, era posta em causa.

Os motins e as pilhagens continuam acontecendo em todas as províncias nesse início de julho, mês de um calor cada dia maior, e também de nervosismo, preocupação, cólera contra o preço elevado, a escassez de pão, contra as ameaças que a "cabala" dos *aristocranes* faz ao Terceiro Estado.

Há fome. Há medo.

Teme-se a chegada de novos regimentos estrangeiros, que se posicionariam nas colinas que dominam Paris, prontos a bombardear os bairros da capital, o Palais Royal, os subúrbios.

Diz-se que o rei está nas mãos da "cabala", cujos animadores seriam o conde de Artois e a rainha, bem como alguns ministros, e Foulon, que teria declarado, evocando as queixas dos parisienses e camponeses:

– Eles não valem mais que meus cavalos e, se não têm pão, que comam feno.

Luís não ignora os rumores e medos que perturbam o país e o colocam contra a monarquia.

Mas o rei não consegue acreditar que o povo, que tantas vezes lhe manifestara sua afeição – como há pouco, no dia 27 de junho –, tenha sido tão profundamente afetado por aquela "fermentação", aquela "gangrena" dos espíritos.

O rei precisa demonstrar-lhe sua determinação. E Luís aprova as palavras de seus irmãos e da rainha.

Ele primeiro precisa recuperar a força, concentrar as tropas estrangeiras em torno da capital para que possam intervir se necessário.

E acabar com aquela Assembleia Nacional que, em 9 de julho, se proclama Assembleia Constituinte, e que na véspera votara uma proposta de Mirabeau que pedia ao rei que afastasse as tropas estrangeiras da capital e de Versalhes.

É preciso dissimular suas intenções, responder que aqueles regimentos suíços e alemães estão ali para proteger a Assembleia, que aliás poderia ser transferida para Noyon ou Soissons, onde ficaria ao abrigo dos bandos que perturbam a ordem em Paris e em Versalhes.

Luís mente, mas, pensa ele, tem o direito de fazê-lo por se tratar do bem do reino, cujo comando Deus lhe confiara.

O momento de o rei usar sua carta mais alta está chegando: a demissão de Necker, que será substituído pelo barão de Breteuil, ficando o exército com o duque de Broglie, velho marechal da Guerra dos Sete Anos, que será ministro da Guerra.

Quando ocorre o Conselho de despachos, no sábado 11 de julho, Luís não revela nenhuma de suas intenções.

Contudo, no fim do Conselho, encarrega o ministro da Marinha, o conde de La Luzerne, de entregar a Necker sua ordem de demissão.

Carta categórica que pedia a Necker para deixar o reino. Luís imagina que a demissão daquele que a multidão chamava de "nosso pai" provocaria tumultos.

Mas não consegue enxergar com clareza para além de sua decisão.

Não é capaz de prever as medidas a serem tomadas.

Os dias de angústia e escolha o deixam exausto.

Um dos ministros demitidos junto com Necker, o conde de Saint-Priest, observará:

– O rei estava numa ansiedade que disfarçou afetando mais sono que de costume, pois é preciso dizer que pegava no sono com frequência durante as sessões dos Conselhos e roncava com estrondo.

No dia seguinte, domingo 12 de julho de 1789, Paris e a França acordariam o rei Luís XVI de maneira brutal.

15.

Domingo, 12 de julho- Segunda-feira, 13 de julho

Luís está em Versalhes, e os deputados dos Estados-Gerais ainda estão sonolentos quando, neste domingo 12 de julho de 1789, a notícia da demissão de Necker se espalha por Paris.

São cerca de nove horas.

A multidão já está nas ruas, visto que o calor torna sufocantes os sótãos e alojamentos superpovoados; os vagabundos, indigentes e camponeses refugiados na cidade dormem ao relento. Além disso, é domingo, dia de perambular do Palais Royal ao Faubourg Saint-Antoine.

As pessoas têm calor. Sede. Falam alto. Bebem nos bares. De repente, um boato começa a correr: Necker, o "pai do povo", fora cassado pelos aristocratas, pela rainha e pelo conde de Artois, a cabala que governa o rei.

Querem esmagar o povo, massacrá-lo, dissolver a Assembleia Nacional.

Ordenarão aos regimentos estrangeiros, acampados no Campo de Marte e nas colinas de Paris, que atirem na população, que bombardeiem a cidade, como se teme há quase dez dias.

Era verdade. O povo fora traído.

Ao fim do manhã, todos comparecem ao Palais Royal, à Praça Luís XV, às Tulherias.

Bandos de "desafortunados", de esfarrapados cujos rostos e cujas palavras chamam a atenção e assustam, percorrem as ruas.

No Palais Royal, por volta do meio-dia, um jovem advogado, jornalista, sobe numa cadeira, ergue os braços e começa a falar numa voz inflamada.

Seu nome é repetido por todos: Camille Desmoulins.

Mais de dez mil pessoas estão a ouvi-lo.

Há várias horas a multidão vem se excitando, brandindo punhos, lanças e foices com lâminas afiadas.

Todos acusam o conde de Artois, que teria dito que Necker não passava de "um estrangeiro maldito".

Agentes pagos pelo duque de Orléans repetem, no meio da multidão, que foram os "abomináveis conselheiros do rei que conseguiram a demissão de Necker".

Querem "purgar" a cidade.

Desmoulins exclama:

– Às armas! Não há tempo a perder! Estou chegando de Versalhes: a demissão de Necker é o sinal de uma São Bartolomeu dos patriotas.* Hoje à noite, todos os batalhões suíços e alemães sairão do Campo de Marte para nos degolar! Só nos resta uma saída, recorrer às armas!

– Às armas! – todos repetem.

Camille Desmoulins arranca as folhas de um castanheiro e prende-as a seu chapéu.

Sua insígnia verde seria o símbolo da união de todos aqueles que querem impedir o massacre dos patriotas.

– Às armas! Às armas! – todos gritam, correndo.

Chegam ao museu de cera de Curtius.** Os bustos de Necker e do duque de Orléans são pegos emprestados. Um cortejo se forma, constituído por homens e mulheres que usam a insígnia verde e se dirigem às Tulherias.

Na Place Vendôme, apedrejam um destacamento do Royal Allemand, que é rechaçado. Brandindo os dois bustos, gritam "Às armas!" e chegam à Praça Luís XV.

---

* Referência à noite de São Bartolomeu (24 de agosto de 1572) em que os protestantes huguenotes foram massacrados nas ruas de Paris a mando da casa real católica. (N.T.)

** Trata-se da sala de exposições do suíço Philippe Mathé-Curtz (1737-1794), apelidado Curtius, médico e escultor em cera, tutor de Marie Grosholtz, futura Madame Tussaud, que herdará a coleção de Curtius e mais tarde, em Londres, criará o famoso museu com seu nome. (N.T.)

O cortejo para na frente dos dragões do Royal Allemand, comandados pelo príncipe de Lambesc.

Os cavaleiros começam a avançar na direção da multidão que hesita, recua para os terraços das Tulherias, onde encontra pedras e paralelepípedos para a construção de uma ponte sobre o Sena.

A multidão se protege, apedreja os dragões.

Lambesc ataca, fere com um golpe de sabre um velhote.

Furor, raiva contra "o sanguinário Lambesc". Há resistência aos ataques.

Ouvem-se gritos de alegria quando as guardas francesas chegam à Praça Luís XV e atiram nos dragões.

Um dragão é derrubado, feito prisioneiro, castigado.

Lambesc hesita, temendo que a ponte giratória fosse acionada, impedindo-o de recuar e passar para a margem esquerda.

Ele rompe o cerco, atirando, depois evacua a praça.

Todos exultam. Gritam que é preciso colocar as mãos no príncipe de Lambesc, que é preciso "esquartejá-lo imediatamente".

Retorno ao Palais Royal. As lojas de armas são pilhadas. Os passantes que não usam a insígnia verde são empurrados, espancados.

Param na frente de cafés, bares e cabarés.

Comenta-se "a batalha" contra o Royal Allemand. As vítimas (um ferido!) se multiplicam nos relatos, despertam o pavor e a fúria. E, quando os cavaleiros do Royal Allemand que patrulham os subúrbios e bulevares aparecem, as guardas francesas presentes no cortejo os atacam e matam.

Em Versalhes, o povo também está nas ruas, e os deputados protestam contra a demissão de Necker.

É "preciso punir os autores", "seja de que estado forem", diz o abade Grégoire. O próprio arcebispo de Viena, em nome da Assembleia, declara ao rei "que a Assembleia sempre sentirá a falta do antigo ministro e que jamais terá confiança no novo".

Luís responde com uma firmeza que surpreende o prelado.

– Eu sou o único – diz ele – a poder julgar a necessidade das medidas a serem tomadas. Em relação a esta, não posso fazer nenhuma mudança.

Quanto à presença de tropas em Paris, ele acrescenta:

– A extensão da capital não permite que ela proteja a si mesma.

Luís ficara sabendo que, comandados pelo barão de Besenval, os regimentos suíços haviam saído do Campo de Marte e, depois de um longo desvio pela ponte de Sèvres, haviam chegado a Champs-Élysées. Não encontrando manifestantes, tinham voltado para seus acampamentos.

Luís pode se entregar ao sono que o invade.

Mas Paris não dorme.

Na noite de 12 para 13 de julho, "todas as barreiras, desde o Faubourg Saint-Antoine até o Faubourg Saint-Honoré, além das dos Faubourgs Saint-Marcel e Saint-Jacques, são forçadas e incendiadas". Os revoltosos esperam que o fim das concessões de impostos faça baixar o preço dos grãos e do pão, que já está no nível mais alto do século.

A cidade é, portanto, "aberta", e a "multidão a invade" a partir do raiar da segunda-feira 13 de julho.

Os homens ("bandidos", dizem os burgueses que se fecham em suas casas) armados com varas e lanças pilham as casas, gritam que querem "armas e pão".

Assaltam padarias, lojas de vinho, devastam o mosteiro de Saint-Lazare, destroem sua biblioteca, os móveis, os quadros, o gabinete de física, e nas adegas quebram os tonéis, encontrando grãos nos reservatórios. Todos os passantes são obrigados a beber.

Serão encontrados, nas adegas do mosteiro, dezenas de saqueadores afogados no vinho.

Os "burgueses" – que foram os eleitores nos Estados-
-Gerais – querem acabar com os roubos, temem a desordem
e a destruição de todos os bens.

Eles se reúnem e decidem criar uma Guarda Nacional,
milícia burguesa de 48 mil homens que defenderia Paris contra
os saqueadores, os bandidos e os regimentos estrangeiros.

O preboste dos comerciantes, Flesselles, é designado
para presidir uma Assembleia Geral da Comuna.

A milícia precisa de armas.
– Paris – diz Bailly, futuro prefeito da cidade – corre o
risco de ser pilhada.

Em plena rua, criaturas arrancavam os brincos e sapatos
das mulheres.

A milícia se organiza, escolhe uma insígnia nas cores de
Paris: vermelho e azul.

Compram-se dos "vagabundos as armas que eles usurpa-
ram". Prendem-se e inclusive enforcam-se alguns bandidos.
Mas a multidão quebra as portas das prisões e liberta todos
os presos por "dívidas, querelas, ocorrências policiais... lá
deixando os acusados de roubo, assassinato e demais crimes".

As guardas francesas entregam suas armas ao povo,
depois desfilam e bebem com ele "o vinho oferecido às portas
dos cabarés".

Uma testemunha, o livreiro Ruault, escreve: "Nenhum
chefe se apresenta neste tumulto. O povo parece marchar por
si próprio. É alegre, ri às gargalhadas, canta, grita 'Viva a nação!'. E convida inúmeros espectadores a se tornarem atores
a seu lado no restante da cena".

Mas o temor das pilhagens, dos bandidos, do ataque dos
regimentos estrangeiros é cada vez mais forte.

Os representantes dos "eleitores parisienses", neste fim
de segunda-feira 13 de julho, vão até o Palácio dos Inválidos
pedir ao governador que lhes entregue armas de guerra, dezenas de milhares de fuzis guardados no prédio. Este diz que não.

Mas o povo já estava acostumado a tomar o que não
lhe era dado.

16.

Queremos!
Este é o grito que atravessa a inflamada noite de 13 para 14 de julho de 1789.

Na aurora já sufocante, bandos percorrem as ruas. Os homens vão armados de ganchos, lanças, fuzis. Alguns estão "quase nus". "Vil populacho", murmuram os burgueses.

Grupos se formam diante das portas das casas abastadas, dos inimigos da nação e, portanto, do Terceiro Estado.

Exige-se que as portas sejam abertas:

– Queremos bebida, comida, dinheiro, armas.

À noite, são pilhados os depósitos de armas e armaduras de coleção. Brandem-se sabres, facões, lanças.

Mas o que querem são armas de guerra.

– Armas, armas, queremos armas – gritam na frente dos Inválidos.

Cerca de cinquenta mil pessoas que não estão muito preocupadas com os canhões ameaçadores dos Inválidos, operados por inválidos que prefeririam não ter que atirar na população!

A multidão bate os pés na frente do fosso que cerca a construção.

Chegam alguns homens, levando no alto de uma lança, cortada a facão, a cabeça de Flesselles, o preboste dos comerciantes, presidente da assembleia dos eleitores parisienses, acusado de enganar o povo – mandando-o procurar armas onde estas não estavam, no Arsenal, nos Chartreux, no Quinze-Vingts.*

Eles tinham acorrido a esses lugares, mas, nada encontrando, arrancam Flesselles de sua poltrona.

– Aqui estais, Monsieur Preboste, traidor da pátria!

---

* Arsenal, Chartreux, Quinze-Vingts: nomes, respectivamente, de um arsenal, de um convento e de um hospital de Paris. (N.T.)

Este fora morto com um tiro de pistola, depois tivera sua cabeça cortada, que agora oscilava, sangrenta, na ponta de uma lança.

– Queremos armas!

O grito é ouvido no Campo de Marte, onde se reúnem os regimentos de infantaria, cavalaria, artilharia – quase todos suíços –, comandados pelo general barão de Besenval, também suíço.

Ele aguarda ordens, hesita, consulta seus chefes de regimentos: os soldados estão dispostos a atirar nos revoltosos? Todos respondem com uma negativa. O general barão de Besenval escolhe não fazer as tropas marcharem até os Inválidos.

Ele se pergunta se não acaba de decidir a sorte daquele dia.

– Armas, armas.

A multidão escala os fossos, arranca as grades e corre para os porões, guiada por inválidos que iluminam com tochas os vários fuzis que são tomados e passados de mão em mão.

Doze canhões e um morteiro são arrastados.

Fuzis são brandidos.

– Queremos pólvora e munição – grita-se.

Ambos estariam guardados na Bastilha, a velha fortaleza para onde o rei enviava, com uma simples *lettre de cachet*, aqueles que o desagradavam.

– Para a Bastilha!

Agora não são mais os punhos que são brandidos, e sim os fuzis.

Todos correm para o Hôtel de Ville, onde se reúnem os representantes dos eleitores parisienses.

Cerca de mil pessoas invadem a sala onde estes deliberam. Eles são pressionados, ameaçados. As baionetas roçam seus peitos e, na rua, dezenas de milhares de vozes gritam:

– Para a Bastilha!

Os "eleitores" decidem enviar uma delegação ao administrador da fortaleza, o marquês de Launay, para que ele distribua pólvora e munições aos parisienses que precisam armar sua milícia burguesa.

A guarnição da Bastilha conta com 82 inválidos e 32 soldados suíços. Dispõe de alguns canhões.

Ao redor da fortaleza, com seus fossos e suas pontes levadiças, e nas ruas vizinhas, reúnem-se pelo menos cem mil parisienses, aos quais se misturam soldados das guardas francesas, com cinco canhões.

Há uma multidão de espectadores: eles gritam, olham, esperam, se mantêm a uma boa distância, para se proteger dos tiros que partirem das torres de quarenta pés de altura. No momento, nesse fim de manhã de terça-feira, 14 de julho, não há tiros.

O administrador da prisão recebe delegações de "eleitores".

Ele não quer entregar munições, não recebera ordens para fazê-lo, mas negocia. Convida os representantes dos parisienses para almoçar, depois de fazê-los visitar a fortaleza.

As delegações se sucederão até as três horas da tarde.

Mas a situação é tensa.

Alguns querem conquistar a fortaleza, entre oitocentos e novecentos homens. É do meio deles que saem dois cidadãos que, pulando do teto de uma loja próxima, chegam ao posto da guarda, que está vazio. Eles acionam o maquinário da primeira ponte levadiça.

Por mais que Launay tenha mostrado à "deputação" que era preciso recuar os canhões, tapar os morteiros, ele é acusado de traição, de ter baixado a ponte levadiça para que os "patriotas" se precipitassem no primeiro pátio e, ali, caídos na armadilha, fossem metralhados.

Começa a troca de tiros. Os quase mil homens decididos

a partir para o ataque ficam ainda mais determinados quando sentem atrás de si uma multidão que os observa e encoraja.

Entre os curiosos, há inclusive "muitas mulheres elegantes e de muito boas maneiras que haviam deixado suas carruagens há alguma distância".

Aqueles homens, pontas-de-lança da multidão, são trabalhadores ou livreiros dos subúrbios, alfaiates, carpinteiros, retroseiros, vendedores de vinho. Entre eles, 61 membros das guardas francesas e o sargento Hulin, que coloca os cinco canhões em posição, contra as portas e pontes levadiças da Bastilha.

As pontes levadiças se abaixam. A Bastilha cede. Promete-se poupar a vida da guarnição.

A multidão irrompe.
Destruição. Tiros.
Serão 98 mortos e 73 feridos, mas quantos durante o cerco e o assalto, e quantos depois da capitulação, durante a desordem que ninguém pode controlar?

As guardas francesas – Hulin, Élie, primeiro a entrar –, os verdadeiros combatentes – Maillard, um antigo soldado, o cervejeiro do Faubourg Saint-Antoine, Santerre –, não conseguem fazer as "leis da guerra" serem respeitadas.

É Élie quem dá sua palavra de oficial francês de que "não seria feito nenhum mal a ninguém".

Mas como parar a correnteza, como conter o desejo de vingança, de abater aqueles oficiais e soldados, o marquês de Launay? Muitos serão descarnados, decepados.

O administrador De Launay recebe um golpe de espada no ombro direito. Ao chegar à Rue Saint-Antoine, "todos arrancavam seus cabelos e o golpeavam".

Gritam que é preciso "cortar-lhe o pescoço, enforcá-lo, pendurá-lo ao rabo de um cavalo".

– Matem-me – ele grita.

Ele se debate, chuta o baixo ventre de um dos que o cercam. Imediatamente é atravessado por golpes de baioneta, arrastado, cortado em pedaços.

– Monstro repulsivo que nos traiu: a nação exige sua cabeça para mostrá-la ao povo.

O homem que recebeu o pontapé, um ajudante de cozinheiro chamado Desnot, que fora "à Bastilha para ver o que estava acontecendo", acredita merecer uma medalha por "destruir um monstro". Com sua pequena faca de punho preto, e sua experiência de homem que "sabe trabalhar com carnes", Desnot corta a cabeça de Launay, que é enfiada na ponta de um tridente. A marcha é retomada.

Na Rue Saint-Honoré, penduram na cabeça duas inscrições para que saibam a quem pertencia.

Na Pont-Neuf, todos se inclinam diante da estátua de Henrique IV, gritando:

– Marquês, saúda teu mestre.

Nos jardins do Palais Royal, onde são colocadas as cabeças de Flesselles, Launay e de alguns outros defensores da Bastilha, sob aclamações da multidão, redigem-se listas de proscrições: o conde de Artois, o marechal de Broglie, o príncipe de Lambesc, o barão de Besenval...

Uma recompensa é prometida àquele que colocar suas cabeças no Café du Caveau.

Os sete prisioneiros libertados da Bastilha – quatro falsários, dois loucos e um libertino – são levados em triunfo ao Hôtel de Ville, e logo as pedras da fortaleza começam a ser arrancadas.

Ela representava, em Paris, o rosto ameaçador da ordem e da força monárquica. Deve ser destruída, pedra a pedra.

Mas com o poder do rei por terra, reina a desordem em Paris.

– Foi vergonhoso – diz um burguês, membro da milícia. – Não conseguimos conter o furor do povo. Se o tivéssemos ofendido, teríamos sido exterminados. Não é hora de falar em razão.

Os burgueses colocam a insígnia "azul e vermelha" em seus chapéus e começam a patrulhar a cidade, parando os veículos dos nobres que fogem para o campo.

– Nós visitamos, revistamos, mandamos os nobres de volta a seus palacetes. Não nos importamos que saiam da cidade. A burguesia não deporá suas armas até que a Constituição seja feita.

Luís, neste fim de terça-feira 14 de julho, não imagina a gravidade do que acaba de acontecer em Paris.

Mas está tão preocupado que não saiu para caçar. No caderno onde escreve suas proezas de caçador, na data de 14 de julho, escreve a palavra "Nada".

Na mesma hora, em Paris, o livreiro Ruault escreve: "A jornada de terça-feira matou o poder do rei. Ei-lo à mercê do povo por ter seguido os pérfidos conselhos de sua mulher e de seu irmão Carlos de Artois. Esse princípio de grande revolução anuncia resultados incalculáveis até para os mais previdentes".

Luís quer acreditar que se trata apenas de uma daquelas revoltas parisienses, uma daquelas frondas que os reis sempre souberam esmagar ou desarmar.

Mesmo assim, está roído de inquietação, da qual foge. A uma delegação da Assembleia que viera lhe comunicar o que acabara de ficar sabendo sobre os acontecimentos parisienses, ele se contenta em responder:

– Dei ordens para que minhas tropas no Campo de Marte se retirassem.

Depois boceja, afunda no sono que tudo dissolve.

Mas na madrugada da quarta-feira, 15 de julho, o grão--mestre do Guarda-Roupa o acorda, e cada palavra pronunciada pelo duque de La Rochefoucauld-Liancourt dolorosamente arranca Luís XVI de sua protetora sonolência.

A Bastilha tombara. Cabeças haviam sido desfiladas na ponta de lanças aos gritos de canibais.

– É uma revolta – balbucia Luís XVI numa voz surda.
– Não, Sire, é uma revolução.

Luís tem a impressão de que jamais conseguirá erguer seu corpo.

Levanta-se lentamente.

Precisa se mexer, agir.

Precisa comparecer à Assembleia, repetir que tomara a decisão de afastar as tropas de Paris e de Versalhes.

– Conto com o amor e a fidelidade de meus súditos – diz Luís. – Sou uno com minha nação, me confio a vós. Ajudai-me, nessas circunstâncias, a garantir a salvação do Estado... Eu jamais recusaria ouvir-vos; a comunicação entre a Assembleia e mim será sempre livre...

Ele se retira na companhia de seus irmãos, volta a pé ao castelo, acompanhado pelos deputados das três ordens.

A multidão acorre, grita:

– Viva o rei!

Luís se tranquiliza, apesar das advertências da rainha e do conde de Artois. É preciso, dizem eles, apagar com uma vitória e um castigo exemplar a revolta de Paris, a tomada da Bastilha, a matança selvagem que se seguira.

É preciso impor, em todo o reino, a autoridade do rei.

Na noite desta quarta-feira, 15 de julho, Luís ouve o relato da recepção reservada por Paris à deputação da Assembleia Nacional, que lá chegara no meio da tarde.

Mais de cem mil parisienses, muitos armados, acolhem-na. Gritam "Viva a nação! Viva os deputados!", mas também "Viva o rei!". O marquês de La Fayette, presidente da deputação, declara:

– O rei estava enganado, não está mais. Ele veio hoje para o nosso meio, sem tropas, sem armas, sem o inútil aparato dos bons reis.

O conde de Lally-Tollendal acrescenta:

– Esse bom, esse virtuoso rei, fora cercado de horrores. Contudo disse que se confiava a nós, isto é, a vós...

– Tudo deve ser esquecido – conclui o conde de Clermont-Tonnerre. – Não há perdão a ser pedido quando não há culpado... O povo francês odeia os agentes do despotismo, mas adora seu rei...

As aclamações irrompem em grandes ondas.

O marquês de La Fayette é proclamado comandante da milícia parisiense, a "guarda nacional", e Bailly, designado preboste dos comerciantes, prefere o título de prefeito, que lhe é concedido por aclamação.

O arcebispo de Paris conduz a deputação até Notre Dame, onde é cantado um *Te Deum*.

A catedral fica cheia.

À saída, o povo grita que gostaria que Necker fosse chamado de volta. Os deputados aprovam, afirmavam que o desejo do povo seria atendido.

Luís sabe, na quinta-feira 16 de julho, que precisará decidir. Na Assembleia Nacional, que acaba de se reunir, o conde Lally-Tollendal dissera sob aclamações:

– Esse desejo bem pronunciado foi ouvido ontem em Paris. Foi ouvido nas praças, nas ruas, nos cruzamentos. Só havia um grito: "Monsieur Necker, Monsieur Necker, reconvocação de Monsieur Necker". Todo aquele imenso povo nos rogava para pedirmos a volta de Monsieur Necker ao Rei. As súplicas do povo são ordens. É preciso, portanto, que peçamos a reconvocação de Monsieur Necker.

Um rei deve obedecer às ordens do povo e da Assembleia?

Luís ouve, no Conselho que se reúne no dia 16 de julho, seus irmãos e a rainha se indignarem com aquela injunção, pedirem-lhe que negue a reconvocação de Necker.

E como as tropas não são mais confiáveis, segundo o marechal de Broglie, e incapazes de reconquistar Paris e acabar com aquela revolta, aquela revolução, é preciso sair de Versalhes, chegar a uma fortaleza, perto da fronteira.

Broglie não tem certeza de poder garantir a segurança da família real durante a viagem, depois se convence de que é possível ir até Metz, mas "o que faremos lá?".

O conde de Provença acredita que é preciso ficar em Versalhes.

Luís tem a impressão de deslizar numa encosta ao fim da qual há um precipício.

Ele deveria se mexer, se agarrar, escapar àquele destino.

Ele gostaria de partir com a rainha, seus filhos, seus próximos.

Ele sabe que Maria Antonieta aguarda, espera que ele faça esta escolha. Ela já queimara cartas, guardara todas as suas joias num cofre que levaria consigo.

Mas ele não consegue.

Ele consulta com os olhos os ministros que participam do Conselho. Alguns anunciam que estão pedindo demissão. Breteuil, pelo contrário, quer manter seu cargo.

Luís vira a cabeça, diz que vai chamar Necker, enviar os regimentos para suas guarnições.

Ele vê, ele sente o desespero da rainha.

Mas não tem forças para se decidir pela partida, quer dizer, pelo combate. A escolha de ficar é a da submissão ao destino, à vontade dos outros.

Ele também, como a Assembleia, está às ordens do povo.

E, por instantes, pensa inclusive que este é seu dever de rei.

Ele transmite suas decisões à Assembleia, que se congratula pela sabedoria do rei, pela partida das tropas e pela convocação de Necker, esperada por toda a nação.

Mas o povo quer ver, ouvir o rei.

Luís irá para Paris, portanto, no dia seguinte, sexta-feira 17 de julho de 1789.

Seria aquele o dia de sua morte?

Ele se prepara, concede ao irmão, conde de Provença, o título de tenente-geral do reino.

Depois percorre o castelo de Versalhes, abandonado pelos cortesãos. Muitos, como o conde de Artois e família, os Polignac, Breteuil, Broglie, Lambesc, o príncipe de Condé e os seus, todos os que sabem estarem inscritos nas listas de proscrição, escolhem emigrar. Já deixaram Versalhes.

Os passos de Luís ecoam pelas galerias desertas.

Luís volta a seus aposentos. Para dormir.

É sexta-feira, 17 de julho. Ele segue para Paris.

Vai acompanhado apenas de alguns nobres – os duques de Villeroy e de Villequier, o conde d'Estaing – e 32 deputados escolhidos ao acaso.

Os membros de sua guarda pessoal estão desarmados.

Mas a milícia burguesa de Versalhes, que acompanha a carruagem real até Sèvres, bem como a milícia burguesa de Paris que o recebe estão armadas.

O povo, na entrada de Paris, grita:

– Viva a nação!

Bailly, o prefeito, entregando as chaves a Luís, declara:

– Entrego a Vossa Majestade as chaves de sua boa cidade de Paris. São as mesmas que foram presenteadas a Henrique IV. Ele tinha reconquistado seu povo, agora é o povo que reconquista seu rei... Sire, nem vosso povo nem Vossa Majestade jamais esquecerão este grande dia, é o mais belo da monarquia, é a época de uma aliança augusta, eterna, entre o monarca e seu povo. Traço único que imortaliza Vossa Majestade...

Eles cruzam Paris.

O povo armado não grita "Viva o Rei!".

Luís vê todos aqueles rostos, aquelas lanças, aqueles fuzis.

Ele entra no Hôtel de Ville sob um túnel de espadas entrelaçadas.

Recebe a nova insígnia, onde o branco da monarquia está comprimido entre o azul e o vermelho de Paris.

Esta é pendurada em seu chapéu.

– Vindes prometer a vossos súditos – diz o representante dos eleitores de Paris – que os autores dos conselhos desastrosos não vos cercam mais, que a virtude, por demais exilada, será vosso apoio.

Luís murmura:

– Meu povo sempre poderá contar com meu amor.

No mesmo momento, em Saint-Germain-en-Laye, um moleiro suspeito de atravessamento de grãos é conduzido para a praça pública, julgado e condenado à morte. Um ajudante de açougueiro o degola em meio a gritos de satisfação!

Na sala do Hôtel de Ville de Paris, Luís XVI sorri um pouco, ouvindo os discursos que lhe são dirigidos. O prefeito Bailly, com um chute, afasta o pequeno quadrado de veludo sobre o qual deveria, segundo a etiqueta, ajoelhar-se. E fala com o rei em pé.

Uma testemunha, Lindet, apesar de adversário da Corte, se sente humilhada com a atmosfera daquela recepção: "A continência simplória e estúpida do rei era digna de pena", lembrará ele.

Mas Luís se sente apaziguado.

Uma voz ao fundo da sala dissera "Nosso rei, nosso pai", e os aplausos haviam crepitado, seguidos por gritos de "Viva o rei!".

Luís volta para Versalhes, acalentado pelo balanço da carruagem.

São dez horas da noite.

A rainha, em lágrimas, o acolhe. Ele é rodeado, e todos se entregam, depois do medo, à alegria do reencontro.

O rei está vivo, nada se perdeu.

Mas o embaixador dos Estados Unidos em Paris, Thomas Jefferson, que assistira à recepção de Luís XVI no Hôtel de Ville, escreve:

> Foi a cena mais perigosa de todas as que vi na América e de todas as que Paris conheceu nos últimos cinco dias. Coloca os Estados-Gerais para lá de qualquer ataque, pode-se considerar que estes têm carta branca...
> Assim terminou uma retratação como jamais se viu soberano algum fazer, nem povo algum receber.

Outro americano, Gouverneur Morris, é mais explícito: "A autoridade do rei e da nobreza foi totalmente destruída."

Luís, em seus aposentos de Versalhes, adormeceu.

TERCEIRA PARTE

18 de julho de 1789-outubro de 1789
"Meus amigos, irei a Paris com minha mulher e meus filhos."

"Este é o povo: quando cansado de seus males, ergue a cabeça com fervor contra os déspotas; não lhe basta conseguir livrar-se do jugo, ele é que os subjuga e se torna déspota por sua vez."

Loustalot
Les Révolutions de Paris, agosto de 1789

17.

Luís acorda no calor estagnante e sufocante que sobrecarrega a segunda quinzena de julho de 1789.

Um vapor cinza recobre as águas e os bosques do parque de Versalhes.

Faz um silêncio de túmulo.

Os criados estão ausentes. Quando se aproximam, sua desenvoltura irônica beira o desprezo e a arrogância. Os cortesãos haviam abandonado o castelo. Os príncipes haviam escolhido emigrar.

Luís se levanta, vai até os aposentos da rainha.

Em meio à hostilidade e ao ódio, ou ao abandono que os cerca, que teme devorarem sua família, Luís se sente próximo de Maria Antonieta e de seus dois filhos.

Em meio à tormenta, é na companhia deles que encontra um pouco de paz. Ele precisa tranquilizar e instruir seus filhos.

Ele não deseja que o delfim um dia conheça a infelicidade de reinar.

A vida de rei é um pesadelo quando de repente o povo muda de rosto, não manifesta mais amor ou reconhecimento, mas uma fúria selvagem.

Luís ouve relatos de que, na madrugada do dia 15 de julho, seiscentos pedreiros haviam começado a demolir a Bastilha.

E que belas damas "pagam por um quilo de pedras da Bastilha tão caro quanto por um quilo da melhor carne".

Luís tivera que condecorar com a cruz de São Luís* "os vencedores da Bastilha" e precisara demonstrar sua gratidão

---

* Cruz de São Luís: condecoração honorífica da Ordem Real e Militar de São Luís, criada por Luís XIV em 1693 para recompensar os oficiais mais valorosos. (N.T.)

quando lhe anunciaram que sobre as ruínas do "castelo diabólico" erigiriam sua estátua.

Um deputado do Dauphiné, Mounier, dissera:
– Não há mais rei, parlamento, exército, polícia.
O prefeito de Paris, Bailly, murmurara:
– Todo mundo sabia comandar, e ninguém sabia obedecer.
Uma testemunha constata:

> Aquilo que chamamos de Corte, esse resto de homens no castelo de Versalhes, está num estado lastimável. O rei tem a tez cor de terra; Monsieur – seu irmão, o conde de Provença – está pálido como linho sujo. A rainha, desde que o cardeal de Rohan assumiu um lugar na Assembleia Nacional, tem frequentes tremores em todos os membros; sexta-feira ela caiu de cara na grande galeria.

A cada dia, em Paris, há violências, pilhagens, assassinatos, obsessão por um "complô aristocrático" e pela chegada de um exército conduzido pelo conde de Artois.

Os burgueses se escondem, e os mais corajosos patrulham na milícia da Guarda Nacional, mas quase sempre são impotentes para proteger aqueles que o povo quer punir, sem julgamento.

Esta "febre agita toda a França", escreve o livreiro Ruault. "Isso não deve surpreender, mas sim assustar. Quando uma nação se vira da esquerda para a direita, para ficar melhor, esse grande movimento não pode acontecer sem dores e sem os gritos mais agudos."

Em todo o país, reina o "Grande Medo".

A escassez continua afetando o estômago, excita como uma embriaguez; a cólera e a raiva se misturam ao pânico.

Como rastilhos de pólvora que incendeiam todas as aldeias e cidades de quase todas as províncias, os rumores se espalham.

Uma nuvem de poeira, provocada pela passagem de um rebanho de ovelhas, invade o horizonte e logo faz os camponeses se reunirem. Soam os alarmes. Todos se convencem de que bandos de malfeitores estão em marcha, que vão devastar as colheitas, queimar os celeiros, pilhar, violar, matar.

Ou então dizem que os moleiros, os fazendeiros e os nobres se apoderam dos grãos para subirem os preços, esfomear o povo, colocar em obra um "pacto de fome" que permitiria aos príncipes se vingarem.

É preciso, portanto, se insurgir contra o "complô aristocrático". E os rumores crescem! O conde de Artois e seu exército estão em marcha, repetem todos.

O pânico – e a reação de furor preventivo e defensivo que ele suscita – contamina a Franche-Comté, a Champanhe, o Maine, as regiões de Beauvais e de Nantes.

Limoges, Brive, Cahors, Montauban são contaminados. Todos se armam de foices com lâminas colocadas verticalmente como lanças. Tomam fuzis. Ameaçam – com frequência matam – todos aqueles que detêm a autoridade municipal.

As portas das prisões são forçadas. Os prisioneiros, libertados. Exige-se a fixação dos preços dos grãos.

Ninguém resiste, nem mesmo os soldados, que muitas vezes incitam os revoltosos a se lançarem ao ataque.

"Não ousávamos resistir ao povo que oito dias antes tomara a Bastilha", confessa Bailly evocando a situação em Paris, mas o mesmo poderia valer para todas as províncias.

Seria muito temerário ou ingênuo aquele que tentasse dominar e sufocar aquela epidemia, que tentasse combater aquela "febre".

"Eu dava ordens que não eram nem seguidas, nem ouvidas", continua Bailly. "Davam-me a entender que eu não estava a salvo."

Todo "notável", seja qual fosse sua atitude, sabia correr risco de vida.

Naqueles tempos miseráveis, bastava um inimigo e uma calúnia para revoltar a multidão. Todo aquele que detivera o poder antigamente, todos aqueles que haviam incomodado e contido os revoltosos tinham certeza de ser perseguidos.

Como os camponeses nunca encontram os malfeitores, as tropas do conde de Artois, os aristocratas contra os quais tinham se armado, eles acabam atacando as casas senhoriais, os castelos e os fidalgos, para se adiantarem à reação dos "privilegiados".

Há cercos, entradas forçadas, destruição, pilhagens, incêndios. Há dispersão e queima de "terriers", os documentos que enumeram os direitos feudais e senhoriais.

Fim dos impostos, das taxas! Fim dos privilégios!

Eles se dão o direito de caçar nas florestas senhoriais, proibição que há séculos os camponeses, arriscando suas vidas, tentavam violar.

Caça-se nas florestas senhoriais, e com frequência estas são devastadas. Caça-se nos trigais, e as espigas são pisoteadas.

Nas cidades, primeiro são depredadas as prefeituras.

Em Estrasburgo, seiscentos pés-nus invadem o prédio da administração. Imediatamente, "há uma chuva de painéis, janelas, cadeiras, mesas, sofás, livros, papéis, depois outra de telhas, pranchas, sacadas, vigas".

Os arquivos públicos, as cartas de isenção e os diplomas de privilégios são queimados; nos porões, os tonéis são destruídos. Uma lagoa de vinhos renomados, de cinco pés de profundidade, se forma nos lugares, onde diversos saqueadores se afogam. A devastação continua por três dias. Os soldados deixam os revoltosos saírem carregados com seus despojos. As casas de inúmeros magistrados são saqueadas do sótão ao porão.

Quando os burgueses conseguem armas e restabelecem a ordem, um dos ladrões é enforcado; todos os magistrados são substituídos; o preço do pão e da carne são abaixados.

Nada resiste àqueles milhares de homens que, em todo o reino, são levados por "um grande medo", uma sede de vingança e de revolta. E que, depois de pilharem os arsenais, dispõem de dezenas de milhares de fuzis: em seis meses, quatrocentas mil armas serão passadas às mãos do povo. "Esse amor às armas é uma epidemia passageira, que é preciso", escreve um burguês bretão, "deixar atenuar-se. Quer-se acreditar nos malfeitores e inimigos, mas não há nem um nem outro."

Mas aquele é um tempo de suspeitas.

Em Páris, a cada passo na rua, "é preciso declarar seu nome, dizer sua profissão, sua casa e seu voto... Não se pode mais entrar ou sair de Paris sem ser suspeito de traição".

É um tempo de violências e vinganças. Moleiros e vendedores de grãos são enforcados, decapitados, massacrados.

Os patriotas, homens impregnados do espírito das Luzes, se preocupam.

Jacques Pierre Brissot, que ficara preso por dois meses na Bastilha, em 1784, por escrever um panfleto contra a rainha, e depois fora aos Estados Unidos, em 1788, para ver como funcionava um regime republicano, lança um jornal, *Le Patriote français*, no qual escreve em agosto de 1789:

> Existe uma insubordinação geral nas províncias, porque elas não sentem mais o freio do poder executivo. Quais eram suas instâncias? Os intendentes, os tribunais, os soldados. Os intendentes desapareceram, os tribunais estão mudos, os soldados são contra o poder executivo e a favor do povo. A liberdade não é um alimento que pode ser digerido por todos os estômagos sem preparação.

Mirabeau, no *Le Courrier de Provence*, não consegue aceitar, como alguns murmuram, que "o despotismo é melhor que a anarquia".

Segundo ele, este é um "princípio falso, extravagante, detestável".

Mas acrescenta:

> Quem ainda não sabe? A passagem do mal para o bem é muitas vezes mais terrível que o próprio mal. A insubordinação do povo leva a excessos terríveis. Querendo suavizar seus males, ele os aumenta; recusando-se a pagar, ele se empobrece; suspendendo seus trabalhos, ele prepara uma nova fome. Tudo isto é uma verdade, bastante trivial.

Mas alguns membros da Assembleia Nacional são amargos, hostis, pessimistas quanto ao futuro da nação.

Um deles diz que desde 14 de julho vive-se sob o reino do terror.

Outro exclama:

– Não há mais liberdade, nem mesmo na Assembleia Nacional... A França se cala diante de trinta rebeldes. A Assembleia se torna, em suas mãos, um instrumento passivo que eles usam para a execução de seus projetos.

"Se não for prontamente elaborada uma Constituição, esta nação amável, este povo sensível e leal, se tornará um horda de canibais, até que não passe de um vil rebanho de escravos."

Mas como resistir àqueles homens que, diz-se, são "animados" por um furor maior que o dos "índios"?

Em 28 de julho, Foulon de Doué, com 74 anos, é capturado. Os camponeses o emboscam e escondem dentro de um reservatório de gelo num castelo em Viry. Colocam um farnel em sua cabeça – ele não dissera que, se faltava pão ao povo, este que comesse feno? –, um colar de espinhos em seu pescoço e enchem sua boca de grama.

Seu genro é preso, o intendente Bertier de Sauvigny. Um depois do outro são conduzidos ao Hôtel de Ville.

Bailly e La Fayette suplicam para que o julgamento de Foulon seja regular, que ele seja encarcerado na prisão da Abadia.

Um homem "bem-vestido" exclama:

– Qual a necessidade de julgamento para um homem julgado há trinta anos?

O povo ruge:

– Nada de Abadia, forca, forca, que seja abatido.

Ele é arrancado da milícia burguesa, enforcado, a corda cortada, enforcado de novo, depois sua cabeça é cortada e enfiada no alto de uma lança.

Bertier também é massacrado. Sua cabeça e seu coração são levados até o Hôtel de Ville e entregues a La Fayette que, em sinal de protesto e de asco, pede demissão – mas os "eleitores" suplicam que continue à frente da milícia burguesa.

Depois o coração e a cabeça de Bertier são levados ao Palais Royal. Lá, um beijo entre as duas cabeças ensanguentadas, a do sogro e a do genro, é simulado.

O americano Morris, que acaba de "jantar por três", pelo preço "de 48 francos, com café e tudo o mais incluso", relata:

> Passeio um pouco sob as arcadas do Palais Royal, esperando meu veículo.
> De repente, a cabeça e o corpo de Monsieur Foulon são trazidos em triunfo, a cabeça numa lança, e o corpo nu arrastado pelo chão. A horrível exibição é depois desfilada por diferentes ruas. Seu crime foi ter aceitado um lugar no ministério. Os restos mutilados daquele velho de setenta anos são mostrados a seu genro, Bertier, intendente de Paris, que também é morto e feito em pedaços. O populacho passeia aqueles restos informes com uma alegria selvagem. Meu Deus! Que povo!

Em Versalhes, Luís e Maria Antonieta ficam sabendo, petrificados, dos assassinatos.

O que podem fazer diante da onda de violência, de vingança, de revolta, mesclada de esperança, que se espalha?

Até mesmo um jornalista realista como Rivarol parece se curvar diante da fatalidade ao escrever em seu *Journal politique et national*:

> O que responder a um povo armado que vos diz: "Sou o senhor"?
> Quando os poderes estão desarticulados, eles recaem necessariamente às últimas camadas da sociedade visto que, no fundo, é nelas que reside em toda sua plenitude a força executiva. Este, hoje, é o estado da França...

Outros ficam indignados com esses comentários. Barnave, o deputado do Dauphiné, diz:

– Querem nos enternecer, senhores, com o sangue derramado em Paris; seria esse sangue tão puro?

Um jornalista patriota, Loustalot, vai no mesmo sentido, quando escreve em *Les Révolutions de Paris*: "Sinto, ó concidadãos, o quanto essas cenas revoltantes afligem suas almas. Como vocês, também sou invadido por elas, mas imaginem o quanto é ignominioso viver e ser escravo".

Gracchus Babeuf, que é comissário de registros e que, portanto, conhecia o estado dos privilégios, numa carta que escreve à esposa, em fins de julho, coloca a responsabilidade por aquela justiça cruel, feita pelo povo, nos "Senhores".

Estes haviam feito uso de

> suplícios de todos os tipos: o esquartejamento, a roda, as fogueiras, o chicote, a forca; os carrascos multiplicados em toda parte é que nos acostumaram tão mal!
> Os senhores, ao invés de nos educarem, nos tornaram bárbaros, porque eles próprios são bárbaros.
> Colhem e colherão o que semearam, pois tudo isso, minha pobre esposa, terá continuações terríveis: estamos apenas no início.

18.

Luís lê os jornais e os panfletos que exigem a punição dos "aristocratas".

Neles são apresentadas listas de proscrição, com títulos como *A caça às bestas pestilentas*. São publicadas gravuras hediondas, *As cabeças cortadas e a cortar*, para acabar com *a hidra de 19 cabeças*.

Alguns desses panfletos transcrevem as pregações do abade Fauchet que, na igreja Saint-Jacques de la Boucherie, chegara a dizer: "A aristocracia crucificou o filho de Deus". O abade também fizera uma oração fúnebre pelos cidadãos mortos na tomada da Bastilha em defesa da pátria.

Luís fica fascinado, mas sente apenas asco e um sentimento profundo de desprezo e humilhação, quando percorre as 91 páginas, *in-octavo*, dos *Ensaios históricos sobre a vida de Maria Antonieta*.

Livro cruel que – nesses dias finais de julho e de início de agosto de 1789, em que Luís se sente tão próximo da rainha e a frequenta como marido, em que a vê como mãe amorosa e corajosa – o revolta.

Maria Antonieta soubera se mostrar amável para com Necker, que finalmente chegara a Versalhes, em 29 de julho.

Ele se recusara a se tornar o ministro principal, contentando-se com o cargo de ministro das Finanças.

– Pareço estar entrando num sorvedouro – dissera ele, acrescentando –, tudo está abandonado, tudo está entregue às paixões individuais.

Seria ele digno de confiança? Ele responde à rainha, que enfatizava que sua reconvocação devia-se ao rei, que "nada o obrigava ao reconhecimento, mas que seu zelo pelo rei era um dever de sua posição".

Ele é popular. A multidão o aclamara, ao longo de toda sua viagem de retorno.

Ele fora corajoso quando, recebido no Hôtel de Ville de Paris, advogara a favor da libertação do general barão de Besenval e pedira a declaração da anistia.

O comitê dos eleitores de Paris aprovara seu pedido, mas a multidão protestara com tamanha violência que o comitê voltara atrás. Mesmo assim, Luís vê, no posicionamento de Necker e na aprovação que os eleitores lhe manifestaram, o sinal de que alguma coisa mudava no país.

Talvez aqueles que apelavam ao assassinato, que caluniavam, que exaltavam a violência e a revolta, a recusa às leis, que aprovavam os motins camponeses e alimentavam o Grande Medo, tivessem ido longe demais.

Luís se deixa levar, por instantes, pela esperança de que o pior já tenha passado, ao contrário do que temem ou esperam os jornalistas e os oradores do Palais Royal, que criticam inclusive a Assembleia Nacional.

Um desses jornalistas, Marat, ex-médico das cavalariças do conde de Artois, depois de publicar na Inglaterra e apresentar-se como físico e filósofo, chega a escrever no jornal que acaba de lançar, *L'Ami du peuple*: "A facção dos aristocratas sempre foi dominante na Assembleia Nacional, e os deputados do povo sempre seguiram cegamente os impulsos que ela lhes dá".

Mas as violências, físicas e verbais, encontram pela primeira vez em semanas uma oposição.

As cidades organizam milícias burguesas.

Na Borgonha, a guarda burguesa intervém contra bandos de camponeses perto de Cluny. Em Mâcon, vinte saqueadores são condenados à morte.

Na Assembleia, alguns deputados denunciam a meia-voz as "canalhas", os "selvagens", os "canibais". Um deles, Salomon – deputado do Terceiro Estado de Orléans –, em nome da necessidade de pôr fim aos motins camponeses, exige uma repressão feroz contra os revoltosos.

A Assembleia encarrega seu Comitê de Constituição de propor os melhores meios de restabelecer a ordem.

Em 4 de agosto, na sessão da noite, o deputado Target, advogado, eleito do Terceiro Estado de Paris, propõe, em nome desse comitê, a votação de um decreto:

> Considerando a Assembleia Nacional, enquanto unicamente ocupada em consolidar a felicidade do povo sobre as bases de uma Constituição livre, que as perturbações e as violências que afetam diferentes províncias propagam alarme aos espíritos e atacam de maneira funesta os direitos sagrados da propriedade e da segurança das pessoas...
> A Assembleia declara que as leis antigas continuam valendo e devem ser executadas até que a autoridade da nação as tenha revogado ou modificado... Que todas as taxas e prestações devem ser pagas como antigamente, até que seja ordenado o contrário pela Assembleia.

Luís lê e relê este texto.

Ele tem a impressão de que o reino aspira ao retorno da ordem e do direito.

E também sente, neste novo período de elaboração da Constituição, de estabelecimento de novas regras e de Declaração de Direitos, desejados pelos deputados, que ele também tem um papel a desempenhar, prerrogativas a defender. E que pode ter sucesso. La Fayette e Mirabeau repetem que têm respeito pelo rei, que querem preservar sua autoridade.

Eles deixam claro, mas com discrição, que estão dispostos a dar conselhos ao rei.

Sinal de que os "patriotas" se dividem, que correntes se formam dentro da Assembleia.

Luís sabe que pode apoiar-se nos monarquistas, fiéis à tradição, como o abade Maury, ou na imprensa do abade Royou, que criara e redigia o jornal *L'Ami du roi*.

Havia também os monarquianos, Malouet e Mounier, anglômanos que desejam uma monarquia à inglesa.

Mirabeau e La Fayette gostariam de uma monarquia nova, a ser inventada, que fizesse uso da filosofia do espírito das Luzes, uma espécie de sistema americano mas presidido por um rei hereditário.

Depois, havia os deputados do Terceiro Estado, tentados pela República, aquele Robespierre que começava a intervir na Assembleia, e aqueles jornalistas, Brissot e seu jornal *Le Patriote français*, o advogado Danton, ou aquele Camille Desmoulins e seu jornal *Les Révolutions de France et de Brabant*, que com franqueza revelava suas motivações:

> A meus princípios se uniu o prazer de me colocar em meu lugar, de mostrar minha força àqueles que a tinham desprezado, de rebaixar para meu nível aqueles que a fortuna havia posicionado acima de mim. Meu lema é o dos homens honestos: não há superiores.

Estes, Luís não ignora que sejam inimigos, movidos pela ambição, pelas frustrações, pelo desejo de vingança e pela esperança de uma revolução que iria até o fim dos princípios de justiça e igualdade.

Estes, quando falam no Palais Royal, são ouvidos, porque o pão continua escasso em Paris.

É preciso "acordar de madrugada para conseguir um pedacinho". Ele vale quatro soldos a libra, e um trabalhador ganha entre trinta e quarenta soldos por dia.

Inúmeros são os desempregados, pois os estrangeiros e os privilegiados haviam deixado a cidade – duzentos mil passaportes são emitidos entre os dias 14 de julho e 10 de setembro. Não há mais emprego para aqueles que os serviam, que faziam suas roupas, joias e móveis de luxo.

Às vezes é possível arranjar algum trabalho com a picareta, mas a baixíssimos salários, em grupos de caridade.

"Vi", conta Bailly, "merceeiros, vendedores e ourives implorando para serem contratados a vinte soldos por dia."

Sapateiros, peruqueiros sem emprego, centenas de serviçais sem patrão surgem a cada dia, se reunindo na Praça Luís XV, perto do Louvre ou no Palais Royal.

Há também desertores, que chegam a Paris em bandos. Em setembro de 1789, contam-se cerca de dezesseis mil.

Esses desafortunados, esses necessitados, esses esfomeados, esses indigentes aplaudem quando Camille Desmoulins grita que é "o procurador-geral da forca" e aponta os responsáveis, aqueles aristocratas, suspeitos de organizar um complô. Se ele errar de cabeças, pouco importa!

– Estamos nas trevas – diz ele. – É bom que os cães ladrem, inclusive para os transeuntes, para que não se temam os ladrões.

Marat acrescenta:

– O governo se apodera dos grãos, para nos fazer comprar a preço de ouro um pão que nos envenena.

O Palais Royal, aos olhos deles, é a verdadeira Assembleia Nacional.

Ali a nação fora salva, nos dias 12 e 13 de julho, e não em Versalhes, onde se reúne uma Assembleia com "seiscentos deputados do clero e da nobreza".

Estes deputados, por sua vez, sabem que o povo desconfia deles e que a ordem só poderia ser restabelecida se fizessem concessões que satisfizessem os homens armados sublevados pelo Grande Medo.

Na noite de 4 para 5 de agosto, os nobres liberais – o visconde de Noailles e o duque de Aiguillon –, seguidos pelos membros do clero, pelos representantes das províncias e das cidades, abdicam de seus privilégios. Nos dias que se seguem, a Assembleia decide pela abolição do regime feudal, pela igualdade perante os impostos, pela supressão dos dízimos.

Mas a Assembleia só anula de fato as obrigações senhoriais que "aviltam o homem" – servidão, bancos diferenciados nas igrejas, brasões –, os direitos verdadeiros teriam que ser comprados...

Mas o entusiasmo impede que se perca tempo com esses detalhes, no entanto fundamentais.

Na Assembleia, "todos choravam. Todos se abraçavam. Que nação! Que glória, que honra ser francês!".

Às três horas da manhã do dia 5 de agosto, Lally-
-Tollendal exclama:

– Que a união do povo coroe a união de todas as ordens, de todas as províncias, de todos os cidadãos! Que a Assembleia proclame Luís XVI restaurador da liberdade francesa.

Os deputados repetem:

– Viva o rei! Viva Luís XVI, restaurador da liberdade francesa!

Em 10 de agosto, a Assembleia decreta, tendo em vista o restabelecimento da ordem, que as municipalidades podem solicitar exércitos. Os oficiais à frente de tropas deveriam jurar fidelidade "à nação, ao rei e à lei".

Mais adiante, em 26 de agosto, a Assembleia adota, como preâmbulo à Constituição, a Declaração dos Direitos do Homem e do Cidadão.

"O esquecimento e o desprezo aos direitos do homem são as únicas causas do infortúnio público", enuncia o preâmbulo, escrito sob a "égide do Ser supremo".

É o espírito das Luzes, o deísmo dos filósofos que aqui se expressa.

> A finalidade de toda associação política é a manutenção dos direitos naturais e imprescritíveis do homem. Esses direitos são a liberdade, a propriedade, a segurança e a resistência à opressão. [...]
> Os homens nascem e permanecem livres e iguais em direitos. As distinções sociais só podem fundamentar-se na utilidade comum. [...]
> Ninguém pode ser molestado por suas opiniões, inclusive religiosas, desde que sua manifestação não perturbe a ordem pública estabelecida pela lei.

Mirabeau se exalta. Ele lamenta que não "se profira, sem ambiguidades, a liberdade religiosa".

Outros se preocupam que não haja direito de associação, ou de reunião, de petição. Mas quase todos se entusiasmam diante das "tábuas da lei" da revolução.

A Declaração não é apenas uma arma contra a arbitrariedade do regime monárquico. Ela tem um caráter universal. Pode ser aplicada a todas as sociedades humanas.

Barnave aplaude e declara:

– A Declaração dos Direitos do Homem e do Cidadão é nosso catecismo nacional.

Luís seguira dia após dia a elaboração e a votação dos decretos de 4 de agosto e da Declaração dos Direitos. Restava ser elaborada a Constituição. Mas, antes, ele poderia aprovar ou recusar os decretos de 4 de agosto.

Ele sabe por alguns deputados que os Monarquianos – Mounier, Lally-Tollendal, Malouet – e os patriotas – o triunvirato Barnave, Lameth e Duport – haviam se reunido, por iniciativa de La Fayette, com o embaixador americano Jefferson para uma tentativa de conciliação.

Os Monarquianos estimam que a Assembleia lhes é favorável, que podem impor, na Constituição, uma segunda câmara cheia de senadores vitalícios e conceder ao rei um direito de veto sobre as leis.

Esquecem dos "patriotas do Café de Foy", a "assembleia" do Palais Royal, que ameaçam marchar até Versalhes se for concedido ao rei um direito de veto.

Os deputados discutem, usam de subterfúgios. Separam-se em "direita" e "esquerda", a favor e contra o veto.

O rei, habilmente, diz que só publicaria os decretos de 4 de agosto "se lhe fosse concedido um direito de veto, mesmo que suspensivo, por um período de duas legislaturas". E a publicação não equivale à aceitação do rei!

O acordo é feito em 22 de setembro.

"O governo é monárquico; o poder executivo é delegado ao rei para ser exercido sob sua autoridade por ministros."

Ele dispõe de um direito de veto suspensivo.

O artigo 1º da Constituição afirma: "O governo francês é monárquico. Não existe na França autoridade superior à lei; o rei só reina através dela, e somente em virtude das leis pode exigir obediência".

Mas em Troyes, em 9 de setembro, o prefeito é morto pelo povo, acusado de ser um atravessador de grãos. Mas no dia 12, em Orléans, dez mil desempregados se reúnem, devastam a prefeitura, e o motim dura quatro dias, fazendo oitenta mortos.

Mas Robespierre escreve: "O veto real é um monstro inconcebível em moral e em política".

Mas o livreiro Ruault, membro da Guarda Nacional, constata:

> Hoje há grande estardalhaço sobre o veto... Os trabalhadores, os carregadores, dizem pelas esquinas que o rei não deve ter veto algum. É preciso testemunhar tudo o que é feito e tudo o que é dito aqui, entre o povinho, para ver como é fácil colocá-lo em movimento com palavras que ele não entende ou que entende à sua maneira, e levá-lo às mais cruéis e criminosas ações. Se o veto fosse recusado ao rei, não passaria do cavalo de Calígula ou da bota de Carlos XII.* Estaríamos entregues ao despotismo de oito a novecentos democratas, mil vezes mais perigoso que um único déspota com seus três ou quatro ministros...

– Sem classes que nos dividam, somos todos irmãos – proclama, no entanto, em seu sermão em Notre Dame, o abade Fauchet, abençoando as bandeiras da Guarda Nacional parisiense.

---

* O imperador romano Calígula teria nomeado seu cavalo preferido para o Senado, e Carlos XII, rei sueco, teria enviado uma carta ao Senado dizendo que mandaria em seu lugar uma bota para governar. (N.T.)

Era 27 de setembro.

Mas Luís, na manhã do dia 5 de agosto, algumas horas depois de a Assembleia Nacional o proclamar "restaurador da liberdade francesa" e de o clero e a nobreza renunciarem a seus privilégios, escreve ao arcebispo de Arles:

> Jamais consentirei no despojamento de meu clero, de minha nobreza... Não darei minha sanção a decretos que os despojem; o povo francês poderá me acusar de injustiça e de fraqueza. Monsieur arcebispo, vós vos submeteis aos decretos da Providência; penso submeter-me também ao não me entregar a este entusiasmo que se apodera de todas as ordens mas que não afeta minha alma.

19.

Luís, nesses últimos dias de setembro de 1789, caça. Suas longas cavalgadas pelas florestas de quentes cores outonais o tranquilizam.

Sente-se vigoroso. Ele esporeia, puxa as rédeas, empina a montaria. Persegue javalis e cervos. Abate-os com mão firme.

Ao crepúsculo, num passo lento, passa entre os animais alinhados lado a lado sobre a grama úmida.

Há dezenas deles. Ele para diante dos mais robustos, que às vezes enfrentava de faca na mão, como sempre o fizera.

Por um instante parece-lhe que nada mudara, que nada mudaria, que nada devia mudar.

Ele escrevera ao arcebispo de Arles há dois meses: os acontecimentos não tinham afetado sua alma.

Ele continua sendo o rei, decidido a enfiar a cabeça entre os ombros quando a tempestade começasse, mas a não ceder em nada; apenas na aparência.

Além disso, a Providência é a grande autoridade, e de nada serve querer escapar a suas leis.

Ele volta para o castelo.

O regimento de Flandres, fiel, chegara a Versalhes em 23 de setembro. Mas não diminui a angústia que em alguns momentos o sufoca.

Quem sabe, como ele esperava há várias semanas, as coisas não voltariam à ordem?

Necker conseguira fazer com que fosse aceita uma contribuição extraordinária, patriótica, que representaria um quarto do rendimento e do capital de cada cidadão, e é um discurso de Mirabeau que, em 26 de setembro, convence a Assembleia a votar o novo imposto.

Luís precisa reconhecer o talento daquele tribuno, de quem desconfiava – e mais ainda Maria Antonieta.

Mas o povo ama Mirabeau, chama-o de "nossa boa mãezinha", e os deputados tremem quando Mirabeau evoca "a hedionda bancarrota, que ameaça consumir a vós, vossas propriedades, vossa honra... Cuidado ao pedir tempo, a desgraça jamais o concede...".

A Assembleia se levantara e votara o decreto criando o imposto por unanimidade.

Talvez seja possível escapar do sorvedouro das finanças reais, causa de todos os males há dois séculos, dissera Mirabeau.

Mas pode Luís confiar naquele homem que estaria a serviço e seria pago pelo duque de Orléans, ou por Monsieur, o conde de Provença?

Ele não cessa, no entanto, de propor planos a Luís para salvar a monarquia. Seu intermediário é o conde de La Marck, grande senhor e grande proprietário de terras na Flandres francesa e austríaca, partidário da revolução que sacode Bruxelas e deputado da nobreza nos Estados-Gerais.

Luís o recebe. Mirabeau pressiona, não hesitando em dizer neste final de setembro:

– Sim, tudo está perdido, o rei e a rainha perecerão, e o senhor verá o populacho espancar seus cadáveres.

Luís volta a ficar taciturno. A alegria da caça se dissipa.

Várias conjurações são tramadas contra ele. A do duque de Orléans, a do conde de Provença, e a de La Fayette, promovido a general da Guarda Nacional, *Gilles César*, como o chama Mirabeau.

Mirabeau que sem dúvida aspira substituir Necker. La Fayette, por sua vez, gostaria de tornar-se tenente-geral do reino, com o trono entregue ao delfim, uma criança de quatro anos. Luís se pergunta se o conde de Provença, seu próprio irmão, também não teria as mesmas ambições!

É por isso que Luís hesita toda vez que o convidam a deixar Versalhes – a *fugir*, para usar a palavra certa –, a ir para

Metz ou Rouen. Aproveitariam sua partida, que ele considera um abandono de seus deveres, de seu povo, para anunciar sua deposição em benefício do delfim e de um tenente-geral.

Mas toda vez Luís fica tentado a ceder, a responder ao desejo da rainha e partir. Ela quer convencê-lo a fugir, mas ficará a seu lado, se ele continuar na França.

No entanto, em 25 de setembro, ela se encontra com Axel Fersen, instalado em Versalhes, que gostaria que Maria Antonieta escapasse àquela ralé, àqueles "*enragés* do Palais Royal" que a odiavam.

Mas Luís tem fé. Maria Antonieta os enfrentaria como ele. Nessa quinta-feira, 1º de outubro de 1789, Luís se sente satisfeito. Matara dois cervos nas florestas de Meudon. Nessa noite, os oficiais de sua guarda pessoal convidam os oficiais do regimento de Flandres para jantar, e o banquete tem 210 convivas e ocorre na sala de ópera do castelo.

Quando o rei, a rainha e o delfim aparecem em sua galeria da Ópera, são aclamados.

A rainha carrega o delfim nos braços e, acompanhada pelo rei, caminha em volta de toda a comprida mesa em semicírculo.

Todos repetem:

– Viva o rei! Viva a rainha! Viva o delfim!

Cantam:

Ó, Ricardo! Ó meu rei, o universo te abandona!*

Mais tarde, os oficiais escalam a galeria real. Depois, quando a família real se retira, os oficiais se reúnem na Cour de Marbre, ao pé dos apartamentos reais. Dois ou três sobem até o balcão dourado.

– É assim, Sire, que partimos ao assalto, nos devotamos apenas a vosso serviço – dizem eles.

---

* Ária da ópera *Ricardo Coração de Leão*, do compositor André Grétry (1741-1813), e libreto de Michel-Jean Sedaine (1719-1793), sobre o cativeiro do rei Ricardo I da Inglaterra, que se torna uma canção de exaltação à realeza durante a Revolução. (N.T.)

Um oficial grita:

– Abaixo as insígnias coloridas, que todos usem a preta, a certa!

Trata-se da insígnia austríaca. A rainha parece encantada.

No sábado, 3 de outubro, os oficiais da Guarda Nacional recusam o convite feito pelos oficiais do regimento de Flandres. No domingo, dia 4, as damas da Corte distribuem insígnias brancas:

– Guarde-a bem, é a única boa, a vitoriosa.

Àqueles que a aceitam oferecem a mão para ser beijada. Os Guardas Nacionais recusam a oferta.

A rainha está feliz, com o olhar cheio de desafio.

Luís se cala.

Como Maria Antonieta e as damas da Corte, como todos os presentes naquele banquete, ele se sentira levado pelo entusiasmo, pelo ardor dos oficiais, pela embriaguez deles, mas quando vira alguns oficiais da guarda pessoal e do regimento de Flandres arrancarem as insígnias tricolores e pisarem em cima delas, gritando "Aos diabos a Assembleia", ele voltara a si.

Tivera a certeza de que o destino inexoravelmente voltaria mais uma vez a levá-los todos à perdição. E que só lhe restava continuar fiel a seu juramento sagrado de soberano, escolhido por Deus.

Deus decidiria.

E Luís se cala.

Ele não fica surpreso quando, no sábado 3 de outubro, e depois no domingo, dia 4, recebe relatórios de que a tempestade começara no Palais Royal, no distrito parisiense dos Cordeliers* e no Faubourg Saint-Antoine, em resposta aos desafios lançados no banquete.

---

* Região onde ficava o antigo Convento dos Cordeliers (como eram chamados os franciscanos, por usarem uma corda na cintura), onde se reuniria o Clube dos Cordeliers. (N.T.)

As reuniões são permanentes. Um jovem advogado, Danton, dos *cordeliers*, quer que se vote que todo o cidadão, sob pena de ser acusado de traição à pátria, deve usar a insígnia tricolor.

Ele afirma que "a pátria está na mais profunda crise" e que Paris passa fome, que a Corte prepara a fuga do rei, que o monarca se recusa a sancionar os decretos de 4 de agosto, a Constituição e a Declaração dos Direitos do Homem e do Cidadão.

O jornal de Loustalot, *Les Révolutions de Paris*, o de Desmoulins, *Les Révolutions de France et de Brabant*, e sobretudo o *L'Ami du peuple*, de Marat, "que faz tanto barulho quanto as trombetas do julgamento final", pedem uma represália.

É preciso avançar até Versalhes, exigir do rei a aprovação dos decretos, da Constituição, da Declaração dos Direitos do Homem e do Cidadão.

É preciso desarmar o regimento de Flandres, a guarda pessoal do rei, obrigar a família real a viver sob a vigilância do povo de Paris.

"Todos os cidadãos devem se unir em armas", escreve Marat. "Ó, franceses! Povo livre e frívolo, não pressentis jamais as desgraças que vos ameaçam? Dormireis sempre na beira do abismo?"

"Cortemos o mal pela raiz!", diz ainda Marat.

"É preciso", especifica Loustalot, "uma segunda manifestação de revolução."

Diz-se que dinheiro será distribuído para atiçar a revolta e organizar uma manifestação de mulheres que caminhariam até Versalhes exigindo pão, coisa que já acontecera em tempos passados, em 1775, durante a Guerra das Farinhas.

Prostitutas são enviadas para "trabalhar" em Versalhes com os soldados do regimento de Flandres.

Sem precisarem ser convocadas, as mulheres se agrupam.

Elas querem pão. Ficam indignadas com os banquetes oferecidos por aquela austríaca de insígnia preta, aquela desavergonhada que a ostentara.

A essas zeladoras, costureiras, vendedoras de peixes, essas mulheres sem sapatos ou bem-vestidas, também revoltadas, se juntam mendigas, vagabundas, prostitutas e, dizem, também homens vestidos de mulher, que são os que mais alto gritam:

– Pão! Para Versalhes!

Maillard, um dos "vencedores da Bastilha", é quem bate o tambor. Todos se põem em marcha, e pouco importa que esteja chovendo.

Tentam convencer, depois de horas de conversa, o reticente general La Fayette.

Dizem que é preciso trazer para Paris "todo o sagrado aparato".

O alarme soa. La Fayette é pressionado, "mais morto que vivo", a escolher "Versalhes ou a forca".

Ele finalmente se põe a caminho, com quinze mil membros da Guarda Nacional, seguidos por quinze mil voluntários armados de fuzis e sobretudo de lanças.

Chove na estrada, mas na segunda-feira, 5 de outubro de 1789, no fim da tarde, essas mulheres, esses voluntários, esses guardas nacionais se aproximam de Versalhes.

Luís está caçando para os lados de Châtillon.

Chove a cântaros, mas ele abate, uma a uma, oitenta presas. Um cavaleiro surge, enlameado, exausto, e anuncia que o povo de Paris avança para Versalhes.

É preciso interromper a caça, voltar ao castelo, escrever em seu diário: "Segunda-feira, 5 de outubro: interrompido pelos acontecimentos".

É o destino que avança, arrasta tudo consigo.

Luís não quisera fugir. Recusara-se a aceitar os decretos.

Ele lera o discurso do jovem deputado Maximilien Robespierre, que, na tribuna da Assembleia, declarara:

– A resposta do rei é contrária aos direitos da nação. Não cabe ao rei censurar a Constituição que a nação quer atribuir-se. É preciso, portanto, rasgar o véu religioso com que tentastes cobrir os primeiros direitos da nação.

As mulheres de Paris, encharcadas, com as saias pesadas de lama, chegam e entram à força na Assembleia, gritando, interrompendo os oradores e atacando:

– Abaixo as tonsuras!

Querem ouvir Mirabeau, "nossa boa mãezinha".

Elas gritam:

– Chega de palavras! Pão!

Elas urram:

– Vejam como somos maltratadas, somos como diabos, mas a maldita pagará caro. Ela será levada para Paris, viva ou morta.

O rei receberá uma deputação formada por membros da Assembleia e algumas mulheres parisienses.

Uma das mulheres – ela tinha dezessete anos – que deviam falar com o soberano desmaia. O rei lhe dá de beber. É bondoso. As mulheres saem de lá cativadas.

Os demais gritam para elas:

– Espertas, venderam-se à Corte, receberam 25 luíses. Para a forca!

A Guarda Real as protege da fúria de suas companheiras. Elas se encontram mais uma vez com o rei, que promete por escrito mandar vir trigo de Senlis e de Noyon, depois partem ao lado de Maillard nos veículos que o rei lhes fornece. Mas aquelas eram apenas algumas: as demais continuam a cercar o castelo; a multidão só se acalma aos poucos, com a chegada da Guarda Nacional, dos voluntários e de La Fayette. O general se apresenta ao rei. Os cortesãos o insultam, o chamam de Cromwell, mas La Fayette afirma ao rei sua fidelidade, garante a proteção dos guardas nacionais.

É preciso, diz ele, e o presidente da Assembleia, Mounier, insiste na mesma coisa, sancionar os decretos para acalmar o povo de Paris. O rei, lágrimas aos olhos, escreve: "Aceito sem condições ou reservas os artigos da Constituição e a Declaração de Direitos".

Lá fora, as mulheres gritam, uma diz querer as coxas de Maria Antonieta, outra suas tripas.

Dançam, cantam:

– Forçamos o danado a sancionar.

Elas exigem pão. Este lhes é servido com vinho. Então o cansaço, a embriaguez, a primeira vitória e a chegada dos guardas nacionais parecem trazer a calma.

Em torno do rei, conheceram-se momentos de pânico, discutiram-se planos de fuga. Mas Luís recusou-os, murmurando que não podia ser um "rei fugitivo". E repetiu, como que atropelado pelo destino, balançando a cabeça:

– Um rei fugitivo, um rei fugitivo.

Ele não pode. Ele não quer.

Ele está esgotado. Com o retorno do silêncio ao redor do castelo, Luís diz que todos podem ir descansar. E vai deitar.

Em Versalhes, La Fayette, tranquilizado, faz o mesmo.

Mas às seis horas da manhã, os tambores do povo acordam as mulheres. Elas se reúnem na praça em frente ao castelo, acompanhadas por homens armados. Depois a multidão se divide em colunas e insulta a guarda pessoal do rei. As grades estão fechadas, mas de repente uma dessas colunas encontra as grades da capela abertas, sem guarda.

A multidão aproveita a abertura.

Corre pelas escadas, quebra portas, mata membros da guarda pessoal do rei, avança pelos corredores, saqueia, procura e encontra os aposentos da rainha.

– Queremos cortar sua cabeça, arrancar seu coração, despedaçar seu fígado, e não pararemos aí.

– Salvem a rainha – grita um guarda abatido a golpes de cajado, largado para morrer.

A rainha, acordada, foge assustada com os filhos.

O rei procura, por fim a encontra.

Eles se abraçam. Ouvem gritarias, urros como os de cachorros perseguindo a caça ferida. Eles são as presas pela primeira vez em suas vidas.

– Meus amigos, meus queridos amigos, salvem-me – repete a rainha.

Os guardas lutam, são desarmados. Machados são erguidos sobre suas cabeças, mas granadeiros das guardas francesas os arrancam das mãos das mulheres, dos homens selvagens.

Rumores se espalham: "O duque de Orléans, de fraque cinza, chapéu redondo, bengala na mão, passeia alegre no meio dos grupos que ocupam a Place d'Armes e o pátio do castelo".

Quem o vira? Ouvem-se gritos de:

– Nosso pai está conosco, viva o duque de Orléans!

Dois membros da guarda pessoal são jogados no chão. Suas cabeças são cortadas, todos mergulham suas mãos no sangue das vítimas, depois as cabeças são colocadas na ponta de lanças.

La Fayette é acordado, chega correndo. Ouvem-se os gritos da multidão:

– Para Paris, para Paris.

É preciso ceder ao povo, diz ele, aceitar ir para Paris e lá ficar.

Os guardas nacionais confraternizam com os guardas do rei, protegem-nos.

O rei surge na sacada, depois a rainha com seus filhos, e a multidão grita:

– Sem filhos.

Um homem aponta a arma para a rainha, mas não atira.

Os insultos são abundantes. Ela entra, reaparece com La Fayette. A multidão se acalma.

O rei promete:

– Meus amigos, irei a Paris com minha mulher e meus filhos.

Todos gritam "Viva o rei!", "Viva o general!" e inclusive "Viva a rainha!".

Os deputados decidem que a Assembleia seguirá o rei até Paris.

A uma hora dessa terça-feira, 6 de outubro de 1789, o cortejo de mais de trinta mil homens e mulheres parte na direção de Paris.

Os guardas nacionais, cada um levando um pão na ponta de sua baioneta, encabeçam a marcha, na frente de charretes de trigo e farinha cercadas de mulheres e homens do povo.

Lanças e varas de choupo são brandidas. Depois vêm as mulheres montadas nos cavalos dos guardas nacionais, a Guarda Real desarmada cercada pela Guarda Nacional e, por fim, o regimento de Flandres, os suíços.

Depois o rei, a rainha, o delfim, a filha deles, Madame Real, a irmã mais nova de Luís XVI, Madame Elizabeth, e a governanta, Madame de Tourzel.

E cem deputados da Assembleia, a multidão e a Guarda Nacional.

Chove e todos chapinham a lama que respinga para todos os lados.

Cantam:

> Trazemos o padeiro, a padeira e o pequeno ajudante de padaria.

Algumas mulheres se aproximam da carruagem real, querem ver "a maldita caixa" e sobretudo "a maldita amante", a rainha que era "a causa de todos os males que sofremos" e que "deveria ser esquartejada", que prometem "degolar e fazer insígnias de suas entranhas".

Agora que irá a Paris, será impedida de fazer o mal. Que ela olhe bem para aquelas cabeças cortadas, de dois guardas reais, brandidas na ponta de lanças como insígnias.

As cabeças são aproximadas da carruagem. Todos riem.

Para-se em uma loja de perucas em Sèvres para que sejam empoadas e frisadas.

A família real se instala nas Tulherias. A Assembleia se reúne no prédio do Manège*, bem perto dali.

---

* Manège: casarão construído ao longo do Jardim das Tulherias que abrigava uma grande sala de equitação, a Sala do Manège. (N.T.)

No dia 10 de outubro, ela decreta que Luís XVI não será mais chamado de "rei da França e de Navarra", mas "pela graça de Deus e pela lei constitucional do Estado, rei dos franceses".

Um deputado do Terceiro Estado de Paris, o doutor Guillotin, propõe uma nova maneira de execução da pena capital, uma máquina eficaz, que cortaria o pescoço dos condenados segundo o princípio de igualdade.

Luís sofre com a dupla sensação de não poder interromper a marcha inexorável em direção ao abismo, e a certeza de que não faltaria a seus princípios sagrados.

É seu destino parecer submeter-se, estar sob coação mas, no fundo, permanecer imutável. E ignorar o medo, inclusive quando cede à angústia. Ele observa os acontecimentos como se fosse apenas um joguete, e não um ator.

Ele fica sabendo que mais de cem deputados pedem demissão.

E lê, nas palavras de Mallet du Pan, que "é com armas na mão que a opinião pública dita hoje seus decretos. *Crer ou morrer*, este é o anátema pronunciado pelos espíritos inflamados, em nome da liberdade. A moderação se tornou um crime".

Ele recebe o conde de La Marck, que propõe, em nome de Mirabeau, um projeto de fuga para Rouen, pois "Paris logo se tornará um hospício, sem dúvida, e talvez um teatro de horrores".

Mirabeau quer convencer "o rei e a rainha de que a França e eles estarão perdidos se a família real não sair de Paris".

– Encarrego-me do plano para fazê-los sair – acrescenta Mirabeau.

Mas Luís não quer ser "um rei fugitivo".
Ele partilha do sentimento do deputado Malouet:
– A revolução, desde 5 de outubro, causa horror a todas as pessoas sensatas de todos os partidos, mas está consumada, é irresistível.

Portanto, como se opor a ela?

Luís sabe que alguns o acusam de não se defender. Ele aceita este julgamento severo.

Ele conhece o de Mirabeau, que o descreve "indeciso e fraco. Para além de tudo o que se possa dizer, seu caráter parece com bolas de marfim cobertas de óleo que em vão nos esforçamos para manter unidas".

Estes, que o julgam, ignoram o que ele sente.

O horror, quando ficou sabendo que os revoltosos que penetraram no quarto da rainha se precipitaram para sua cama "rasgando os lençóis a golpes de espada" e, acrescenta uma testemunha, "que alguns urinaram em cima dela, e outros fizeram coisas piores ainda".

Semelhante manifestação de ódio angustia Luís, mas aqueles que o julgam se fiam somente nas aparências. Ignoram que ele não é homem de se curvar.

Em 12 de outubro, ele confia ao abade de Fontbrune uma carta para o rei da Espanha.

Nela escrevera:

> Devo a mim mesmo, devo a meus filhos, devo à minha família e a toda minha casa não permitir que aviltem, entre minhas mãos, a dignidade real que uma longa sequência de séculos confirmou dentro de minha dinastia...
> Escolhi Vossa Majestade, enquanto chefe do segundo ramo, para depositar em vossas mãos o protesto solene que faço contra todos os atos contrários à autoridade real, que me foram arrancados à força desde o dia 15 de julho deste ano e, ao mesmo tempo, para cumprir as promessas que fiz em minhas declarações de 23 de junho precedente.

Deus e os homens, o que quer que aconteça, um dia entenderiam seu protesto, sua resistência.

QUARTA PARTE

Outubro de 1789-30 de setembro de 1791
"Capeto maldito!"

"Sire, não penseis enganar os patriotas perspicazes.
Vós só podeis ser, a seus olhos, o que os déspotas são. A
tolice dos reis é se crerem seres de natureza superior a dos
demais homens, tendo inclusive a loucura de
afirmar que o céu os criou para comandar..."

JEAN-PAUL MARAT
L'Ami du peuple, dezembro de 1790

20.

Luís, nessas últimas semanas do mês de outubro de 1789, percorre o palácio das Tulherias, onde fora obrigado a morar. Ele sai, dá alguns passos nos terraços acima dos jardins.

Maria Antonieta e o delfim já estão lá.

As mulheres, os guardas nacionais, os artesãos, todo o povo ávido e curioso reclama por eles. Povo que grita e exclama, insulta. As mulheres pedem à rainha que lhes dê as fitas e flores de seu chapéu. A rainha obedece.

Todos os dias é a mesma coisa.

O povo não se cansa. Ele quer ver, vigiar, interpelar, ameaçar, aclamar também. E Luís tem a sensação de que aquele palácio é como um navio encalhado, destroços em torno dos quais os náufragos vêm rondar.

Os guardas reais são substituídos por guardas nacionais. Luís não teme por sua pessoa, mas pela rainha e pelo delfim.

Ele vira o filho se escondendo nos braços da mãe. Ouvira-o dizer:

– É muito ruim aqui, mamãe.

E Maria Antonieta respondera:

– Luís XIV vivia bem, aqui.

Mas o Grande Rei quisera escapar de Paris e da Fronda, afastar-se da multidão, e construíra Versalhes.

Marat, no *L'Ami du peuple*, medira bem a revolução dentro da Revolução, representada pelo retorno do rei a Paris e a instalação da Assembleia Nacional na Sala do Manège do palácio. Ele escrevera: "É uma festa para os parisienses finalmente possuir seu rei".

"Possuir", palavra que parece uma coleira, uma corrente: o rei se torna súdito de seus súditos, que se recusam a continuar sendo súditos.

Estão ali, em volta do palácio, prestes a pilhar seus destroços.

Enchem as tribunas da sala de sessões da Assembleia. Intervêm nas discussões. Diz-se que inclusive "bandos contratados" são pagos e doutrinados nos cafés do Palais Royal, para impedir o voto desta ou daquela moção, aplaudir determinado orador.

Essas centenas de homens e mulheres, portanto, impõem sua lei aos deputados reunidos na Sala do Manège.

"Os deputados estão no Manège", zombam alguns, "mas os cavalariços estão no Palais Royal".*

Nas tribunas, há oposição e protestos quando a Assembleia tenta condenar os atos de violência.

Carruagens de grãos ainda são pilhadas, em 20 de outubro, no Faubourg Saint-Antoine, e um motim estoura em Senlis, fazendo 24 mortos.

Brissot relata no *Le Patriote français*: "Ainda ocorre o deplorável espetáculo de padeiros assediados por uma quantidade considerável de pessoas".

Em 21 de outubro, um padeiro do bairro de Notre Dame, François, que todos os dias assa mais de seis fornadas, é acusado de estar escondendo pão, de preparar pãezinhos frescos para os deputados. A multidão o arranca dos guardas nacionais, que tentam protegê-lo.

Uma mulher grita para o procurador do Hôtel de Ville:

– O senhor sempre some com nossos inimigos, mas sua cabeça responde pela dele.

François é arrastado. Enforcado, num poste, na Place de Grève, sua cabeça é cortada e passeada pelas ruas na ponta de uma lança.

Bailly, em nome da Comuna de Paris, obtém da Assembleia a votação de uma lei marcial que permitisse dispersar as aglomerações.

---

* Jogo de palavras sobre a inversão de posições, possível em francês visto que *manège* significa "equitação". (N.T.)

Bandeiras vermelhas seriam colocadas em todas as ruas e cruzamentos. Uma seria suspensa na principal janela do Hôtel de Ville. "A este sinal, todas as aglomerações, com ou sem armas, se tornam criminosas e devem ser dispersas pela força."

Robespierre intervém para se opor a esta lei.

– Quando o povo está morrendo de fome, ele se aglomera – diz ele. – É preciso, portanto, chegar à causa dos motins para apaziguá-los.

Ele fala de um complô para esfomear Paris. Condena a lei marcial, que pode sufocar a liberdade.

Marat se enfurece:

– Insensatos – exclama ele –, vocês pensam que um pedaço de pano vermelho é que os protegerá dos efeitos da indignação pública?

Neste número de 10 e 11 de novembro de 1789 do *L'Ami du peuple*, Marat justifica a revolta, a violência, as mortes que elas provocam:

> Existe comparação a ser feita entre um pequeno número de vítimas que o povo imola pela justiça, numa insurreição, e a multidão inumerável de súditos que um déspota reduz à miséria ou que sacrifica à revelia?... O que são algumas gotas de sangue que a população derrama na atual revolução para recuperar sua liberdade [...] ao lado das torrentes que a culpada ambição de Luís XIV espalhou?

E acrescenta: "A filosofia preparou, comentou, favoreceu a atual revolução, isso é incontestável. Mas escritos não bastam. É preciso ações. Por isso, é aos motins que devemos tudo..."

Ele zomba dos "corações sensíveis que veem apenas o infortúnio de alguns indivíduos, vítimas de um motim passageiro" e que esquecem "da multidão oprimida, massacrada por séculos a fio".

Ele quer "derramar água-forte nas feridas", "a fim de despertar o povo contra aqueles que lhe dão ópio".

A lei marcial só podia ter sido proposta por "um inimigo do bem público".

Essa apologia do motim choca, escandaliza, preocupa Bailly, alguns distritos da Comuna de Paris.

Bailly manda confiscar as prensas onde são impressos os exemplares do *L'Ami du peuple*. O próprio Marat é preso, mas solto quase que imediatamente por intervenção de La Fayette.

As oposições políticas estão exacerbadas, e as ambições de uns e outros avivadas, pois todos compreendem que entraram num novo período. É preciso organizar o novo regime – não mais contentar-se com a Declaração dos Direitos do Homem – e organizar os artigos principais de uma Constituição.

A cada questão evocada pela Assembleia, as opiniões dos deputados divergem.

Mirabeau é temido. Sabe-se que ele se encontrara com La Fayette. Que ele gostaria de ser ministro, de aconselhar o rei, a rainha, ou tornar-se o mentor de Monsieur, conde de Provença, irmão do rei.

A Assembleia vota uma disposição segundo a qual um deputado não pode ser ministro, para afastar Mirabeau!

Maria Antonieta diz, altiva, ao conde de La Marck, que lhe propõe mais uma vez um "plano" de Mirabeau para salvar a família real com uma fuga:

– Nunca ficaremos mais infelizes do que agora, penso, pois chegamos ao penoso extremo de ter que recorrer a Mirabeau!

Há mais debates quando a Assembleia decide que só poderão votar os *cidadãos ativos* que pagam uma contribuição direta e têm mais de 25 anos, e que não são serviçais... Quanto aos demais, os *passivos*, estariam excluídos das votações.

– De verdadeiros cidadãos, com certeza, só há os proprietários – diz um constituinte.

O sufrágio será realizado a diversos graus e só poderão ser eleitos para a Assembleia aqueles que pagam uma contribuição equivalente a um marco em dinheiro.

Robespierre reage:

— Isso é o mesmo que declarar que o homem que tem cem mil libras de renda é cem mil vezes mais cidadão do que o homem que não tem nada!

Ele é acusado de suscitar a desordem, e inclusive de ser, afirma a imprensa realista – *L'Ami du roi, Les Actes des apôtres* –, sobrinho do... regicida Damiens*!

Mais oposições quando da votação sobre a proposta do bispo de Autun, Talleyrand, sobre a colocação à disposição da nação dos bens do clero – ficando o Estado encarregado do salário de seus membros: novas rupturas no país.

O alto clero resiste, recusa que a Igreja seja desapossada de seus bens.

"Veneráveis agricultores", escreve o bispo de Tréguier, "se hoje forem invadidas as propriedades das primeiras ordens do Estado, quem garantirá as vossas no futuro?"

Mas o Estado precisa de dinheiro: os bens da Igreja tornados *bens nacionais* servem para sustentar os *assignats* – títulos do Tesouro – com os quais o Estado pagaria suas dívidas.

O reino, portanto, é transformado de alto a baixo em poucos meses.

Os parlamentos e as províncias desaparecem. São criados departamentos, administrados por um Conselho Geral eleito. Da mesma forma, cada cidade, burgo, paróquia ou comunidade que tivesse quarenta mil habitantes teria uma municipalidade.

Luís tem a impressão de que o chão de seu reino cede sob seus pés.

Uma nação surge; diferente, violenta, rebelde, entusiasta também, constituída por múltiplas assembleias que debatem, discutem, contestam, se reúnem. A lei marcial não mudara nada.

Ele observa, escuta. Recolhe-se dentro de si mesmo diante das transformações, desorientado, como se toda uma paisagem de séculos estivesse se mexendo.

---

* Responsável por um atentado a Luís XV. Ver capítulo 2. (N.T.)

Ele prefere se calar, mudo aos que o interrogam esperando respostas que ele não sabe, não quer, não pode dar.

— Quando falamos de trabalho àquele ser inerte — diz um de seus ministros —, é como se lhe falássemos de coisas relativas ao imperador da China.

O que está acontecendo de fato lhe parece estranho, incompreensível e — daí sua angústia — inelutável.

Quem são, o que pensam os deputados que se reúnem na Rue Saint-Honoré, não muito longe das Tulherias, no antigo Convento dos Jacobinos*? Eles se intitulam Sociedade dos Amigos da Constituição, são logo chamados de Clube dos Jacobinos e têm inúmeras filiais nas províncias. Lá podem ser encontrados tanto Sieyès quanto Mirabeau, La Fayette, Barnave e Robespierre. Este último, em 31 de março de 1791, será eleito seu presidente.

Mas também existe, no Quartier des Écoles, na Place du Théâtre-Français, em torno do advogado Danton, o Clube dos Cordeliers.

Luís tem a sensação de que nesta nova "maquinaria", nem ele nem seus partidários têm lugar.

Ele é informado que, na Assembleia, os monarquistas "não ouvem, dão risadas, falam alto", intervêm pouco e mal, se preocupam com as ameaças que lhes são lançadas das tribunas.

— Recomendaremos vocês a seus departamentos — gritam-lhes.

A crítica é a seus castelos e propriedades.

O americano Morris escreve sobre esses "aristocratas": "Eles saem da sala, quando o presidente formula a questão, e convidam os deputados de seu partido a segui-los, ou gritam-lhes para não deliberarem. Com este abandono, os clubistas, tornados maioria, decretam tudo o que querem".

"Impossível", confidencia Mounier, que fora eleito presidente da Assembleia antes de voltar para o Dauphiné e

---

* Os jacobinos eram religiosos da ordem de São Domingos. (N.T.)

depois emigrar, "para esses deputados da nobreza e do clero, atrasar o horário das refeições".

Eles deixam a Assembleia por volta das cinco horas, e os deputados "patriotas" fazem passar "à luz de velas" as moções que querem, com certeza de ser maioria.

Luís não sabe como agir. Tudo muda tão rápido! Ele não se fia em ninguém. Confia apenas na rainha, de quem observa o amor aos dois filhos, o apego que lhe manifesta, a resolução que demonstra.

"Quando ela fala com ele", conta o general Besenval, "nos olhos e na atitude do rei manifesta-se uma ação, uma solicitude que raramente a amante mais querida desperta."

Em quem mais ele poderia confiar?

Seu irmão, o conde de Artois, emigrara para Turim, e reunia a sua volta os nobres que queriam destruir o novo regime e restabelecer a monarquia em todos os seus direitos sagrados.

Seu primo, o duque de Orléans, também emigrara, mas para Londres, de onde dirigia sua política e continuava a manter laços com La Fayette. Quanto ao conde de Provença, Luís sabe que seu irmão é devorado pela ambição.

O conde de Provença conspira, financia um de seus próximos, o marquês de Favras, que recruta guardas nacionais, pagando-os para assassinar La Fayette, Bailly e Necker, na noite de Natal de 1789.

Favras é desmascarado e preso, mas o conde de Provença consegue, apresentando-se ao Hôtel de Ville, desviar as suspeitas sobre si.

Mirabeau o aconselhara, mas também se desapontara. O conde é de uma prudência covarde, egoísta, preocupado não com a monarquia ou o reino, mas com seu destino pessoal.

"A rainha o adula e o ilude", conta Mirabeau. "Ela o trata como uma pequena pomba que gostamos de acariciar através das grades de uma gaiola, mas que não deixamos sair, e ele se deixa tratar assim."

O conde abandona o marquês de Favras que, condenado à morte, não revelaria nenhum segredo.

Favras será conduzido a Notre Dame para se retratar. Será recebido, na Place de Grève, com insultos e gritos. Quando lhe passam a corda no pescoço, a multidão exulta:

– Pule, marquês!

A prisão e a execução de Favras, por crime de "lesa-nação", justificam as inquietudes e suspeitas.

Os jornais monarquistas, *L'Ami du roi*, *Les Actes des apôtres*, o talento de um de seus jornalistas, Rivarol, a violência de suas palavras exasperam os "patriotas".

"Os aristocratas não parecem muito abatidos, como depois do 14 de julho; é de acreditar que tramam mais alguma infâmia", escreve Madame Roland, esposa patriota de um inspetor-geral de comércio e manufaturas, que mantém um salão patriótico.

Um *fermier général* é preso, Augeard, amigo da rainha, acusado de preparar a fuga do rei para Metz. Há escândalo com sua absolvição e a do general Besenval.

Nas províncias, são mencionados agrupamentos de "aristocratas", protestos dos membros dos parlamentos, do alto clero.

"A guerra civil está dentro das cabeças. Deus queira que não vá mais longe", escreve o livreiro Ruault.

A miséria e o medo da fome continuam abatendo o "baixo povo", os cidadãos passivos que formam sessenta por cento da população masculina das cidades, e que delas são excluídos, com o sentimento de não passarem de "máquinas de trabalho", como os qualifica Sieyès.

Há choques, no exército e na marinha, entre os oficiais "aristocratas" e os soldados cada vez mais rebeldes.

Em Toulon, o almirante d'Albert de Rioms ordena a punição dos marinheiros que usam a insígnia tricolor e ameaça mandar a tropa atirar neles. Após um motim, o almirante é encarcerado.

Robespierre condena este almirante que quisera "armar os soldados contra os defensores da pátria".

E o Conselho Geral de Toulon o felicita: "Continue, bom cidadão, a esclarecer a nação sobre seus verdadeiros direitos. Desafie a opinião desses homens vis e ignorantes...".

Assim, ao fim do ano de 1789, os confrontos ocorrem todos os dias.

Em 5 de dezembro, o Bois de Vincennes e o Bois de Boulogne são devastados e pilhados por camponeses das aldeias próximas de Paris, que estão sem lenha.

A repressão é severa.

Mas alguns esbravejam contra a injustiça, denunciam a desigualdade das condições, e Marat atiça, ameaça: "Se o povo libertou-se do jugo da nobreza, ele libertar-se-á do da opulência. O grande ponto é esclarecê-lo, fazê-lo sentir seus direitos, penetrá-lo com eles, e a revolução se dará infalivelmente, sem que nenhuma força humana possa opor-se a ela".

Suas palavras preocupam os patriotas, respeitosos do direito de propriedade, que compõem a maioria que separara os cidadãos ativos dos cidadãos passivos.

Eles são partidários da igualdade de direitos, não de fortunas. Mas continuam sendo patriotas, preocupados com os "complôs aristocráticos".

Nas Tulherias, a rainha está ansiosa. Axel Fersen, toda vez que a encontra, avisa-a sobre os riscos que a família real corre.

Maria Antonieta conta ao rei sobre seus temores, sobre as angústias que sente, sobre sua sensação de estar ali, naquele palácio das Tulherias, no coração de Paris, vigiada pelo povo, como uma prisioneira.

Ela diz:

– É preciso fugir, não sabemos até onde irão os rebeldes. O perigo aumenta a cada dia.

21.

Luís não responde a Maria Antonieta quando esta, determinada mas com a voz embargada de emoção, fala da necessidade de fugir do palácio das Tulherias, que é de fato como uma prisão cuja porta os "*enragés* do Palais Royal" podem levar o povo a arrombar.

O que aconteceu em Versalhes em 6 de outubro revela que a população não respeitava o caráter sagrado da família real.

Luís não o ignora.

Temera pela rainha e pelo delfim. Ele lê os jornais e os panfletos que convidam a "purgar" a nação, a Assembleia e as municipalidades dos "nobres e prelados" e também dos "plebeus ineptos e corrompidos". É Marat quem, a cada número de seu jornal, recomenda a vingança contra os "obscuros complôs que formarão uma tempestade horrível", que "já ruge sobre nossas cabeças".

Marat se tornara popular. A municipalidade de Paris o perseguira, prendera, mas ele se refugiara na Inglaterra e voltara.

Ele interpela o rei:

> Respondei-me, Luís XVI! O que fizestes para que o céu tenha feito um milagre em vosso favor, vos tenha feito diferente dos reis, dos déspotas?... A história está cheia de seus crimes... Julgo-vos por vossa conduta passada. Julgo-vos por vossa pessoa... Não penseis enganar os patriotas perspicazes.

Luís tem essas palavras em mente quando recebe o conde Axel Fersen, que consegue penetrar discretamente no palácio das Tulherias e, quase todas as noites, vai até o castelo de Saint-Cloud quando a família real é autorizada a se hospedar lá.

Luís conhece os sentimentos de Fersen para com a rainha. Mas talvez por causa disso mesmo acredite na devoção desse nobre sueco que repete "que apenas uma guerra externa ou interna pode recuperar a França e a autoridade real".

Luís não se decide, e é por isso também que não quer fugir.

Ele ainda quer esperar.

Mil sinais demonstram que inúmeros são os deputados que se preocupam com a anarquia, com as desordens e os motins camponeses que continuam a ensanguentar diversas regiões: o Quercy, o Périgord, a Corrèze, a Bretanha.

Os burgueses da capital, como o livreiro Ruault, guarda nacional e patriota, constatam que "Paris se enche de pobres e mendigos que chegam de todas as cidades e campos. Isso inquieta todos os habitantes". Os cidadãos ativos não querem ser ameaçados, arrastados pelos cidadãos passivos. No Clube dos Jacobinos, esses últimos não são admitidos.

Marat condena esta "assembleia de imbecis que se vangloriam de ser irmãos mas que excluem de seu seio os desafortunados que os libertaram".

Luís pressente que ali existe um germe de profunda divisão entre os "patriotas". Eles não seguem Marat ou Robespierre, que pensam que "a igualdade de direitos comporta a de posses".

Marat chega a escrever, interpelando os deputados:

> A famosa *Declaração dos direitos* se limita, em última análise, a conferir aos ricos todas as vantagens, todas as honras do novo regime. Seria portanto em favor dos únicos beneficiados do século que se operou a gloriosa revolução... O que ganhamos ao destruir a aristocracia dos nobres se ela é substituída pela aristocracia dos ricos?

Esta "súplica de dezoito milhões de desafortunados" assusta a maioria dos patriotas.

Luís fica convencido disso ao receber novas propostas de Mirabeau, que quer tirar o país da anarquia e propõe uma revisão da Constituição, o "restabelecimento do poder executivo, cuja plenitude deve estar, sem restrição ou divisão, nas mãos do rei".

Ao mesmo tempo, Mirabeau recusa a ideia de uma "contrarrevolução", como a sonhada pelo conde de Artois.

De Turim, o irmão do rei tenta sublevar o sul da França, reavivando os ódios que opõem protestantes a católicos.

Tudo contribui para isto.

A recusa da Assembleia – 495 votos a 400 – de declarar o catolicismo religião do Estado.

A decisão de despojar a Igreja de seus bens, de "nacionalizá-los" e vendê-los.

A proibição dos votos monásticos. A dissolução das ordens religiosas e, por fim, a votação de uma *Constituição civil do clero* (em 12 de julho de 1790), que faz os curas e bispos serem eleitos pelos cidadãos ativos.

Visto que os membros do clero se tornam assalariados do Estado, exigi-se deles um juramento à nação, à lei, ao rei e o respeito à Constituição. E a leitura, na igreja, dos decretos e das leis!

Inúmeros curas e bispos anunciam que não serão sacerdotes "jurados", que escolherão ser "refratários", pois o papa não fora consultado sobre esta "Constituição Civil".

Os curas, que tanto haviam feito pelo Terceiro Estado, passam em sua maioria à reserva, isto é, à condenação da revolução.

Eles ficam indignados que o pastor Rabaut Saint-Étienne tenha sido eleito presidente da Assembleia no mês de março e que tenha declarado:

– O clero não é mais uma ordem! Não é mais um corpo, não é mais uma república dentro do Império... Os sacerdotes poderão marchar na cadência do Estado. Só resta fazê-los casar.

Um incêndio acaba de ser iniciado, e os enviados do conde de Artois o atiçam, nas províncias, onde as guerras religiosas, a revogação do Édito de Nantes e as perseguições deixaram marcas sangrentas.

Em Toulouse, a procissão que lembra e canta o extermínio dos albigenses provoca um motim entre "aristocratas" e "patriotas".

Em Montauban, católicos e protestantes lutam. Em Nîmes, contam-se quatrocentos mortos. Em Avignon, reivindica-se a reanexação do condado à nação depois da vitória sobre os "papistas".

Os camponeses de Cévennes, armados de lanças, fuzis e usando a insígnia tricolor, descem de suas aldeias para render os "negros", os aristocratas e os "tonsurados".

Luís sente que a monarquia tem um papel a desempenhar nisso tudo. O caos, a anarquia, as revoltas camponesas, a pobreza, o ressurgimento dos ódios religiosos, a miséria e os grupos de caridade criados, as perturbações que acontecem em todos os corpos de tropas e que opõem oficiais "aristocratas" a plebeus graduados, aliados aos soldados patriotas – tudo isso faz com que finalmente o povo se volte para seu rei.

Mas é preciso agir com habilidade e primeiro dissimular, convencer que aceita e apoia o que foi consumado.

Luís não sente inquietação nenhuma à ideia de esconder o que pensa.

Ele é o rei. Seu dever sagrado é preservar sua autoridade, a fim de salvar sua dinastia, seu reino, recuperando a ordem e a paz.

Ele quer fazer isso com sabedoria, recorrendo à força apenas se não houver outras vias.

Ele aceita a proposta de Necker de ir à Assembleia e pronunciar o discurso que seu ministro preparara.

Os deputados se amontoam a sua volta no dia 4 de fevereiro de 1790.

– Defenderei, manterei a liberdade constitucional cujos princípios o desejo geral, em acordo com o meu, consagrou – diz ele.

É preciso acabar com as violências.

– Esclarecer o povo desorientado sobre seus verdadeiros interesses, esse bom povo que me é tão caro e pelo qual me garantem que sou amado quando me consolam de meus pesares.

Ele é aclamado e continua:

– Professemos todos, a contar de hoje, dar-vos-ei o exemplo, uma única opinião, um único interesse, uma única vontade, o apego à Constituição e o desejo ardente de paz, de alegria e de prosperidade da nação.

Os deputados fazem um juramento à lei, à nação, ao rei. Repetem "Viva o rei!" e o acompanham até o palácio, onde Maria Antonieta apresenta-lhes o delfim.

Sozinhos, os aristocratas ficam estupefatos e hostis.

O rei, pensam eles, quebrara seu cetro ao aceitar a Constituição.

Mas Luís sente que conseguiu convencê-los.

> Viva Deus, meu caro amigo [escreve o livreiro Ruault a seu irmão], e Viva o bom rei Luís XVI, que acaba de se colocar, ontem, na categoria dos príncipes justos. Sua visita à Assembleia Nacional sufoca ou deve sufocar todos os germes de divisão, de opiniões e interesses. Ele voluntariamente se colocou à frente da Constituição. Calai-vos agora, pequenos e grandes aristocratas, queimem vossas brochuras e vossos planos de contrarrevolução. Voltai, fugitivos, estareis seguros em toda a França. Contamos com três bons reis em nossa história, Luís XII, Henrique IV e Luís XVI. Será preciso celebrar todos os anos esta rara epifania, agora reverencio somente a ela.

Talvez o olhar do povo tenha mudado. Luís quer acreditar que sim.

Ele se mostra caloroso para com os guardas nacionais, que asseguram "trinta horas de serviço no castelo das Tulherias".

Um deles escreve:

> Vi Maria Antonieta de muito perto. Assisti inclusive a seu jantar. Ela se porta bem e fiquei maravilhado com sua boa compostura. O rei passeia a passos largos no jardim; ele cansa com facilidade os mais ágeis e os faz suar por todo corpo, pois está muito quente. O pequeno delfim é bonito como um anjo; tem um rosto muito gracioso, franco e aberto; ele salta e cabriola pelos terraços e brinca com todas as crianças que encontra.

Mas a ilusão de que entre a família real e o povo novos laços tranquilos se formam dura pouco. Luís e a rainha não são tolos.

Portanto é preciso blefar, ainda que seja necessário perturbar os monarquistas fiéis. É preciso aparecer como "o rei da Revolução", sancionar a Constituição, a Constituição Civil do Clero.

Mas é necessário escrever ao novo imperador da Áustria – Leopoldo II (irmão de Maria Antonieta, que sucedera a José II, outro irmão da rainha) – para pedir-lhe para prever uma intervenção armada na França. Precaução necessária, visto que o poder sagrado do rei não fora restabelecido, pois os "*enragés* do Palais Royal" continuam atacando a família real, sobretudo a rainha.

Ela é suspeita de preparar com os "negros" e aristocratas emigrados, e o conde de Fersen (que as guardas francesas viram entrando e saindo do castelo de Saint-Cloud no meio da noite), um "sequestro" do rei.

Pois ninguém ousa, ainda, acusar o rei. Apenas Marat se aventura a fazê-lo, mas a dúvida aflora em toda parte.

Então Luís joga todas as suas cartas. Inclusive a representada por Mirabeau.

O deputado é recebido pela rainha, fala com fervor, é seduzido por ela.

– O rei tem apenas um homem – dirá ele –, sua mulher.

Mirabeau afirma ser capaz de salvar a monarquia.

Não é mais o momento de rejeitar sua proposta.

É preciso, pelo contrário, apegar-se a ela. Mirabeau é um nobre em apuros, com credores nos calcanhares. Luís decide conceder-lhe uma pensão mensal, suficiente para permitir a Mirabeau sair de seu miserável quarto de hotel e se mudar para a Rue de la Chaussée d'Antin, num grande apartamento.

Mas é preciso guardar segredo, pacificar, consentir, aceitar que a nobreza hereditária, as ordens de cavalaria, os brasões e librés sejam suprimidos pela Assembleia.

E fingir indiferença quando o Comitê de Pensões da Assembleia publicar um caderno de 39 páginas, logo chamado de *Livro vermelho*, com a lista das pensões e despesas extraordinárias gastas entre 1774 e 16 de agosto de 1789!

Dois mil exemplares são vendidos num único dia, nos Jardins das Tulherias, e segue-se uma enchente de comentários, uma erupção de indignações, diante dos 28 milhões de libras recebidas pelos irmãos do rei, das quantias entregues aos Polignac, a todos os cortesãos, num total de 228 milhões!

Luís teme que a recuperação de sua popularidade, adquirida ao longo dos primeiros meses de 1790, seja perdida.

Necker, louvado pelo povo, agora é rejeitado, pois era contrário à publicação do *Livro vermelho*, e é acusado de não passar de um cúmplice dos "aristocratas", um criado da rainha... Os jornais patriotas exigem a difusão do livro por toda a França.

"Este é o catecismo dos amigos da Revolução", comentam eles.

É preciso tentar esquecer o *Livro vermelho*, comover o povo, participar com a rainha e com o delfim da grandiosa festa que a Assembleia, La Fayette e Bailly organizam no Campo de Marte em 14 de julho de 1790, aniversário da tomada da Bastilha.

Aquele fora um dia sinistro para a monarquia. Era preciso transformá-lo em dia de glória para o rei.

Luís sabe que há meses, em todas as províncias, as pessoas se reúnem em "federações". Gritam, como na Bretanha:
– Viver livre ou morrer.

Nasce a ideia de fazer uma Festa da Federação, em Paris, reunindo os delegados de todos os departamentos e todas as guardas nacionais representando seus regimentos.

Há entusiasmo.

É construído um arco do triunfo.

Mulheres e homens de todas as condições trabalham para aplainar o Campo de Marte, construindo bancadas de terra, preparando uma reunião de no mínimo trezentas mil pessoas.

A multidão canta, trabalhando com fervor.

Ela entoa:

> À forca os aristocratas
> Os aristocratas serão enforcados.*

Mas também um *Ça ira*** mais alegre:

> Aquele que se eleva será abaixado
> E quem se abaixa será elevado
> Ah! Ça ira! Ça ira! Ça ira!***

Tempo fechado em 14 de julho. Chove bastante com aguaceiros intensos e o cortejo que sai às sete horas da manhã da Bastilha chega às três da tarde no Campo de Marte. Uma balsa fora instalada para permitir a travessia do Sena.

Numa plataforma de seis metros de altura fora erigido o Altar da Pátria, cercado por duzentos sacerdotes usando fitas tricolores. O rei, a rainha e a Corte entram pela Escola Militar numa galeria coberta de panos azuis e dourados.

---

* *Les aristocrates à la lanterne / Les aristocrates on les pendra.* (N.T.)

** *Ça ira*: refrão emblemático da Revolução Francesa, que pode ser traduzido como "Agora vai" ou "Vai dar certo", de que existem várias versões, das mais alegres às mais ameaçadoras. (N.T.)

*** *Celui que s'élève on l'abaissera / Et qui s'abaisse on l'élèvera / Ah! Ça ira! Ça ira! Ça ira!* (N.T.)

O bispo de Autun, Talleyrand-Périgord, cercado por quatrocentas crianças de branco, celebra a missa.

La Fayette presta juramento de permanecer fiel à nação, à lei, ao rei.

Os canhões ribombam, os tambores rufam.

– Viva La Fayette!

O rei avança mas não chega até o altar. Ele diz:

– Eu, Rei da França, juro à nação empregar todo o poder que me foi delegado pela lei constitucional do Estado para manter a Constituição e executar suas leis.

Ele é aclamado. A rainha ergue o filho, mostra-o ao povo. E este grita:

– Viva a rainha! Viva o delfim!

22.

Luís, no castelo de Saint-Cloud, para onde a família voltara nesta noite de 14 de julho de 1790, se questiona.

De que valem as aclamações do povo que acompanhou a carruagem do rei, ao longo da travessia de Paris, se sob a chuva a multidão continua festejando?

Luís está perplexo, extenuado, como se o juramento que tivesse feito, ao qual o povo respondera jurando-lhe fidelidade, tivesse sido uma prova no limite de suas forças. Como ele, Maria Antonieta parecia exausta e só recomeçou a falar e sorrir ao delfim quando a carruagem chegou no pátio do castelo.

Aqui, em Saint-Cloud, eles escapam da multidão, da vigilância que ela exerce nas Tulherias, das perguntas, das injúrias e dos ataques que ela pode fazer.

Mas este mesmo povo gritara:

– Viva o rei! Viva a rainha! Viva o delfim!

Como confiar nele, como tranquilizá-lo? Seria possível fazê-lo?

Ou seria preciso fugir?

Essas questões lancinantes se repetem.

Fersen continua a fazê-las.

Ele assistira à Festa da Federação.

– Houve apenas bebedeira e barulho – dissera ele –, orgias e bacanais. A cerimônia foi ridícula, indecente e, portanto, não foi imponente.

Luís não responde. Está pensando que na madrugada do dia seguinte caçará, espera desentocar animais grandes e voltar exausto depois de várias horas de corrida, esquecido de todas as questões que o atormentam.

Nos dias que se seguem, ele caça furiosamente, mas logo que desce do cavalo, seu irmão, o conde de Provença, a rainha ou algum ministro, Saint-Priest ou La Tour du Pin, interpelam-no, lembrando os artigos de Marat, entregando-lhe o jornal *L'Ami du peuple*, cuja audiência, dizem, se amplia.

Cada frase de Marat é como uma machadada.
Ele critica a Festa da Federação, uma armadilha, uma ilusão oferecida ao povo.

"Ter-vos feito jurar fidelidade ao rei", escreve ele, "é ter-vos tornado sagrados os inimigos que não cessam de conspirar sob seu nome contra vossa liberdade, vosso descanso, vossa felicidade."

Luís tem a impressão de que Marat molha sua pena em sangue.

Cada artigo é brandido como uma cabeça na ponta de uma lança:

A fuga da família real é planejada de novo. Parai de perder tempo imaginando modos de defesa. Só vos resta um: uma insurreição geral com execuções populares. Começai, portanto, protegendo-vos do rei, do delfim e da família real: colocai-os sob intensa guarda e que suas cabeças vos garantam de todos os acontecimentos... Passai no fio da espada todo o Estado-Maior parisiense da Guarda Nacional, todos os "negros" e os ministeriais da Assembleia Nacional. Repito: só vos resta esta maneira de salvar a pátria. Há seis meses, quinhentas ou seiscentas cabeças teriam bastado para vos tirar do abismo... Hoje talvez seja preciso abater de cinco a seis mil, mas nem que fosse preciso abater vinte mil deveria haver um instante de hesitação...

Algumas semanas depois, em novo artigo, ele se corrige: "Há dez meses, quinhentas cabeças abatidas teriam garantido vossa felicidade", diz ele; "para impedir-vos de perecer talvez sejais forçados a abater cem mil depois de verdes o massacre de vossos irmãos, de vossas mulheres e filhos..."

Luís se retrai. Deixa sua cabeça cair sobre o peito. Como não fugir de um país onde tais artigos podem ser publicados impunemente?

Todas as tentativas feitas por Bailly, para apreender as prensas do *L'Ami du peuple* ou perseguir Marat, fracassam. O povo o defende.

Deputados, como Maximilien Robespierre, o apoiam e partilham de suas opiniões.

Mas alguns jornalistas respondem, o denunciam:

> Dizeis que Marat, o assassino,
> Vela pela salvação da pátria.
> O Monstro! Ele vela em seu seio
> Como um tigre faminto num estábulo.*

Mas os membros do Clube dos Cordeliers, presidido por Danton, e vários jacobinos o leem, o seguem. São feitas leituras públicas de seus artigos nos jardins do Palais Royal ou no Faubourg Saint-Antoine.

Um burguês parisiense escreve:

> As páginas de sangue que a cada dia circulam pelo povo, assinadas pelo senhor Marat, indignando as pessoas esclarecidas, levando o terror à alma dos cidadãos pacíficos, alimentam sem parar o delírio furioso da multidão. Os subúrbios com certeza são os mais violentamente influenciados por esse espírito de vertigem que o pretenso *amigo do povo* sopra entre os homens simples e crédulos.

Luís se lembra do rosto dos homens e das mulheres do povo que, em 6 de outubro de 1789, haviam irrompido no quarto da rainha, em Versalhes.

No Châtelet**, um processo contra eles fora empreendido. Mas como ousar condená-los? Da mesma forma, a lei marcial fora votada, mas, nas cidades em que os motins aconteciam, nenhuma municipalidade ousara decretá-la.

---

* *Marat, dites-vous, l'assassin, / Veille au salut de la patrie. / Le Monstre! Il veille dans son sein / Comme un tigre affamé dans une bergerie.* (N.T.)

** Châtelet: fortificação parisiense que abrigava um tribunal e uma das principais prisões de Paris. (N.T.)

Em Paris, a multidão invadira e saqueara a casa do duque de Castries, cujo filho ferira em duelo Charles Lameth, deputado e jacobino.

> Tudo foi quebrado e destroçado [constata uma testemunha]. Este Monsieur de Castries perdeu seus móveis e seus espelhos: que processo pode-se imputar à multidão?
> A mesma multidão foi até a casa de Monsieur de Montmorency para obrigá-lo a retirar os brasões de cima de sua porta e tapar o fosso que avançava sobre o bulevar e estreitava a passagem do povo ou dos pedestres. Esse povo vencedor faz a guerra de maneira impiedosa.

A guerra.

Luís não queria ler esta palavra, ouvi-la. Mas encontra-a a todo instante.

Seu irmão, o conde de Artois, deixara Turim para instalar-se em Coblença. Reunia os emigrados na esperança de constituir um exército.

Em Ardèche, vinte mil homens armados se reúnem no acampamento de Jalès, decididos a combater pelo rei e pelos príncipes sagrados da monarquia, a abolir a Constituição.

Em Lyon, os monarquistas se organizam, e os enviados do conde de Artois planejam sublevar toda a região, da Borgonha à Provença.

Fersen e Maria Antonieta pensam que é preciso pedir ajuda ao imperador Leopoldo II, irmão da rainha, que acaba de esmagar, em Bruxelas e em Liège, os patriotas que tinham fundado os Estados Belgas Unidos.

A Europa dos reis faz "causa comum", se preocupa com o "contágio" revolucionário.

Em Londres, um parlamentar favorável à revolução americana, Edmund Burke, publica suas *Reflexões sobre a revolução da França*, traduzidas para o francês em novembro de 1790, que constituem um requisitório contra o que acontecia desde 1789.

Pela primeira vez, a voz de um "contrarrevolucionário" se faz ouvir com força, influencia a opinião pública e, em primeiro lugar, a dos soberanos e aristocratas europeus.

Ajudarão eles, com uma intervenção armada, a corte da França a recuperar seu poder?

Luís lê a carta que Maria Antonieta envia ao novo governador austríaco em Bruxelas, Mercy-Argenteau, que por longo tempo fora conselheiro em Versalhes:

> Não pedimos a nenhuma potência (a menos que haja um acontecimento premente) que mande suas tropas entrarem neste país. Desejamos apenas que no momento em que estivermos na situação de reclamá-las, possamos ter a garantia de que as potências aceitarão ter tropas em suas fronteiras com a França, em número suficiente para servir de apoio e adesão às pessoas bem intencionadas que gostariam de unir-se a nós...

A guerra.

Palavra que Luís também encontra no discurso de Mirabeau, relatado pelo conde de La Marck.

O conde, deputado da nobreza, vê na guerra civil a única maneira de restabelecer a autoridade do rei e de evitar que a "multidão se torne o instrumento cego dos rebeldes".

E como La Marck lembrara que o rei não dispõe de dinheiro para atrair adeptos, Mirabeau respondera:

– A guerra civil sempre é feita sem dinheiro e, além disso, nas circunstâncias atuais, ela não teria longa duração. Todos os franceses querem empregos e dinheiro; faremos promessas e logo o senhor verá o partido do rei predominante em toda parte.

Luís se levanta, caminha pesadamente.

Mesmo durante as cavalgadas matinais, e mesmo ao acossar algum cervo, continua preocupado.

Ele se convence cada dia um pouco mais que, longe de se acalmar, a revolução se aprofunda, que os dias mais sombrios ainda estão por vir.

E que o ódio se espalha por toda parte, como uma peste social que não poupa ninguém. Os monarquistas odeiam os jacobinos.

O jornalista Suleau escreve:

> O jacobino tem algo da natureza do tigre e do urso branco. Ele tem o ar taciturno, o pescoço hediondo, o pelo ralo; feroz e carniceiro, degola pelo prazer de degolar, ama apaixonadamente a carne humana e vive num estado de guerra perpétuo com todos os que não são de sua espécie, à exceção dos democratas...

Suleau cita os nomes de Robespierre, Danton, Brissot, Marat, Laclos.

Camillle Desmoulins e Fabre d'Églantine seriam menos "carniceiros", mais democratas...

Quanto aos "patriotas", depois de terem conseguido a votação dos decretos sobre a Constituição Civil do Clero, exigido o juramento dos sacerdotes e o fechamento dos conventos, ridicularizam e perseguem os "tonsurados".

As mulheres do povo açoitam as religiosas que se obstinam a permanecer fiéis a seus votos.

Podem ser vistas, desnudadas, numa gravura com a seguinte inscrição: "Depois de um levantamento exato, foram encontradas 621 nádegas açoitadas, num total de 310 traseiros e meio visto que a tesoureira das Miramines tinha uma única nádega..."

Os revolucionários penduram açoites na porta de uma igreja localizada no cais, entre a Rue du Bac e a Rue des Saint-Pères, onde "sacerdotes refratários" que se recusam ao juramento haviam conseguido autorização para celebrar a missa: "Aviso aos devotos aristocratas: medicina purgativa distribuída grátis no domingo 17 de abril", avisam eles. A polícia não consegue impedi-los de açoitar algumas mulheres.

No Palais Royal, é queimada uma imagem do papa Pio VI, que condenara a Declaração dos Direitos do Homem e do Cidadão e, sobretudo, a Constituição Civil do Clero.

Vários sacerdotes que haviam feito o juramento – os sacerdotes jurados – se retratam, também se tornam refratários. E a "guerra" entre as duas Igrejas, o ódio entre os crentes que seguiam uma e outra, se torna uma das instâncias maiores de enfrentamento entre cidadãos. Luís o pressente, depois o constata.

Ele se sente dilacerado, enquanto fiel católico, por ter aceitado sancionar os decretos sobre o juramento dos sacerdotes.

– Eu preferiria ser rei de Metz a continuar sendo rei da França em semelhante posição – diz ele. – Mas isto logo acabará.

Pois lhe parece que nem ele nem o reino poderão suportar por muito tempo aquela desordem, aquelas violências, aquele questionamento de tudo o que fora construído ao longo dos séculos, inclusive da Igreja de Deus.

Não são mais apenas os privilégios que são contestados, mas as propriedades.

> Não gosto dos reis, mas gosto ainda menos dos ricos [escreve um certo Sylvain Maréchal, autor de um livro intitulado *L'Homme sans Dieu*].
> Decretais a abolição da nobreza, mas conservais a condição respectiva de pobres e ricos, senhores e criados; proibis aos primeiros seus brasões, livrais os segundos de suas librés, mas essas distinções não passam de simulacros, não abordais em absoluto as realidades...

É também o que dizem Marat e Robespierre.

Este é cada vez mais ouvido no Clube dos Jacobinos.

Um jovem de 25 anos, Saint-Just, escreve-lhe de Picardia:

> O senhor que sustenta a pátria titubeante contra a torrente do despotismo e da intriga, o senhor a quem só conheço, como Deus, por maravilhas... O senhor é um grande ho-

mem. O senhor não é apenas deputado de uma província, é deputado da Humanidade e da República.

Luís é atingido em suas mais profundas convicções por aquilo que se vê obrigado a aceitar.

Ele ainda se questiona. Com que forças poderia contar?

Há intrigas à sua volta, ele sabe.

O duque Filipe de Orléans, por um tempo exilado em Londres, acaba de voltar para Paris com que objetivo, se não se apresentar como um possível sucessor dos Bourbon?

Os irmãos de Luís, os condes de Artois e de Provença, têm cada um suas ambições.

La Fayette, apesar de suas declarações, não pode ser um aliado garantido.

O exército é dilacerado pela rebelião dos soldados contra os oficiais aristocratas.

A Guarda Nacional é "patriota" e hesita em restabelecer a ordem porque está aberta às ideias dos revoltosos.

Em Nancy, até mesmo os mercenários suíços, do regimento de Châteauvieux, se erguem contra seus chefes.

O marquês de Bouillé – um primo de La Fayette – fora quem viera de Metz, no fim do mês de agosto de 1790, para restabelecer a ordem. A reconquista de Nancy aos suíços, apoiados pelos guardas nacionais e pelos jacobinos, faz cerca de quatrocentas mortes.

Bouillé é duro nas punições: 41 condenados às galeras, 33 execuções capitais, na forca ou na roda.

A Assembleia primeiro o parabeniza. La Fayette faz um decreto contra toda insubordinação de soldados e proíbe os clubes dentro dos regimentos. Mas sob a pressão dos "*enragés* do Palais Royal", dos jornais, do povo nas tribunas da Assembleia, essas medidas são anuladas ou jamais aplicadas.

Seria preciso abandonar o reino? E reconquistá-lo?

Luís não pode mais nem se voltar para Mirabeau, morto em 2 de abril de 1791 e acompanhado por trezentos mil parisienses à igreja Sainte-Geneviève, feita Panthéon, onde se quer depositar as cinzas de Voltaire.

Aquele Voltaire que queria "esmagar a Infame" e ao qual Luís jamais concedera uma audiência.

Mas Luís sancionara os decretos que o papa condenava e que realizavam o desejo de Voltaire!

Luís não pode mais aceitar esta abdicação de si mesmo.

É preciso fugir, então, como deseja Maria Antonieta, mas Luís se censura por colocar em perigo seus filhos.

Mas sair das Tulherias, onde a família real volta a se instalar, não será fácil.

Luís tem certeza de que Marat e mais alguns conhecem suas intenções.

Marat conclama o povo à vigilância:

> Cidadãos, armai-vos de machados e lanças; muita iluminação por três dias, intensa guarda em torno do castelo das Tulherias e nas cavalariças. Parai todos os veículos que queiram sair de Paris. Inspecionai as roupas de todos os oficiais superiores do exército parisiense, de todos os homens que parecem estrangeiros, de todos os soldados... e se encontrardes a insígnia branca, apunhalai imediatamente.

Luís sente que a tensão, nesses primeiros meses de 1791, volta a ser extrema, como na véspera de 14 de julho e de 5 para 6 de outubro de 1789.

Mas agora se fala em matar os membros da família real. Ele entende e aprova que suas tias, Mesdames Adélaïde e Victoire, filhas de Luís XV, decidam emigrar.

Elas recebem passaportes regulares, mas a Guarda Nacional as detém em Saulieu, depois em Arnay.

O povo se reúne ao redor da carruagem delas, e somente após a intervenção do presidente dos jacobinos de Dijon é que são autorizadas a seguir viagem.

Mas a notícia, ouvida em Paris, desencadeia um motim.

A multidão quer demolir a torre do castelo de Vincennes, que diz ser utilizada como uma nova Bastilha. La Fayette dispersa os revoltosos, depois, nas Tulherias, manda prender nobres que haviam se reunido para defender o rei com punhais e espadas.

A Guarda Nacional desarma esses "cavaleiros do punhal", suspeitos de tentar facilitar a fuga do rei.

Uma testemunha relata:

> Era preciso ver todos aqueles senhores saindo dos apartamentos reais entre fileiras de guardas nacionais, soldados e voluntários, que os vaiavam, zombavam, batiam no rosto deles e no traseiro, com grandes explosões de riso que nenhum deles ousou contestar ou responder...

Luís é humilhado mais uma vez.

Não pudera defender a honra daqueles que estavam dispostos a morrer por ele.

Ele é assombrado pela última frase pronunciada por Mirabeau, colhida pelo bispo Talleyrand, que o velava:

– Levo comigo os últimos farrapos da monarquia.

Luís não quer ser o coveiro de sua dinastia. Chega ao fim da estrada. Faz sua escolha.

Ele escreve ao marquês de Bouillé, parabeniza-o por ter restabelecido a ordem em Nancy, depois daquela "Festa da Federação que envenenara as tropas".

"Cuide de sua popularidade", ordena-lhe Luís, "ela pode ser muito útil a mim e ao reino. Considero-a uma boia de salvação, que um dia poderá servir para restabelecer a ordem."

Ele envia ao rei da Espanha uma carta na qual declara não reconhecer a Constituição Civil do Clero, que no entanto sancionara. Mas, diz, continua sendo o filho fiel da Igreja e do sumo pontífice.

Ele envia as mesmas cartas a Catarina II, ao imperador e ao rei da Suécia.

E Maria Antonieta lhe transmite a resposta da imperatriz da Rússia: "Os reis devem seguir seu caminho sem se preocuparem com os gritos do povo, como a lua que segue seu curso sem ser interrompida pelo latido dos cães".

Mas o povo da França, Luís sabe muito bem, sabe fazer seus gritos serem ouvidos!

Henrique IV, e inclusive Luís XIV, precisaram ouvi-lo.

A Bastilha fora destruída por aquele povo. A Assembleia Nacional, em 21 de setembro de 1790, decretara que a bandeira tricolor substituiria, em toda parte, a bandeira branca.

Clubes são criados, Jacobinos, Cordeliers, Círculo Social.

Na Assembleia, durante a discussão sobre os direitos dos príncipes alemães na Alsácia, o deputado Merlin de Douai declarara:

– Hoje os reis são reconhecidos apenas como delegados das nações... Que importam ao povo da Alsácia e ao povo francês as convenções que no tempo do despotismo tiverem por objetivo unir o primeiro e o segundo? O povo alsaciano se uniu ao povo francês porque assim o quis.

E pela voz do deputado da Córsega, Saliceti, os corsos escolhem, em 30 de novembro de 1789, fazer parte da França. E os habitantes do Condado Venaissin, os avinhonenses, súditos do papa, formulam o mesmo desejo.

Ao mesmo tempo, a Assembleia afirma num decreto "que a nação francesa renuncia a empreender qualquer guerra com vistas a fazer conquistas e declara que jamais empregará suas forças contra a liberdade de povo nenhum".

Mas o que é feito do poder sagrado do soberano, se o rei é apenas o "delegado" da nação?

Que é feito da responsabilidade que Deus lhe confiara e que a sagração tornara manifesta?

– Onde está minha liberdade? – se questiona Luís. – E que é de minha fé?

Em 17 de abril de 1791, Domingo de Ramos, Luís decide assistir em sua capela à missa rezada por um sacerdote refratário. Imediatamente, um guarda nacional avisa o Clube dos Cordeliers, que se indigna, "denuncia aos representantes da nação o primeiro funcionário público, o primeiro súdito da lei, como refratário às leis constitucionais que jurara manter, autorizando a desobediência e a revolta...".

No dia seguinte, 18 de abril, Luís decide ir ao castelo de Saint-Cloud.

A multidão se reúne na Praça Luís XV e na estrada para o castelo.

Quando o rei e a família real saem de carruagem do pátio das Tulherias, há gritos, berros. As rédeas dos cavalos são tomadas.

Os guardas nacionais se recusam a obedecer Bailly e La Fayette, que ordenam a passagem do rei.

– Não queremos que ele parta! Juramos que ele não partirá!

Luís XVI é acusado de preparar sua fuga.

Ele se espanta que, depois de ter concedido a liberdade à nação, "eu mesmo não sou livre".

Permanece em sua carruagem por mais de uma hora e meia, depois desce.

– Não querem que eu saia? Não posso sair? Muito bem, ficarei!

No dia seguinte, ele vai à Assembleia protestar contra aquele golpe de força.

Faz novamente um juramento à Constituição a que, diz ele, "a Constituição Civil do Clero faz parte".

Encarrega os embaixadores de declarar aos soberanos junto aos quais representam o rei que ele está livre...

Mas Luís envia, secretamente, cartas que confirmam sua oposição a esses textos e a coerção que sofrera.

Mentira?

Luís deve aos seus, à sua função, a seu reino, esta duplicidade.

É seu direito de soberano agir segundo lhe ditam seus princípios.

Mas agora está decidido a sair daquela prisão das Tulherias. Ele recebe o filho do marquês de Bouillé. E Fersen prepara, junto com o marquês, as condições para a fuga em direção a Montmédy.

Luís se preocupa com as palavras de Marat, que denuncia um "príncipe hipócrita revoltado contra a nação... Vós sereis, parisienses, os carrascos de três milhões de irmãos se tivésseis a loucura de permitir-lhe afastar-se de vossos muros..."

Mas a sorte está lançada.

Em 18 de junho de 1791, Luís denuncia a Bailly os "mal-intencionados" que espalham o rumor de seu sequestro.

Em 19 de junho, Maria Antonieta envia uma correspondência a Mercy-Argenteau, o governador austríaco em Bruxelas:

> Está tudo decidido, partimos na segunda-feira, dia 20, à meia-noite. Nada mais pode alterar nossos planos. Exporemos todos aqueles que nos servem nesta empreitada, mas estamos aborrecidos por não recebermos resposta do imperador.

23.

É recém meia-noite e dez desta terça-feira, 21 de junho de 1791, quando Luís, vestido como um criado de quarto, com uma sobrecasaca marrom felpuda, usando uma peruca e um chapéu redondo agaloado, sobe numa "citadina", veículo de cidade que o espera, na Rue Saint-Honoré, não longe do castelo das Tulherias.

Ele acaba de sair sozinho pela grande porta, sem que os revoltosos prestem atenção àquela silhueta bonachona e comum de serviçal.

Um dos sapatos do rei se desamarra, e Luís o arruma sem pressa. No veículo, encontra seus dois filhos, o delfim Luís, de seis anos, e Madame Real – Maria Teresa – que tem treze. Estão acompanhados pela governanta, Madame de Tourzel.

A jovem irmã do rei, Madame Elizabeth, de apenas 27 anos, também está presente.

O conde Fersen, que preparara a fuga da família real, "desempenhava à perfeição o papel de condutor de fiacre, assobiando, conversando com um suposto camarada que estava ali por acaso, tirando tabaco de sua bolsa".

Precisavam esperar a rainha que, como Luís, fingira deitar segundo o ritual habitual.

Depois colocara um vestido austero de governanta e chegara à citadina por volta da meia-noite e meia. Passara pelo veículo de La Fayette sem que este a reconhecesse em seu disfarce.

"Assim que a rainha subiu no veículo", conta Madame de Tourzel, "Luís a apertou em seus braços, beijando-a e repetindo 'como estou feliz em vê-la'."

A citadina pode então andar até a barreira Saint-Martin, à entrada da estrada de Metz, onde a espera uma grande berlinda verde-escuro, de imensas rodas amarelas, inúmeros cofres, vigiada por três fiéis guarda-costas.

A família real e Madame de Tourzel tomam lugar a bordo.

A berlinda fora construída especialmente para a fuga. É confortável, estofada em veludo branco, munida dos "vasos para necessidade" previstos em longas viagens.

Fersen conduziria até a primeira muda, na orla da floresta de Bondy. Ali, a pedido de Luís, ficara combinado que ele se separaria dos fugitivos, que já estavam atrasados em uma hora e meia em relação ao horário estabelecido por Fersen e o marquês de Bouillé, o homem que dominara a revolta da guarnição de Nancy.

O caminho é longo.

Eles avançam na direção de Montmirail, Châlons-sur--Marne, Sainte-Menehould, Clermont-en-Argonne, Varennes – uma pequena aldeia na beira do rio Aire.

Dali, iriam até Montmédy, fim da viagem, perto da fronteira com a Bélgica, território imperial. E lá, esperariam dez mil soldados austríacos que, se necessário, poderiam prestar auxílio a Luís XVI. Mas o rei espera que a ameaça seja suficiente.

Além disso, ele disporá das tropas do marquês de Bouillé, que posicionara hussardos, dragões e cavaleiros do Royal Allemand em diversos pontos, a partir de Châlons-sur-Marne. Eles estavam encarregados de proteger a família real e de cortar comunicações com Paris.

Os soldados não sabem que escoltam o rei e sua família. Fora-lhes explicado que esperariam um "tesouro" destinado ao pagamento do soldo dos regimentos da fronteira.

O marquês de Bouillé e seus oficiais – o conde de Choiseul, o coronel de Damas – não têm certeza do estado de espírito daqueles 723 homens que poderiam se recusar a obedecer, se a população e as municipalidades manifestassem suas oposições ao rei.

A única maneira de evitar aquela "fermentação", aquela rebelião, era agir com rapidez.

No entanto, em Montmirail, a berlinda, que fora alcançada por um cabriolé com as duas criadas de quarto da rainha, já está com três horas de atraso sobre a hora prevista.

São onze horas desta terça-feira, 21 de junho.

Sabe-se, em Paris, há mais de três horas, que o rei fugira.

Às sete horas, Lemoine, o criado de quarto do rei, constatara que Luís não estava mais em sua cama e que a família real desaparecera. Ele dera o alerta e, às oito horas, a notícia já era conhecida em toda Paris.

A Assembleia se reúne, presidida por Alexandre de Beauharnais.

É descoberta uma *Declaração endereçada a todos os franceses* que o rei deixara em evidência dentro de seu quarto.

Nela, Luís se queixa de todos os ultrajes sofridos. Única recompensa por seus sacrifícios: "A destruição da realeza, os poderes não reconhecidos, as propriedades violadas, a segurança das pessoas colocada em perigo em toda parte, uma anarquia completa".

Ele denuncia as

> Sociedades dos Amigos da Constituição, uma imensa corporação mais perigosa que todas as que existiam antigamente... O rei não pensa ser possível governar um reino de tão grande extensão e de tão grande importância como a França com os meios estabelecidos pela Assembleia Nacional.

E Luís XVI convida os habitantes de sua "boa cidade" de Paris, todos os franceses, a desconfiarem das sugestões e mentiras de falsos amigos; retornai a vosso rei, ele será sempre vosso pai, vosso melhor amigo; que prazer não terá ele em esquecer todas as injúrias pessoais e rever-se no meio de todos, quando uma Constituição que ele tiver aceitado livremente fizer com que nossa santa religião seja respeitada, e o governo estabelecido em alicerces estáveis [...] e que por fim a liberdade seja assentada sobre bases firmes e inabaláveis.

"Paris inteira está em desordem."

Há indignação. A Assembleia se reúne permanentemente. O Clube dos Cordeliers lança uma petição a favor da República.

Bustos do rei são quebrados, seu nome é maculado, assim como tudo o que lembre a realeza.

Luís mentira, portanto.

Todos se lembram do que Marat escrevera no *L'Ami du peuple*. Lembram-se de que um novo jornal, *Le Père Duchesne*, afirmara em fevereiro que "a mulher Capeto quer ser raptada com o gordo Luís por La Fayette e os cavaleiros do punhal".

Há escândalo quando este mesmo La Fayette, seguido pela maioria dos deputados, evoca "os inimigos do rei raptando o rei".

Robespierre se insurge contra essa fábula do rapto de Luís XVI. No Clube dos Jacobinos, ele ataca os deputados, os Barnave, os Duport, os La Fayette, os Lameth:

– Em vinte decretos, eles chamaram a fuga do rei de rapto. Quereis mais provas de que a Assembleia Nacional trai os interesses da nação?

Ele lembra que fizera votar, em 16 de maio, uma lei segundo a qual nenhum dos deputados da Assembleia Constituinte poderia ser eleito na futura Assembleia Legislativa.

Com isso, quisera excluir os deputados moderados que eram apenas "moderadamente patriotas".

– Sublevo contra mim todos os amores-próprios – diz ele. – Afio mil punhais e me dedico todos os ódios. Conheço o destino que me reserva... Receberei quase como uma dádiva uma morte que me impedirá de ser testemunha dos males que prevejo inevitáveis.

Os jacobinos se erguem:

– Morreremos todos contigo! Juramos viver livres ou morrer!

Mas Barnave intervém, e sua moção é votada: "O rei, desencaminhado por propostas criminosas, se afastou da Assembleia Nacional."

Enquanto isso, nas ruas, nos cruzamentos, no Palais Royal, oradores bradam as palavras de Robespierre. Camille Desmoulins as difunde. Elas inflamam o jovem Saint-Just. Alguns querem que Robespierre seja proclamado "ditador".

A opinião pública se agita.
– Podemos ficar sem rei – grita-se.
Nos subúrbios, diz-se que é preciso sangrar "o grande porco", "Luís, o falso".

As efígies do rei, da rainha e dos príncipes são apagadas, arrancadas!

Todos ficam sabendo que o conde de Provença, irmão do rei, também fugira, mas que Filipe, duque de Orléans, se inscrevera no Clube dos Jacobinos.

Há suspeitas de intrigas, manobras, o duque substituindo o rei, um Orléans por um Bourbon.

Mas não se dá muita atenção a esta hipótese.

Ouvem-se e amplificam-se os rumores segundo os quais os exércitos austríacos marchariam sobre Paris.

Há corrida às Tulherias, onde todos os aposentos são abertos. Nada é roubado. Apenas um retrato do rei desaparece, e exemplares dos jornais monarquistas são rasgados, *Les Actes des apôtres*, *L'Ami du roi*, quando encontrados numa mesinha. Todos se retiram quando lacres são colocados, às duas da tarde desta terça-feira, 21 de junho.

Depois, nas ruas, passa-se fuligem nas palavras "rei" ou "real".

"À noite", escreve uma testemunha, "no Jardim das Tulherias e do Palais Royal, fazia-se de maneira tranquila e descansada as proposições mais injuriosas ao rei e à realeza. Imaginai o que se pode dizer de mais aviltante e ainda ficareis aquém."

Ouve-se:
– Capeto é gordo o suficiente para o que queremos fazer!
– Faremos insígnias com as tripas de Luís e de Antonieta, e cintos com suas peles. Queremos seus corações e seus fígados para cozinhá-los e comê-los.

Num cartaz pendurado nas grades das Tulherias, lê-se: "Perdeu-se um rei e uma rainha, recompensa considerável a quem não os encontrar".

O *L'Ami du peuple* e o *Père Duchesne* são impiedosos.

"Eis o momento de derrubar as cabeças dos ministros e de seus subalternos", escreve Marat.

"Maldito covarde! Grande impostor! Eu sabia que não passavas de uma maldita besta, mas não acreditava seres o mais celerado, o mais abominável dos homens", martela o *Père Duchesne*.

No entanto, a maioria da Assembleia se preocupa com a "nova revolução" que parece iniciar.

É preciso evitar o salto no desconhecido. Insistir, contra todas as evidências, que o rei fora raptado, que poderia ser suspenso, mas não destronado.

La Fayette, que envia mensageiros em todas as direções para encontrar a família real e trazê-la de volta para Paris, só fala, nas ordens que envia, em rei raptado.

Mas o *Le Père Duchesne* escreve:

> Capeto maldito, serás feliz demais se não deixares tua cabeça no cadafalso... Ah, não duvido que de novo te farás de santo e que, secundado pelos joões-ninguém do Comitê de Constituição, prometerás mundos e fundos. Querem de novo colocar a coroa em tua cabeça de cervo, mas não, maldito, isso não! De um canto a outro da França só existe um grito contra ti, contra tua maldita messalina, contra toda tua maldita raça. Fim ao Capeto, eis o grito de todos os cidadãos... Enfiar-te-emos em Charenton e tua cadela no asilo.

Na estrada, a berlinda já tem quatro horas de atraso ao passar por Châlons-sur-Marne.

Os dragões do marquês de Bouillé recuam.

Os camponeses armados de paus e lanças, a Guarda Nacional com fuzis, os cercam, preocupados com a presença das tropas.

Às cinco para as oito da noite, na muda de Sainte--Menehould, o responsável pelo posto, Drouet, que servira em Versalhes junto aos dragões, pensa reconhecer a rainha, que vira várias vezes, e o rei, na pessoa daquele criado de quarto cujo perfil parece com aquele gravado nas moedas e marcado nos *assignats*.

Ele observa, suspeita, se cala, deixa a grande berlinda e o cabriolé partirem.

São oito e dez desta terça-feira, 21 de junho.

De repente, dois mensageiros cruzam Sainte-Menehould. Vêm de Paris. Anunciam a fuga do rei.

Os dragões não os haviam parado.

Drouet se precipita com outro antigo dragão, Guillaume.

Eles passam por Clermont-sur-Argonne, onde os hussardos, ao invés de escoltar os veículos reais, gritam para os camponeses "Viva a nação!" e se recusam a executar as ordens em relação àqueles veículos suspeitos, aquela berlinda enorme, sem dúvida recheada de emigrados.

Os hussardos são desarmados, e Drouet e Guillaume, por atalhos que cortam a floresta, chegam a Varennes-en--Argonne, onde descobrem a berlinda parada no alto da aldeia. Eles avisam o procurador-representante, o merceeiro Sauce, e decidem construir uma barricada na ponte que atravessa o Aire. Os veículos chegam, são parados.

O procurador exige que os viajantes desçam, entrem em sua casa. O alarme soa. Os camponeses e a Guarda Nacional se reúnem. O procurador vai buscar o juiz Destez, que vivera em Versalhes.

Enquanto isso, Drouet compara o rosto do criado de quarto com o perfil real das moedas.

É o rei, diz ele, quem mais teria o poder de reunir tantas tropas!

– Se o senhor pensa que este é o rei, deveria pelo menos respeitá-lo ainda mais – exclama a rainha.

Chega o juiz.

Ele avança na pequena sala invadida pela multidão.

De repente, se coloca de joelhos:

– Ah! Sire! – exclama ele.

Luís hesita, se levanta.

– Muito bem, sim, sou vosso rei. Eis a rainha e a família real.

Ele abraça o procurador-representante, o juiz-representante, depois todos aqueles que o cercam.

É meia noite e meia de quarta-feira, 22 de junho.

Quando 150 hussardos chegam a Varennes, é tarde demais.

Os camponeses ocupam as ruas. A Guarda Nacional colocara dois canhões em posição. Drouet afirma:

– Só tereis o rei morto.

Os hussardos recuam, ameaçados entre dois fogos, e as mulheres, sob ordem de Drouet, voltam para suas casas e se preparam para apedrejar os soldados.

"Os hussardos conferenciam", conta Drouet, "e no instante seguinte vêm se entregar aos braços da Guarda Nacional. Seu comandante escapa."

Todos gritam:

– Viva a nação!

"Fizeram mal em ceder tão facilmente", conclui Drouet, "os canhões com que eram ameaçados não estavam carregados".

Mas chegam, de todas as aldeias vizinhas, camponeses armados de foices, lanças, fuzis e paus, iluminados por tochas.

O sino de alarme de todas as igrejas soa.

Logo haverá dez mil camponeses em Varennes.

Às cinco horas da manhã desta quarta-feira, 22 de junho, os mensageiros de La Fayette chegam e apresentam ao rei o decreto ordenando o retorno de Luís e da família real a Paris.

– Não há mais rei na França – diz Luís.

Luís quer retardar um pouco a partida. Ele ainda espera a chegada das tropas do marquês de Bouillé, os trezentos homens do Royal Allemand.

Finge dormir, mas é acordado. Os camponeses, os guardas nacionais e as autoridades municipais querem que a viagem para Paris seja iniciada logo, pois temem o carniceiro de Nancy, o marquês de Bouillé.

Mas o país inteiro se revoltava, e o Royal Allemand não intervirá. O marquês de Bouillé, depois de recuar em Montmédy, preferira fugir para Luxemburgo.

O rei e a família real só podem se submeter, ouvindo os gritos da multidão que se amontoa ao longo da estrada que conduz a Sainte-Menehould, a Châlons-sur-Marne.

As carruagens reais andam lentamente, escoltadas por dez mil homens a pé e a cavalo.

As injúrias, as ameaças, toda uma violência acumulada há séculos, reprimida, explode numa erupção vingadora. Luís só consegue repetir:

– Eu não queria sair do reino.

O calor desta quarta-feira, 22 de junho de 1791, é abrasador. Um pouco antes de Châlons, um homem a cavalo aparece, tenta se aproximar da berlinda. Derrubado, ele é pisoteado, empurrado num fosso.

Trata-se do conde de Dampierre, que quisera saudar o rei, mas era detestado pelos camponeses por sua severidade na cobrança dos direitos feudais.

– O que foi? – pergunta Luís XVI, que vira o tumulto.

– Não é nada, um homem está sendo morto.

Eles chegam a Châlons-sur-Marne às onze da noite.

A viagem será retomada na quinta-feira, 23 de junho, às nove horas.

Calor e ofensas.

O rei é cuspido no rosto. A rainha é maltratada, e seu vestido, rasgado.

– Vamos, minha querida, a senhora verá muito mais – lança uma mulher.

A rainha abaixa a cabeça quase até os joelhos.

Entre Épernay e Dormans, por volta das sete horas da noite, os três comissários que a Assembleia Nacional designara para trazer o rei encontram a berlinda.

Barnave e Pétion sobem com a família real. La Tour Maubourg se instala na outra carruagem, acompanhado pelo coronel Mathieu Dumas.

A multidão recebe os comissários com fervor.

"Não posso descrever o respeito com que fomos cercados" dirá Pétion. "Que ascendência poderosa, disse a mim mesmo, a desta Assembleia!"

Barnave se instala entre o rei e a rainha. Pétion entre Madame de Tourzel e Madame Elizabeth.

Pétion tem a impressão de que a irmã do rei se encosta nele.

"Madame Elizabeth teria decidido sacrificar sua honra para fazer-me perder a minha?", pergunta-se ele enquanto observa Barnave cochichando com a rainha.

O calor é sufocante.

– O rei não queria sair da França – repete Madame Elizabeth.

– Não, senhores – diz o rei falando com voluptuosidade –, eu não estava saindo, já o declarei, e é verdade.

Eles chegam a Meaux na sexta-feira, 24 de junho.

Partirão para Paris por volta das sete da manhã de sábado, 25 de junho.

Luís folheia seu diário, relê o que escrevera dia após dia, ao longo de horas que, agora ele se surpreende, não lhe deixam nenhum pesar por si mesmo.

Ele sofre pela rainha e pelas crianças, por sua irmã e seus três guarda-costas, que são insultados, e por Madame de Tourzel.

Ele pensa naquele homem, sem dúvida um fiel nobre, degolado num fosso.

Ele fica sabendo que o conde de Provença chegara à Bélgica sem dificuldades.

Deus decide a sorte reservada a cada um.
Luís escrevera:

> *Quinta-feira, 21 de junho*: partida à meia-noite de Paris, chegada e parada em Varennes-en-Argonne às onze da noite.
> *22*: Partida de Varennes às cinco ou seis horas da manhã, almoço em Sainte-Menehould, chegada às dez horas em Châlons, ceia e sono na antiga Intendência.
> *23*: Às onze e meia, missa foi interrompida para apressar a partida, almoço em Châlons, jantar em Épernay, encontrados os comissários da Assembleia junto ao porto, em Buisson, chegada às onze horas em Dormans, ceia, sono de três horas numa poltrona.
> *24*: Partida de Dormans, às sete e meia, jantar em Ferté--sous-Jouarre, chegada às onze horas, em Meaux, ceia e sono no bispado.
> *Sábado, 25*: Partida de Meaux às seis e meia...

Ele acrescentará a este dia de sábado, 25 de junho: "... chegada em Paris, sem paradas".

Ele nada diz da imensa multidão no calor, dos gritos, da chegada a Paris pelos "novos bulevares", para evitar as manifestações violentas.

Depois a Champs-Élysées, a Praça Luís XV.

A Guarda Nacional forma uma barreira, com as armas depostas. A multidão grita, quando a rainha desce da carruagem no pátio das Tulherias:

– Abaixo a austríaca.

Todos se precipitam, para tentar se apoderar dos três guarda-costas vestidos de mensageiros. Os comissários os arrancam daqueles "tigres" – como os chamam Barnave – que já na floresta de Bondy, depois em Pantin, haviam tentado tomar a berlinda de assalto. As mulheres eram as mais furiosas, verdadeiras "tigresas" ameaçando decepar a rainha e esquartejá-la.

Gritaram:

– A maldita, a vadia, por mais que nos mostre seu filho, sabemos que não é dele.

A Guarda Nacional as fizera recuar e fazia o mesmo na frente das Tulherias. Mas os soldados não aplicam as ordens dadas pela Assembleia: "Quem aplaudir o rei será espancado, quem o insultar será enforcado".

Mas o rei continua sendo rei: fora apenas *afastado*.

Nos apartamentos reais, os criados de libré se ocupam à volta de Luís, fazem sua toalete.

"Ao olhar para o rei", escreve Pétion, "ao contemplá-lo, jamais se poderia adivinhar tudo pelo que acabava de passar; estava tão impassível, tão tranquilo quanto se nada tivesse acontecido. Prontamente assumiu seu papel."

A La Fayette, que viera receber ordens, Luís responde, rindo:

– Parece-me que estou mais às suas ordens do que o senhor às minhas.

E Luís escreve em seu diário, no dia seguinte: "*Domingo, 26*: Absolutamente nada, missa na galeria. Conferência dos comissários da Assembleia."

Naquela manhã, quando a rainha tirar sua boina na frente de sua criada, esta constatará que os cabelos de Maria Antonieta tinham se tornado completamente brancos "como os de uma mulher de setenta anos".

Em seu diário, dois dias depois, Luís XVI escreve: "*28*: Estou satisfeito."

24.

Nesses últimos dias do mês de junho de 1791, Paris é assolada por um calor pesado e tempestuoso.

Luís sofre por ser prisioneiro dentro dos apartamentos das Tulherias, por não poder passear nos jardins, nos terraços, nem, é claro, cavalgar e caçar nas florestas.

Os guardas nacionais, pagos ou voluntários, erguem tendas na grama. Sentinelas patrulham sem descanso. As portas dos quartos – inclusive o da rainha – precisam ficar abertas, a fim de que os guardas possam a todo instante assegurar-se da presença dos soberanos.

Luís resolve pregar uma peça naqueles patriotas. Ele se esconde atrás de uma tapeçaria, deixando os guardas preocupados e fazendo-os chamar em reforço dois sapadores e doze granadeiros, para forçar as portas cujas chaves não possuíam.

– Muito bem, estou aqui – dissera o rei, erguendo a ponta da tapeçaria.

Ele gosta de constatar o mal-estar dos "patriotas" que vêm interrogá-lo, sejam eles guardas nacionais, comissários da Assembleia ou mesmo o general La Fayette.

La Fayette e os comissários, que refletem a opinião da maioria da Assembleia, jamais utilizam a palavra *fuga*, falando de *rapto* ou *viagem*.

Quando mencionam a *Declaração endereçada aos franceses*, que ele deixara no quarto antes de partir das Tulherias, é para dizer que se trata de um rascunho sem valor, que não fora assinado por nenhum ministro e que não comprometia o soberano.

Eles repetem que o rei é inviolável, portanto, não pode ser julgado, e continuará suspenso até o momento em que prestará novo juramento à Constituição.

Luís, pouco a pouco, se tranquiliza.

Ele avalia o quanto esta maioria de deputados fica preocupada com a ideia de que o povo, os membros do Clube dos Cordeliers – Danton, Desmoulins – e a parte dos jacobinos que segue Robespierre poderiam impor a República ou uma regência de Filipe de Orléans.

O duque escolhera para si o nome de Filipe Égalité. Ele aparenta ter renunciado a toda ambição pessoal, mas seus partidários – o escritor Choderlos de Laclos, Danton – continuam a fazer campanha pela deposição do rei, pois permitiria fazer de Filipe de Orléans seu sucessor, regente ou tenente-geral do reino.

Caso contrário, um César imporia sua ditadura. Poderia ser La Fayette, ou então o marquês de Bouillé, que, de Luxemburgo, escrevera à Assembleia para ameaçar Paris de destruição, sem deixar "pedra sobre pedra" se o rei ou os membros da família real fossem maltratados. E o marquês de Bouillé assegurava ser o responsável pelo rapto do rei.

Luís se espanta ao ver a maioria da Assembleia aceitar esta tese e, pouco a pouco, se convence de que a situação ainda pode ser invertida.

Ele precisa ser paciente, fazer aqueles deputados que não querem sobrecarregá-lo, que o ouvem com deferência, acreditarem que ele está disposto a aceitar a Constituição.

– Reconheci, nesta viagem – diz ele a La Fayette –, que me enganara e que o apego à revolução é opinião geral.

Ele encoraja Maria Antonieta a ouvir Barnave, que, ao longo de todo o trajeto de volta, se mostrara preocupado em proteger a rainha.

Este, seduzido, almeja aconselhar Maria Antonieta, tomar o lugar do falecido Mirabeau.

Por que não?

Barnave declarara à Assembleia:

– Todos devem estar sentindo que o interesse comum é que a revolução se interrompa. Aqueles que perderam devem saber que é impossível fazê-la retroceder; que agora só basta fixá-la...

É preciso corroborar Barnave. Ele está ao lado de Duport, Lameth, La Fayette e inclusive Sieyès, ao lado daqueles que se opõem aos "patriotas exaltados", aos "tigres".

Luís, a cada dia desde seu retorno às Tulherias, ouve aqueles "animais selvagens" gritarem injúrias.

Eles ficam atrás das grades. Reúnem-se na Praça Luís XV. Os guardas nacionais não podem ou não querem empurrá-los, dispersá-los, calá-los.

Quando, ao fim do dia, Luís se aproxima de uma janela, para aproveitar o frescor da brisa, os insultos abundam, aos berros.

"Imbecil", "Porco", "Pérfido", "Covarde".

É ameaçado de ser sangrado, desmembrado, de ter o coração devorado.

Quando a rainha se aproxima, os gritos duplicam contra "a vadia Toninha, a austríaca que é preciso açoitar, esfolar".

Querem julgá-los. Grita-se que a nação não precisa de um rei. Às vezes, surge a palavra *república*.

"O povo está furioso", escreve uma testemunha. "Da própria Assembleia Nacional aos últimos cafés, ele parece com os ventos que estremecem a terra uma hora antes do furacão devastador."

Quem o desencadeará? Luís lê com atenção as palavras daquele jacobino, Maximilien Robespierre, que no domingo 26 de junho já exigira que um tribunal fosse encarregado de ouvir os dois soberanos:

– A rainha não passa de uma cidadã – dissera ele –, e o rei, na qualidade de primeiro funcionário do reino, está submetido às leis.

Hábil e prudente, aquele Robespierre!

Ele deixa Danton, Laclos e Camille Desmoulins evocarem a República, ou um "meio constitucional" que permita substituir Luís XVI – e todos entendem que eles pensam num regente, que seria Filipe de Orléans –, mas Robespierre não se pronuncia. Diz apenas que se o rei é inviolável, o povo também o é. Portanto se deve interrogar o rei e a cidadã Maria Antonieta.

Luís nunca flagra alguma injúria na boca de Robespierre. É Pétion quem diz que o rei é um "monstro" e outro deputado, Vadé, quem lança um "bandido coroado".

Robespierre não assina a petição dos *cordelier*s que exige a "deposição do Rei".

Ele não participa da manifestação de trinta mil trabalhadores que se reúnem na Place Vendôme, em 24 de junho, nem no grande ajuntamento diante da Assembleia, na Rue Saint-Honoré, a favor da deposição do rei, mas também contra qualquer ideia de substituição do Bourbon por um Orléans, e contra a instituição de uma regência.

"Fim à monarquia", "Fim aos tiranos", grita-se.

E Robespierre não segue Condorcet ou o escritor americano Thomas Paine, que se afirmam republicanos.

Luís observa. Ele medita sobre as palavras de Barnave, que aconselha a rainha e repete que uma maioria de deputados se pronunciará contra a deposição, que a Assembleia estaria disposta a colocar um fim à suspensão do rei assim que ele aprovasse a Constituição.

Mesmo assim, Luís se preocupa. A Assembleia decide recrutar mil voluntários nacionais que formariam um exército fiel à Constituição, no qual os soldados elegeriam seus suboficiais e oficiais.

Ele precisa assistir ao desfile de um cortejo que acompanha as cinzas de Voltaire, transferidas para o Panthéon.

Luís se senta, pernas cruzadas na frente de sua janela, para vê-lo passar na Pont-Royal. Depois o cortejo se imobiliza diante do Pavillon de Flore por mais de 45 minutos. Maria Antonieta entra no quarto e manda fechar as janelas!

Mas ouve-se o canto:

> Povo, acorda, rompe as amarras
> Volta à tua grandeza primeira

> ...
> A Liberdade te chama
> Nasceste para ela
> ...
> A horrível escravidão
> Esmaece a coragem
> Mas a liberdade
> Recupera sua grandeza e alimenta seu orgulho
> Liberdade, liberdade!*

Luís se esforça para aceitar tudo aquilo placidamente.

É preciso deixar a revolução se espalhar, como um rio em época de cheia, que de nada adianta represar, mas que um dia secará e voltará a seu leito.

É a tentativa de fuga e a noite passada em Varennes-en--Argonne que lhe dão essa sabedoria.

O movimento do próprio rio devolveria a monarquia a seu lugar. Assim, tanto fazia que a Assembleia tomasse medidas contra os emigrados, triplicando a tributação sobre seus bens se estes não voltassem dentro de dois meses, ou que celebrasse, no Campo de Marte, o segundo aniversário da tomada da Bastilha, em grande pompa, à luz do dia. E que o bispo de Paris rezasse a missa no Altar da Pátria e entoasse um *Te Deum*.

Neste altar, os *cordeliers* querem apresentar uma petição a favor da deposição em 17 de julho. Já tinham recolhido seis mil assinaturas.

Mas estão na ilegalidade, pois a Assembleia soberana se recusara a votar a deposição do rei e, pelo contrário, o inocenta.

É Barnave quem, em 15 de julho, sai vitorioso, num grande discurso em que este homem que inaugurara, em Grenoble e em Vizille, em 1788, o período revolucionário, enfatiza os perigos de continuar-se com a revolução.

---

* *Peuple réveille-toi, romps les fers / Remonte à ta grandeur première [...] / La Liberté t'appelle / Tu naquis pour elle [...] / L'affreux esclavage / Flétrit le courage / Mais la liberté / Relève sa grandeur et nourrit sa fierté / Liberté, liberté!* (N.T.)

– O que temo – diz Barnave – é nossa força, nossas agitações, é o prolongamento indefinido de nossa febre revolucionária. Terminaremos a revolução? Recomeçá-la-emos? Se a revolução der um passo a mais, não poderá fazê-lo sem perigo; pois na linha da liberdade, o primeiro ato que poderia seguir-se seria o aniquilamento da realeza; pois, na linha da igualdade, o primeiro ato que poderia seguir-se seria o atentado à propriedade... Para aqueles que gostariam de ir mais longe, que noite de 4 de agosto ainda resta haver, se não a das leis contra as propriedades?

É como se o rio da Revolução se dividisse em duas correntes.

Uma queria paralisar a Revolução.

A outra queria se deixar levar pelo rio. Nesta havia, de fato, os *partageux**, que queriam – e suas vozes já se faziam ouvir –, além do rei, atacar os ricos, as propriedades.

Luís imagina ser, aos olhos de Barnave, de La Fayette, de Duport e de Sieyès, um baluarte.

E um obstáculo para os demais, Marat, Maréchal, Hanriot e aquele Gracchus Babeuf, um picardo que sonha com a partilha das terras, como o jovem Saint-Just.

Os *cordeliers*, com o impressor Momoro e o poeta Fabre d'Églantine, mantêm, apesar das resoluções da Assembleia, sua decisão de apresentar a petição no Altar da Pátria, no Campo de Marte, em 17 de julho.

Tensão no Clube dos Jacobinos.

Maximilien Robespierre, prudentemente, se cala.

Ele teme a "ilegalidade", as medidas de força que a Assembleia poderia tomar.

Ele previne contra os perigos de uma petição, mas também diz:

---

* *Partageux*: os que preconizam a partilha, a comunhão ou a igualdade de bens. (N.T.)

– O momento do perigo não é o da pusilanimidade... Estou disposto a morrer pela salvação do povo sensível e generoso.

Uma parte dos jacobinos se alia à petição.

É demais para Barnave, La Fayette, Duport, Lameth.

Eles abandonam a sessão, o Clube dos Jacobinos. Decidem criar, não longe dali, no Convento dos Feuillants*, também na Rue Saint-Honoré, outro clube, "moderado", o Clube dos Feuillants.

O partido dos patriotas racha.

Em 16 de julho, os *cordeliers* e os jacobinos depositam uma petição no Altar da Pátria.

Ela declara o decreto da Assembleia "contrário ao desejo do povo soberano", exige o "julgamento de um rei culpado" e a "substituição e a organização de um novo poder executivo". E conclamam o povo a ir assiná-la no dia seguinte, 17 de julho, um domingo.

Todos deviam se reunir na Place de la Bastille e ir em cortejo ao Campo de Marte.

Mas os guardas nacionais estão lá, impedindo a aglomeração. Diz-se que Bailly e a municipalidade decidiram impedir qualquer tipo de aglomeração e aplicar a lei marcial.

Os batalhões da Guarda Nacional, pagos e voluntários burgueses, estão armados, com suas bandeiras vermelhas também hasteadas nas janelas do Hôtel de Ville.

Mas os dez mil peticionários, dentre os quais inúmeras mulheres com crianças, que estavam no Campo de Marte, para onde haviam ido em pequenos grupos, não conseguem conceber que a Guarda Nacional atiraria neles, mesmo quando a veem chegar, com fuzis, baionetas e canhões.

A tensão aumenta, no entanto.

---

* Os *feuillants* eram monges de uma congregação religiosa da ordem de Cister que desapareceram durante a Revolução. (N.T.)

São descobertos, sob o estrado do Altar da Pátria, dois homens que afirmam querer furar as tábuas para ver as pernas e bundas das mulheres.

Não são ouvidos. Foram pagos pelos aristocratas, afirma-se. Querem ali colocar uma máquina infernal. São surrados, enforcados; seus pescoços, cortados. Suas cabeças são colocadas na ponta de lanças. Maillard, o comandante dos "vencedores da Bastilha", e o pintor David estão presentes, no meio da multidão que pouco a pouco se reduz a cerca de quatro ou cinco mil pessoas.

Estas provocam os batalhões de La Fayette, que avançam, apesar de uma saraivada de pedras lançadas pela multidão que grita:

– Abaixo a bandeira vermelha! Abaixo as baionetas!

As bandeiras vermelhas são ostentadas.

Os soldados dão uma primeira carga no ar, depois atiram na multidão, que também é atacada pelos cavaleiros.

O tiroteio continua a crepitar.

Os guardas nacionais perseguem os fugitivos, fora do Campo de Marte, "nos jardins, gramados e planícies dos arredores, baioneta nos rins, e matam um bom número de mulheres, crianças e velhos".

"Contam-se de 1.200 a 1.500 mortos a tiros e baionetas", dizem os rumores.

Não passarão de cem.

Mas o Sena corre como um rio de sangue.

Separa moderados e republicanos.

Para o povo, La Fayette e Bailly agora não passam de "homens que massacram".

E os guardas nacionais que mataram demonstram sua vontade de acabar com as desordens, os motins, os saques, os assassinatos, as cabeças na ponta de lanças.

Os "patriotas" temem a repressão. Danton se refugia na casa de sua mãe, em Arcis-sur-Aube, depois vai à Inglaterra; Desmoulins e Marat se escondem. As prensas do *L'Ami du peuple* são destruídas. Cessam as publicações de *Les Révolutions de France et de Brabant*.

Robespierre não volta para casa na Rue de Saintonge, mas dorme diversas noites na casa de seu amigo, o marceneiro Duplay, que tem uma casa na Rue Saint-Honoré.

Ele teme uma "São Bartolomeu dos patriotas".

Pois a bandeira vermelha da lei marcial permanecerá suspensa na fachada do Hôtel de Ville até o dia 25 de julho.

Em 26 de julho, assim escreve o livreiro Ruault:

> Tenho o coração compungido de dor por ver as coisas terminarem assim... Assim veremos, e já vimos, duas opiniões políticas entre as quais os franceses se dividirão... Antevejo uma desgraça sem fim se a divisão iniciada na semana passada continuar por mais tempo...

25.

Qual dessas "duas opiniões políticas entre as quais os franceses se dividem" sairá vencedora neste candente verão de 1791?

Luís, que tolera cada vez menos seu encerramento – seu "aprisionamento", dizem os monarquistas – nos apartamentos reais das Tulherias, observa, ouve, lê.

Ele é prudente, ambíguo.

Não ousa acreditar que o silêncio ao qual foram obrigados os "patriotas exaltados", Marat, Hébert, Desmoulins, Danton, cujos jornais não são mais publicados, possa durar e que a Assembleia Nacional mantenha e acirre as medidas, os decretos que estabelecera.

No dia seguinte ao tiroteio do Campo de Marte, ela decide que todos os que tentarem repetir semelhante aglomeração de pessoas e tentarem fazer novas petições contra o rei serão condenados ao cárcere!

Ela faz com que seja afixado nas ruas e nos cruzamentos o texto do discurso de Charles Lameth, presidente da Assembleia, que anuncia que todos aqueles que criticarem La Fayette, por ele ter aplicado a lei marcial, serão perseguidos.

Luís se espanta com a velocidade com que a maioria do partido patriota muda de atitude.

Quem poderia acreditar, no mês anterior, que Lameth, Duport, Barnave, todos os fomentadores de revolução, estariam se aproximando de Malouet, dos monarquistas e inclusive do abade Maury ou do abade Royou e seu *L'Ami du roi*?

Ele sabe que Maria Antonieta escreve a Lameth e a Barnave, que eles lhe aconselham a aprovação da Constituição, tal como revisada pela Assembleia.

O texto confiaria ao rei importantes poderes. Assinalaria que a revolução terminara. A França continuaria sendo um reino, transformado de alto a baixo, é certo, uma obra gigantesca realizada em dois anos por uma Assembleia Nacional "constituinte", mas a nação reencontraria a ordem, a paz, a segurança das pessoas e das propriedades.

Os eleitores e eleitos precisariam ser cidadãos ativos, e os eleitos seriam escolhidos entre os mais ricos dentre estes, pois é maior a preocupação com a coisa pública quando os interesses pessoais e particulares estão ligados a ela.

No entanto, Luís hesita em aprovar esta Constituição que vira as costas às leis fundamentais e sagradas do reino.

O rei não é mais de direito divino. É o *rei dos franceses*. E Luís partilha dos sentimentos de Maria Antonieta, que detesta aquela Constituição que chama de "sucessão de absurdos impraticáveis".

Mas Luís quer agir com prudência.

Ele se inquieta com a correspondência secreta que a rainha mantém com o irmão, o imperador Leopoldo II, cujo teor conhece.

Maria Antonieta está alinhada aos emigrados, aos irmãos de Luís, condes de Artois e de Provença, ou ao barão de Breteuil, que convidam os demais soberanos a se preocuparem com aquele "espírito de insubordinação e revolta" que da França poderia ganhar toda a Europa.

Luís recebe uma carta de Edmund Burke, que o convida a não reconhecer a Constituição, a não seguir os conselhos de Barnave e de Lameth, daqueles que, como diz Rivarol, "depois de terem sido incendiários, vêm se oferecer como bombeiros".

"Vossa situação diz respeito ao gênero humano", escreve Burke. "Vossa salvação consiste no silêncio, na paciência, na recusa."

Mas Maria Antonieta se impacienta, ansiosa e humilhada.

Luís sabe que ela julga suas hesitações com severidade.

Ela escreve a Mercy-Argenteau, em 29 de julho: "O senhor conhece a pessoa com quem preciso lidar. No momento em que a acreditamos convencida, uma palavra, um argumento a faz mudar sem que ela se dê conta; é também por isso que mil coisas não devem ser mencionadas".

Luís tenta se justificar junto à rainha.

Ela está sendo imprudente. Os emigrados, chamando os soberanos estrangeiros a intervir, colocam em perigo a família real.

Maria Antonieta insiste.

"A força armada tudo destruiu, só a força armada pode tudo recuperar", ela escrevera ao imperador Leopoldo II.

Ela é ainda mais específica ao acrescentar: "Em todo caso, somente as potências estrangeiras podem nos salvar; o exército está perdido, o dinheiro não existe mais; nenhuma amarra, nenhum freio pode deter a população armada de todos os lados".

Era de se esperar que, ao redor das Tulherias, o povo gritasse numa espécie de furor: "Viva a nação!", "Abaixo a austríaca!".

E que a opinião pública estivesse convencida – depois de 27 de agosto de 1791, quando no castelo de Pillnitz, na Saxônia, Leopoldo II e o rei da Prússia, Frederico Guilherme II, se reúnem e declaram que consideram "a situação do rei da França um objeto de interesse comum" – de que os exércitos austríacos e prussianos cruzariam as fronteiras.

Sabe-se que o marquês de Bouillé concebera, valendo--se de seu conhecimento das fortalezas francesas, um plano de invasão.

A verdade, pelo contrário, é que o imperador da Áustria e o rei da Prússia só querem se comprometer se houver unanimidade entre todas as potências.

"Somente nesse caso...", escrevem eles, adiando para uma data indeterminada uma invasão, improvável nas condições vigentes.

Mas Luís sabe que aquele jogo é perigoso para a família real. Os emigrados, os monarquistas, ao saudar o imperador e o rei da Prússia como salvadores, excitam o ódio dos "*enragés* do Palais Royal". Artois e Provença se comportam como Caim.

Luís teme essa política do quanto pior melhor, da qual ele, a rainha e seus filhos pagariam o preço.

Seu resultado era reforçar o Clube dos Jacobinos, que, mesmo ao perder todos os deputados aliados ao Clube dos Feuillants, mantiveram a maior parte de seus membros comuns, sendo Maximilien Robespierre o homem ouvido e seguido.

Robespierre se instalara na casa de Maurice Duplay.

Este empreiteiro de marcenaria mora numa casa da Rue Saint-Honoré, com a esposa, três filhas e um filho.

– Amamos Maximilien como a um irmão – diz uma das filhas, Elizabeth.

De fato, ele é admirado, venerado. Um deputado do Terceiro Estado, La Révellière-Lépaux, que o visita, se surpreende:

> Robespierre recebia homenagens, na casa dos Duplay, como as que são feitas a uma divindade... Quanto a ele, bem penteado e empoado, vestido num roupão dos mais limpos, se esparramava numa poltrona na frente de uma mesa cheia das mais belas frutas, manteiga fresca, leite puro e café perfumado. Toda a família, pai, mãe e filhos, tentavam adivinhar em seus olhos todos os seus desejos, para antecipá-los de imediato.

Mas Maximilien não ficara escondido na casa dos Duplay.

Enquanto Danton, Camille Desmoulins, Marat e muitos outros haviam deixado Paris ou tinham se calado, Robespierre comparece à Assembleia a partir do dia 22 de julho, "o rosto pálido, os olhos fundos, o olhar incerto e arisco".

No início do mês de agosto, ele escreve uma *Mensagem ao povo francês*.

Nos dias que se seguem, ele se beneficia com a volta dos jornais – como *Le Patriote français*, de Brissot – que o apoiam.

Depois do medo e do temor de ver a Assembleia perseguir com determinação os "republicanos", estes constatam que ela hesita.

Ela precisa, para obter do rei sua aprovação da Constituição revisada, dos "patriotas exaltados" que ameaçam o soberano.

O cimento da aliança Barnave–La Fayette–Luís XVI é o temor do "populacho", dos *partageux*, dos "*enragés* do Palais Royal", pouco respeitosos das leis.

Mas Robespierre é prudente como um gato e começa a ser comparado a este felino.

– Não somos revoltosos – diz ele. – Se alguém ousou dizer que de fato me ouviu aconselhar a desobediência às leis, mesmo as mais contrárias a meus princípios, declaro-o o mais despudorado e covarde de todos os caluniadores.

Mas ele é incapaz, quando intervém na tribuna da Assembleia, de denunciar aqueles que, para obter o consentimento do rei – como Duport, Barnave –, aceitavam revisar a Constituição de maneira a satisfazer, em parte, o soberano.

As palavras de Robespierre fustigam os *feuillants* que, há poucas semanas, ainda eram membros dos jacobinos.

– Não presumo – começa Maximilien – que exista nesta Assembleia um homem covarde o suficiente para fazer concessões à Corte, um homem pérfido o bastante, inimigo da pátria o bastante, imprudente o bastante para ousar confessar aos olhos da nação que só procurou na revolução um meio de engrandecer a si mesmo.

O "povo" das tribunas o aclama, desafiando os regulamentos que, há alguns dias, proibiam qualquer manifestação no recinto da Assembleia.

As aprovações duplicam quando, apontando o dedo, Robespierre acrescenta:

– Se, para ter o direito de se fazer ouvir nesta Assembleia, for preciso atacar os indivíduos, declaro, de minha parte, atacar pessoalmente os senhores Barnave e Lameth.

Ele os acusa de recusarem a abolição da escravidão. Enquanto isso, em São Domingos, os escravos se insurgem. Os deputados que haviam redigido e imposto a Declaração dos Direitos do Homem e do Cidadão recusavam esses mesmos direitos aos homens condenados à servidão.

A palavra de Robespierre é cada vez mais ouvida. Mas o desejo de ver o país se pacificar é imenso. Todos sonham com um entendimento entre o antigo e o novo regime, entre o rei e os deputados. Querem que a ordem seja restabelecida. Os interesses da Corte e dos moderados são complementares. O rei aceita, assim, jurar a Constituição de 1791.

Em 3 de setembro de 1791, sessenta deputados precedidos por carregadores de tochas vão, a pé, da Sala do Manège ao castelo das Tulherias, para apresentar ao rei a Constituição revisada. A partir do dia seguinte, o rei e a família real serão autorizados a sair de seus apartamentos.

Luís e Maria Antonieta podem finalmente ir à capela do castelo para ouvir a missa.

A emoção oprime Luís, que não consegue conter as lágrimas, enquanto a multidão sempre hostil martela:

– Viva a nação! Viva a Constituição!

Luís, que no fundo não consegue admitir o texto constitucional, o aprovará. Mas estará mentindo? Ele é o rei. Seus deveres derivam de outras leis que não as dos homens.

Em 13 de setembro, ele dá seu consentimento, e os deputados manifestam seu entusiasmo decidindo libertar todos os que haviam participado ou ajudado sua fuga, seu "rapto" de 20 de junho.

Luís diz à deputação que fora saudá-lo que sua mulher e seus filhos partilham de seus sentimentos.

Mas no dia seguinte, na Assembleia, ele empalidece de humilhação quando constata que os deputados permanecem sentados quando ele levanta e mantêm a cabeça coberta.

– Essa gente – murmura a rainha – não quer soberanos. Sucumbiremos às suas táticas pérfidas e muito bem planejadas. Estão demolindo a monarquia pedra por pedra.

Luís pensa na Bastilha, da qual não resta mais nada, apenas um traçado no chão.

No domingo 18 de setembro, no Hôtel de Ville, a Constituição é proclamada. E, "povo instável e frívolo", Paris dança e canta.

Luís, tranquilizado, vai das Tulherias a Maillot e é aplaudido, aos gritos de "Viva o rei!". São cantadas, em coro, estrofes de *Ricardo Coração de Leão*, com a substituição do nome do rei:

> Ó, Luís, ó, meu rei
> Teus amigos te cercam
> Nosso amor te cerca.*

A própria rainha é aplaudida.

Mas quando os soberanos partem de carruagem, um homem do povo salta, se pendura na porta do veículo e, gesticulando, berra àqueles que gritam "Viva o rei!":

– Não, não acreditem neles! Viva a nação!

Em 30 de setembro, tem lugar a última sessão da Assembleia Nacional Constituinte.

O rei comparece.

Os deputados ficam de cabeça descoberta e em pé porque o rei prestara seu juramento e era, portanto, rei dos franceses, monarca constitucional.

Eles exclamam:

– Viva o rei! Viva a nação!

Luís responde que "precisa ser amado por seus súditos".

Ele escrevera num cartaz colocado perto de seu assento, que não passa de uma poltrona, não um trono: "O fim da revolução é chegado; que a nação recupere seu feliz caráter!".

---

* *Ô Louis, ô mon roi / Tes amis t'environnent / Notre amour t'environne.* (N.T.)

Quando os deputados saem da sala, uma multidão de cidadãos cerca e aclama Pétion e Maximilien Robespierre.

Dizem que eles são os dois "deputados virgens", os "legisladores incorruptíveis".

Estes recebem "coroas cívicas de carvalho".

A multidão tenta desatrelar seus fiacres e puxá-los.

Eles se opõem.

– Quando vejo... – começa Robespierre.

Ele se interrompe, depois continua:

– Não creio que a Revolução tenha acabado.

QUINTA PARTE

1º de outubro de 1791-
10 de agosto de 1792
"A pátria em perigo"

"Eu bem que lhes havia dito, diabos, que daria certo. Quando o Faubourg Saint-Antoine, quando os bravos *sans-culottes* e quando o *Le Père Duchesne* querem alguma coisa, haverá alguma força no mundo capaz de detê-los? Portanto, diabos, por mais que Madame Veto balançasse a bunda e a cabeça, todos os informantes de Blondinet [La Fayette] e o próprio Blondinet ficaram impotentes."

Hébert, *Le Père Duchesne*, abril de 1792

26.

Luís dá de ombros, depois se curva e fica de olhos semicerrados, vencido.

Ele pensara que, ao aceitar a revisão da Constituição, recuperaria o amor do povo, e que os deputados eleitos para a Assembleia Nacional Legislativa, cuja primeira sessão se realizara no sábado 1º de outubro de 1791, estariam dispostos a reconhecer os poderes que lhe eram concedidos.

Eles eram 745, dos quais apenas 136 inscritos no Clube dos Jacobinos, 264 ligados ao Clube dos Feuillants e 345 formando sozinhos quase que uma maioria independente que votava ao sabor dos acontecimentos, das aclamações das tribunas do público, de suas preferências.

Em 5 de outubro, depois de ouvir um discurso de Couthon, um deputado desconhecido, jurista em Clermont-Ferrand, paralítico, que dizem ser jacobino e filiado ao Clube dos Cordeliers, portanto um "exagerado", a Assembleia decreta que o rei não seria mais chamado de "Sire" e "Majestade", que disporia não de um trono, mas de um assento comum, e que os deputados poderiam permanecer sentados em sua presença.

Pouco importa que, no dia seguinte, a mesma Assembleia anule a decisão da véspera, e que os deputados gritem "Viva o rei!".

Luís não fica satisfeito.

Essas votações contraditórias demonstram que a Assembleia estava, como o país, dividida, e que a Revolução que Luís quisera acreditar chegada ao fim continuava.

Luís lera o que fora escrito por Mallet du Pan no *Mercure de France*, confirmado pelos mensageiros que recebia de todas as províncias – ele tropeça na palavra *departamento* – do reino:

Onde a Constituição é aplicada?

Será em Toulon, em meio aos mortos e feridos que foram fuzilados em frente à municipalidade atônita? Será em Marselha, onde dois indivíduos foram atacados e massacrados como aristocratas, sob o pretexto de que vendiam às crianças confeitos envenenados para dar início à contrarrevolução?... Será em Arles, em Toulouse, em Nîmes, no Dauphiné, onde são frequentes rixas e motins? Ou em Avignon? Ali, depois da notícia do decreto de anexação à França, os "aristocratas", na igreja dos franciscanos, em presença de uma multidão, convencidos de que um milagre se realizara, que a Madona chorara, massacram sobre o altar o prefeito patriota depois de o mutilar. Em represália, os "patriotas" enchem de aristocratas o Palácio dos Papas e matam no mínimo uns sessenta deles.

Por toda a França, as revoltas nos mercados não tinham cessado. Fazendas são invadidas por bandos de vagabundos.

Em Rochefort, em Lille, há violências, recusa de trocar o dinheiro por *assignats*, moeda que a cada dia perde mais seu valor.

As municipalidades são impossibilitadas de exibir a bandeira vermelha da lei marcial.

Em Paris, de seiscentos mil habitantes contam-se cem mil pobres, dezenas de milhares de indigentes, despedidos dos ateliês nacionais.

Em toda parte há desobediência. Exige-se a fixação dos preços dos víveres.

Luís não responde a Maria Antonieta quando esta diz:

– Eles só se preocupam com o preço do pão.

É de muito mais que se trata! Luís o pressente.

Ele com frequência decide passear a cavalo pelos diversos bairros de Paris.

Não aceitara ser o rei dos franceses e monarca constitucional?

Queria saber que acolhida o povo lhe reservava.

E com dureza sente a indiferença, quase desdenhosa, daquele povo que mal ergue a cabeça quando seu rei passa.

Na Rue Montmartre, as vendedoras de ervas e peixe gritam-lhe:

– O grande tolo! O grande tolo!

Diz-se que os jacobinos haviam pagado aquelas mulheres. Elas insultam o rei, é disso que Luís se lembrará.

Ele entende Maria Antonieta, sem concordar com ela, quando esta diz:

– Antes todos os perigos possíveis do que viver por mais tempo neste estado de aviltamento e desgraça em que me encontro.

Mas Luís teme a "guerra civil" que conduz, como em Avignon, Rouen ou Caen, a confrontos encarniçados que lembram os das guerras de religião.

Na Vendeia, os sacerdotes refratários convencem os fiéis de que os casamentos e batismos celebrados pelos sacerdotes constitucionais são nulos e sem valor, que é preciso casar de novo, batizar de novo. Desorientação, angústia e cólera tomam conta das famílias.

Luís se sente ferido em sua fé por este atentado à religião do reino.

Ele sabe que muitos dos novos deputados – Brissot, Vergniaud, jornalistas, advogados (quatrocentos inscritos na profissão), sendo grande número com menos de trinta anos – frequentam os clubes, as sociedades de pensamento, as assembleias populares, as lojas maçônicas, e são ateus. Seus predecessores na Assembleia Nacional Constituinte – como Robespierre – eram deístas, acreditavam no Ser Supremo.

Luís não pode aceitar sancionar o decreto que declara suspeitos de revolta todos os sacerdotes que se recusarem ao juramento, que lhes retira a pensão, afasta-os ou pune-os com dois anos de detenção e proíbe a divisão das igrejas entre refratários e constitucionais. Luís usará seu direito de veto.

E fará a mesma coisa em relação a um decreto que exige o retorno dos emigrados para a França – dezenas de milhares tinham abandonado o reino – num prazo de dois meses, se não quisessem ser perseguidos como conjurados e punidos com o confisco de seus bens e com a morte.

Luís pedira a seu irmão, o conde de Provença, que voltasse, sabendo que este se recusaria a fazê-lo.

Mas é sua maneira de tentar demonstrar que não é cúmplice dos emigrados reunidos num "exército" em Coblença.

Ele apenas aplicara a Constituição ao utilizar o direito de veto que lhe fora concedido.

Mas, no Palais Royal, é acusado de traição. Aquele veto, escrevem os jornais patriotas, "é um fardo que a Assembleia Nacional se condenou a carregar".

Brissot, na tribuna da Assembleia, declara que é preciso intimar os soberanos estrangeiros a expulsar os emigrados.

"É tempo", diz ele, "de dar à França uma atitude imponente de inspirar aos outros povos o respeito por ela e por sua Constituição."

Luís relê o vociferante discurso de Brissot, retomado por outro deputado, Isnard, que condena os *endormeurs*.*

Luís fica fascinado e revoltado com a violência dos artigos do *Le Père Duchesne*, para quem os sacerdotes refratários não passavam de parasitas, "monstros mais cruéis e ferozes que tigres, dos quais é preciso purgar a terra... Basta um belo dia meter todos esses malditos em navios e levá-los para Caiena... É preciso cortar o mal pela raiz!".

Luís se lembra das cabeças na ponta de lanças, do homem degolado dentro de um fosso, perto de Châlons-sur-Marne, quando retorna de Varennes. Não apenas os sacerdotes refratários são condenados. O *Le Père Duchesne* também aponta seu ódio para os emigrados.

> Quero, diabos, que tampouco seja poupada a maldita canalha dos nobres.

---

* *Endormeur*: partidários de meios legais e recursos "suaves", ao invés dos métodos do terror. (N.T.)

Precisamos tomar suas mulheres e seus filhos e enfiá-los na boca de um canhão. Veremos, diabos, se são criminosos o suficiente para atirar naquilo que têm de mais precioso e abrir caminho sobre seus cadáveres.

Como poderia Luís, que está ligado àquela nobreza que é a sustentação do reino, que é sua encarnação e expressão, que é seu rei, monarca de direito de divino, como poderia ele aceitar curvar-se àquela vontade de destruir a nobreza e o clero?

Além disso, mesmo tendo prestado juramento à Constituição, ele era acusado de "fingimento e hipocrisia"!

Cada lado odeia o outro, e teme ser massacrado.

O parisiense pelo emigrado e pelo estrangeiro, o nobre pelo revolucionário furioso!

O risco é o de uma guerra civil: "Loucos contra loucos, *enragés* contra *enragés*, oh, que bela oposição! Que doença, bom Deus."

Luís murmura:

– O espírito infernal triunfou na França, e o dom de Deus se afastou de nós.

Luís partilha do sentimento de Suleau, o jornalista monarquista que escreve:

> Os espíritos estão amargos, os corações ulcerados, as visões são divergentes, as intenções se cruzam... A França está desorganizada em todas as suas partes. Portanto, é urgente recivilizar através de leis executáveis este infeliz país que a simples declaração dos direitos do homem descivilizou mais do que o teria feito uma irrupção de todos os selvagens do norte da América.

É preciso agir, e inclusive suscitar a guerra contra os soberanos estrangeiros. Já que, entre os jacobinos, Brissot, Vergniaud e a maioria querem o confronto, na esperança, como diz Brissot, de acusar a Corte de cumplicidade com o inimigo; é preciso ir ao encontro deles.

Brissot diz:

– As grandes traições serão funestas apenas aos traidores. Precisamos de grandes traições.

Que seja apoiado.

Mas cuidado com Robespierre, que não confia na guerra:
– Domemos nossos inimigos internos, depois marcharemos contra nossos inimigos externos – diz ele.

Que se inverta o plano de Brissot, que repete:
– Vocês querem destruir de uma vez só a aristocracia, os refratários, os descontentes? Destruam Coblença, o chefe da nação será obrigado a reinar através da Constituição.

E se, pelo contrário, a guerra devolvesse ao rei todo o seu poder? E varresse para longe a Constituição?

Luís ouve Maria Antonieta, que por sua vez é aconselhada por Fersen. Sua decisão é clara: ele se apresentaria à Assembleia Nacional, em 24 de dezembro, para dizer que está disposto a intimar o eleitor de Trèves a dispersar, antes de 15 de janeiro de 1792, os emigrados que se reúnem no eleitorado.

Não era ele um bom defensor da Constituição e da nação?

Mas Luís pega a pluma e envia uma carta a Breteuil, que é seu representante junto aos emigrados.

Escreve com uma mão firme, expondo seus objetivos:

> Ao invés de uma guerra civil, será uma guerra política, e as coisas ficarão bem melhores. O estado físico e moral da França faz com que lhe seja impossível manter uma semicampanha... É preciso que minha conduta seja tal que, no infortúnio, a Nação veja como única saída atirar-se em meus braços.

Luís fica feliz com a intimidade e a cumplicidade que a situação, os infortúnios, fazem nascer entre ele e Maria Antonieta.

É ela que lhe pede para escrever ao rei da Prússia. E o rascunho da carta é preparado por Fersen.

> Um congresso das principais potências da Europa apoiado por uma força armada seria a melhor maneira de deter, aqui, os revoltosos, proporcionando meios de restabelecer uma

ordem mais desejável e impedir que o mal que nos atormenta possa atingir os demais Estados da Europa.

Mas Luís está preocupado. Ele teme uma daquelas explosões do povo que tanto o surpreenderam nos últimos três anos.

Robespierre fora eleito promotor público em Paris. Pétion, por sua vez, fora eleito prefeito de Paris. É verdade que com 6.728 votos, num corpo eleitoral de 82 mil cidadãos ativos e numa população parisiense de mais de seiscentos mil habitantes!

De que era capaz aquele povo imenso, cujos cidadãos mais esclarecidos, mais abastados, ao invés de escolher *feuillants* escolhem jacobinos?

Luís lê com atenção as profecias de Robespierre: "Azar daqueles que não sacrificam à salvação pública o espírito de partido, suas paixões e inclusive seus preconceitos... Pois beiramos uma crise decisiva para nossa revolução."

Luís partilha desse sentimento.
Ele escolhera – mas haveria outro caminho? – apoiar a marcha à guerra, no entanto o confronto já não existia no interior das fronteiras?

"Guerra política ao invés de guerra civil", ele escrevera. Era a única decisão possível, que não covardemente se submeter à Assembleia, aos *enragés* do Palais Royal.

Isso ele não poderia fazer.
Restava ter esperança.

Ele fica sabendo da carta que Maria Antonieta acaba de entregar a Fersen em 9 de dezembro de 1791:

> Acredito [escreve a rainha], que vamos declarar guerra não a uma potência, que teria meios contra nós, somos covardes demais para isso, mas aos eleitores e a alguns príncipes da Alemanha, na esperança de que não poderão se defender. Os imbecis não veem que, se o fizerem, nos servirão, porque no fim será preciso, se começarmos, que todas as potências se envolvam para defender os direitos de cada um.

27.

Luís afunda em sua poltrona na frente da lareira do pequeno salão das Tulherias onde tem o costume de sentar no fim do dia.

Ele fecha os olhos. Cochila. Gostaria de dormir, mas a angústia o atormenta. Ele está assim desde o início deste ano de 1792.

A cada dia, um acontecimento, ou então um discurso, um artigo, uma carta, a palavra de um conhecido ou de um visitante tornam mais agudo e insuportável o pressentimento de que os meses a vir serão de enfrentamento decisivo entre ele e os "patriotas" enraivecidos para quem não passava de um Monsieur Veto.

Dizem que ele está disposto "a mandar degolar os cidadãos, suas mulheres e seus filhos por todos os ministros do além-Reno".

Eles acusam Maria Antonieta, Madame Veto, de ter criado um "gabinete austríaco" nas Tulherias, a fim de transmitir informação a seu irmão, o imperador Leopoldo II, e, depois da morte deste, a Francisco II, seu sobrinho.

Afirma-se que a rainha envia a Viena o máximo de dinheiro possível. Teria sido, a crer nos jornais patriotas, o trabalhador que confeccionara os cofres e depois os colocara em esconderijos, nas berlindas, quem revelara o segredo.

Luís, assim, tem a sensação de que a armadilha se fecha a seu redor.

Diz-se que oitenta mil nobres haviam deixado o reino nos últimos meses! E que no Faubourg Saint-Antoine são fabricadas lanças, noite e dia, distribuídas em grande quantidade aos cidadãos, e que se contam mais de cem mil dessas "armas simples e fáceis de manejar".

O que pode fazer a guarda do rei, cuja criação fora prevista pela Constituição?

O coronel de Brissac, que a comanda, não consegue nem se fazer obedecer.

Ele tentara separar por uma divisória, na sala da guarda, seus homens dos granadeiros da Guarda Nacional. Estes o pegaram pelo colarinho e, quando Brissac gritara "Às armas!", chamando seus soldados, estes declararam que eram cidadãos como os guardas nacionais e que deles não se separariam em absoluto! A divisória fora derrubada, e o posto de honra fora atribuído à guarda parisiense, chegando à porta do rei pela direita, sendo que a Guarda Real chegava pela esquerda.

Este, aparentemente, não passa de um pequeno incidente, mas afeta Luís. Ele ainda era o rei?

O procurador-geral anuncia-lhe seu registro entre os contribuintes, como qualquer cidadão. Ele pagaria sobre os quarenta milhões do orçamento de chefe de Estado, que lhe fora atribuído pela Assembleia, quinze milhões pelo ano de 1792, e devia o mesmo pelo ano de 1791!

Escreve-se nos jornais: "O rei se diverte ora em rir ou estalar as nádegas psoríacas de sua irmã Elizabeth, ora em praguejar e quebrar suas porcelanas ao ser colocado na ordem dos contribuintes".

Luís fica indignado.

Não é a dedução em dinheiro que o afeta, mas a humilhação, a negação de sua posição e do caráter sagrado da monarquia!

E a angústia que o corrói vem do pressentimento de que, ao longo deste ano de 1792, a questão seria resolvida.

Ele acreditara, por algumas semanas do outono de 1791, que o país se acalmava. Os jornais "exagerados", de Desmoulins e Marat, tinham inclusive parado por um tempo de ser publicados por falta de leitores.

Os moderados pareciam à frente. O Clube dos Feuillants, com os irmãos Alexandre e Charles Lameth, La Fayette e Duport, dominava a Assembleia. E Barnave aconselhava a rainha, escrevia-lhe e encontrava-se regular e secretamente com ela.

Mas nos primeiros dias do mês de janeiro de 1792, Barnave, como que confessando sua derrota diante da violência que de novo tomava conta do país, deixara Paris e voltara para o Dauphiné, onde, dizia-se, escrevia uma história da Revolução!

O Clube dos Feuillants enfraquecia. E os jacobinos usavam, em suas sessões, o barrete vermelho que Luís, quando saía das Tulherias para um passeio por Paris, via cada vez com mais frequência nas cabeças dos cidadãos.

Barrete vermelho, lanças, tamancos, calças listradas, insígnia tricolor: este era o traje daqueles que se intitulavam com arrogância e orgulho de *sans-culottes*.

Como combatê-los?

Luís se questiona, preocupado.

A escolha que fizera, incitado por Maria Antonieta, de empurrar a França em direção à guerra, contra os príncipes e o imperador, e inclusive o rei da Prússia, para ver os exércitos deles destroçarem aquela "facção sanguinária e furiosa", aquela "jacobinaria", aquela "seita perniciosa", seria a certa?

A angústia lhe aperta o estômago como uma fome dolorida e insaciável. Ele sabe que, mesmo querendo, não pode mais recuar.

Luís se lembra da amedrontada confidência do bispo Le Coz, constituinte e deputado, é verdade, mas homem moderado:

– A guerra! A guerra! A guerra! Este é o grito que de todas as partes do reino vem ferir meus ouvidos.

E se a guerra vindoura, ao invés de benéfica à monarquia, se voltasse contra ela?

Luís tenta se convencer de que este é um pesadelo que não pode se concretizar, visto que jacobinos como Billaud-Varenne, Camille Desmoulins, inclusive Danton e, sobretudo,

Robespierre se opõem à guerra porque estão convencidos de que ela terminaria em derrota, e portanto na vitória do rei.

Robespierre é duro com Brissot, o adepto mais determinado a se dar um ultimato ao imperador e aos príncipes alemães.

– Sua opinião – dissera ele – está baseada em hipóteses vagas e estrangeiras! Que nos importam suas longas e pomposas dissertações sobre a guerra americana!... Como as vias do patriotismo se tornaram fáceis e alegres!... Quanto a mim, achei que quanto mais avançássemos nesta estrada, mais encontraríamos obstáculos e inimigos... Desencorajo a nação, diz o senhor. Não, eu a esclareço.

Mas Luís também ouve Couthon, o jacobino paralítico, declarar:

– Talvez a Revolução precise de uma guerra para se consolidar.

Ele fica petrificado ante as palavras do deputado Hérault de Séchelles, que concebe a criação de "uma ditadura da salvação pública".

– É chegado o momento – declara Hérault – de jogar um véu na estátua da liberdade!

Quem esta ditadura sujeitaria, se não o rei e a família real?

Já circula uma petição das "dez mil lanças de Paris", e Couthon explicita:

– A maioria é a favor da guerra, e creio que é o que mais convém.

Luís mais uma vez é tomado pela dúvida.

Seria possível que o interesse de Couthon, de Vergniaud, coincidisse com o da Corte, apesar de expressarem esperanças contrárias?

Luís espera que as tropas estrangeiras consigam, como fora feito nos Países Baixos, em 1787, e na Bélgica, em 1790, restabelecer a ordem. Os "patriotas" pensam que a guerra lhes permitirá acabar com a monarquia, mesmo a constitucional, o que daria um novo impulso à Revolução. É por isso que Brissot dissera que os patriotas precisavam de "grandes traições". Luís não tem dúvidas de que Brissot deseja a "traição" do rei.

Alguns "patriotas" já evocam o "comitê austríaco" que seria animado por Maria Antonieta e denunciam os "infames traidores da pátria, culpados de crime de lesa-nação".

Luís, ao ler o discurso do deputado de Bordeaux, Vergniaud, o "girondino", não tem dúvida nenhuma do que poderia acontecer com a família real.

> Desta tribuna [exclamara Vergniaud à Assembleia, apontando para as Tulherias], vemos o palácio onde conselheiros pérfidos desencaminham o rei... Terror e pavor muitas vezes saíram desse palácio. Que hoje nele entrem, em nome da lei... A lei atingirá sem distinção todos os culpados e não há uma única cabeça que, provada ser criminosa, possa escapar a seu gládio.

Luís entende: a causa da guerra é para ele questão de vida ou morte.

Mas a guerra já começou.

Em Paris, a alguns passos das Tulherias, mercearias são pilhadas.

As mulheres do Faubourg Saint-Marceau se espalham em grande número por diversos bairros da cidade.

Seus gritos são ouvidos na Rue Saint-Honoré, nas ruas em torno da Praça Luís XV. Elas procuram café e açúcar, que se tornaram raros e de preço exorbitante desde que os negros de São Domingos e das Antilhas se revoltaram contra os colonos e quebraram suas amarras de escravos.

Elas denunciam a "monopolização". E exigem a fixação dos preços do açúcar e do café, mas sobretudo da carne e do pão. Arrastam consigo os vagabundos, os indigentes. E os guardas nacionais pactuam com elas.

Todos os dias eclodem motins nos subúrbios Saint--Antoine e Saint-Marceau.

Nas províncias, faltam provisões. A colheita de grãos fora medíocre no Centro e no Sul. Os habitantes das cidades e aldeias perto de Paris se recusam a deixar seus grãos partirem para a capital. Em toda parte há a mesma inquietude, as mesmas cenas: carruagens carregadas de grãos são paradas, pilhadas; padarias são saqueadas; o pão é roubado. E a Guarda Nacional mantém as armas baixas, jamais recorre à lei marcial.

No entanto, há mortes.

Em Étampes, no dia 3 de março de 1792, os habitantes param os comboios de grãos que cruzam a cidade. Eles são pilhados, e exige-se uma fixação do preço do pão.

O prefeito, Simoneau, surge acompanhado por um destacamento de cavalaria, tenta explicar que a livre circulação de grãos é deliberada pela Constituição, que a liberdade de comércio permitirá que sejam obtidos preços justos que satisfaçam os consumidores e agricultores. Mas tiros partem das filas dos revoltosos, e Simoneau é assassinado.

A Assembleia lhe prestará homenagem. É chamado de "mártir da lei e da liberdade". Luís se associa a esta celebração, mas, por trás das barreiras, aqueles que assistem à passagem do cortejo de deputados que acompanha o caixão de Simoneau – mártir – são pouco numerosos.

A anarquia e os motins continuam.

Em Noyon, o povo impede a partida de quatro barcos cheios de grãos.

Em Beauvais, as tropas intervêm para permitir que um comboio de grãos parta para Paris. Mas em Béthune os soldados do 14º regimento de infantaria se amotinam e se recusam a obedecer a seus "oficiais aristocratas".

Em Dunquerque, o povo devasta as lojas dos comerciantes do porto. Há catorze mortos e sessenta feridos.

Enquanto isso, os jacobinos se empenham num grande impulso entusiasta de interromper o consumo de açúcar e café!

Como se isso pudesse permitir o restabelecimento da ordem, o fim da anarquia, enquanto que, pelo contrário, as violências atingem todo o país. Nos departamentos do Oeste, os sacerdotes jurados são isolados, condenados, fustigados!

No sul do país há disputas entre católicos "aristocratas" e protestantes patriotas!

Os "patriotas" de Marselha massacram os aristocratas de Arles. A essas desordens se soma a crise financeira: os *assignats* perdem a cada dia seu valor, e é com papel-moeda que são pagos os salários, enquanto todos os preços sobem. E os impostos não são recolhidos!

O procurador-representante do departamento de Paris denuncia uma "insurreição patrícia" contra o pagamento dos impostos e manda afixar a lista dos contribuintes atrasados!

Muitos são os suspeitos chamados de aristocratas e ameaçados!

Luís sente o medo aumentar a sua volta, uma espécie de febre que ele constata nos guardas nacionais que servem nas Tulherias.

Os jornais relatam as sessões do Clube dos Jacobinos, onde Robespierre pronuncia um grande discurso sobre os *Meios de salvar o Estado e a liberdade*.

É preciso, diz Maximilien, "depurar" os quadros do exército, "purgar" o país, instaurar as sessões em permanência, prontas a agir contra os "aristocratas".

É preciso unir os patriotas de Paris e dos departamentos.

> Sou do povo [insiste Robespierre], o amor pela justiça, pela humanidade, pela liberdade é uma paixão como qualquer outra. Quando é dominante, sacrificamos-lhe tudo; quando abrimos a alma a paixões de outra espécie, como a sede por ouro e honrarias, imolamos-lhe tudo, a glória, a justiça, a humanidade, o povo e a pátria. Este é o segredo do coração humano; esta é a diferença entre o crime e a probidade, entre os tiranos e os benfeitores do gênero humano.

Como fazer conviverem dentro do mesmo reino homens que se acusam uns aos outros de ser o Bem e o Mal? Como acalmar as tensões? Como evitar a guerra civil entre eles? E como não procurar, uns e outros, na guerra com o estrangeiro o meio de derrubar seus inimigos internos?

Para uns, os aristocratas, para os outros, os revolucionários. Estes últimos esperam que a guerra propague entre as populações os ideais da liberdade e da Declaração dos Direitos do Homem.

E que os emigrados sejam vencidos e dispersados; os monarcas derrubados por seus súditos. E que a nação francesa, radiante, valendo-se das caixas dos Estados ricos, da Holanda, possa suprir o déficit que se aprofunda e salvar os *assignats* que todos os dias desvalorizam.

Futuro sombrio! O que fazer?

Luís e Maria Antonieta recebem Fersen, clandestino em Paris. O rei da Prússia, Frederico Guilherme II, explica o conde sueco, preparara com o duque de Brunswick um plano de ofensiva que deveria conduzir as tropas prussianas, em algumas semanas, até Paris. A ordem seria restabelecida, e o rei novamente disporia de todos os seus poderes legítimos.

Luís não comenta as palavras de Fersen. Permanece silencioso enquanto Maria Antonieta manifesta sua determinação, se regozija que todos os jornais realistas – *Les Amis du roi*, *La Gazette universelle*, *Le Journal de M. Suleau* – publiquem o ataque do chanceler austríaco Kaunitz aos jacobinos, "facciosos, republicanos, corrompedores da monarquia, provocadores" e, acrescentam os jornalistas, "pessoas a serem enforcadas, esquartejadas, queimadas".

Para se alegrar com semelhantes ataques, de tamanha violência, seria preciso a certeza da vitória, enquanto Luís, apesar de estimar que os exércitos dos soberanos da Europa poderiam esmagar as tropas francesas, divididas e desertadas por seus oficiais, pergunta-se se a vitória chegará cedo o suficiente para evitar que o "populacho" invista contra a família real.

Ele fica sabendo, com desânimo, e também com um sentimento de revolta, que os soldados suíços do regimento de

Châteauvieux, que tinham se rebelado em Nancy e que haviam sido punidos pelo marquês de Bouillé, tinham sido liberados da prisão, e que uma festa pela liberdade seria celebrada em homenagem a eles em Paris. Os jacobinos e os jornais patriotas saúdam aqueles insubordinados como heróis. E zombam do general La Fayette – "Blondinet" –, que fora favorável à repressão dos rebeldes.

A festa acontece em 15 de abril. Os suíços desfilam, acompanhados por uma multidão de entusiastas, e o *Le Père Duchesne* exulta:

> Ah, diabos! Que belo dia! Que festa! Que alegria!
> Jamais houve sob o céu tão belo espetáculo. Jamais o povo foi tão grande, tão respeitável... Ele foi tudo o que deveria ser, verdadeiramente soberano, não recebia ordens de ninguém... Os informantes de Madame Veto tinham se gabado de antemão que aconteceria uma desgraça... Eu bem que lhes havia dito, diabos, que daria certo. Quando o Faubourg Saint-Antoine, quando os bravos *sans-culottes* e quando o *Le Père Duchesne* querem alguma coisa, haverá alguma força no mundo capaz de detê-los?
> Portanto, diabos, por mais que Madame Veto balançasse a bunda e a cabeça para estragar nossa festa, todos os informantes de Blondinet e o próprio Blondinet ficaram impotentes.

Luís quer saber quem é aquele Hébert que se assina "Le Père Duchesne", quem é aquele homem que diz ter feito Blondinet-La Fayette, contrário àquela sagração de um motim militar, voltar sobre seus passos, pois o general teria voltado a Paris para tentar um golpe de Estado.

Hébert conclui, seguro de si:

> Mas deixemos aqui esta maldita canalha que não merece que dela nos ocupemos. Fomos vingados o suficiente ao ofender todos esses palermas... Os aristocratas afogam suas mágoas em jorros de vinho moscatel, e nós, diabos, com vinho de Suresnes, elevamo-nos acima de todos os tronos do universo.

Esse Hébert que preconiza o ódio aos aristocratas, à rainha, aos sacerdotes e que quer que a França seja a terra e o modelo da descristianização, é um antigo aluno do colégio dos jesuítas de Alençon, filho de um honesto joalheiro que vagara por todos os pequenos bares de Paris. É um miserável cujas invectivas, grosserias, ódios, e cujo palavreado *sans--culottes*, lhe dão notoriedade e poder de influência, além de rendimentos!

Pois o *Le Père Duchesne* é um jornal que é disputado e lido em todas as seções do Clube dos Jacobinos, e cuja opinião tem peso na Assembleia Nacional, porque os espectadores das tribunas o leem!

Luís ainda está com os dados do destino em suas mãos. Ele sabe que se os lançar não poderá ter a certeza de ganhar. Será a guerra, com suas incertezas, mas um jogo franco. As tropas prussianas do duque de Brunswick, os emigrados do príncipe de Condé e os austríacos do imperador Francisco II deveriam sair vencedores.

Mas se ele não lançar os dados da guerra, então serão Hébert e Marat, os *enragés*, que arrastarão consigo todos os descontentes, os vagabundos, os indigentes, os esfomeados, os desafortunados, os camponeses que voltaram a atacar os castelos: não haveria maneira de pará-los, de derrotá-los, sua vitória estaria garantida.

Então Luís lança os dados da guerra.

Ele demite seus ministros, constitui um ministério "girondino", com o general Dumouriez, de passado aventureiro, como ministro dos Negócios Estrangeiros, com Roland de La Platière no ministério do Interior e, dois meses depois, o coronel Servan na Guerra. Com aqueles homens, não duvidariam de sua vontade de guerra e vitória.

Dumouriez vai até o Clube dos Jacobinos para falar, com o barrete vermelho enfiado até as orelhas, e os jacobinos o aclamam e colocam por sua vez o barrete.

É preciso que Robespierre exclame: "É degradar o povo acreditar que ele é sensível a esses sinais externos" para que todos recoloquem seus barretes vermelhos no bolso!

Os jacobinos se trucidam uns aos outros! O *Le Père Duchesne* e o *L'Ami du peuple* julgam comprometidos aqueles que aceitam ser ministros de Monsieur Veto!

A divisão serve a coroa, enfraquece a Assembleia! E o honesto Roland de La Platière nada pode fazer.

Por mais que Manon Roland, sua esposa, mantenha um salão no número 5 da Rue Guénégaud, onde jornalistas patriotas e ministros se reúnem, e na verdade preparem as decisões que a Assembleia votará e que tencionam impor ao rei, aprofunda-se a ruptura entre os ministros brissotinos, chamados de girondinos, e a multidão de *sans-culottes*, para quem aqueles burgueses e até mesmo o general Dumouriez não passam de "falsos jacobinos, patriotas e revolucionários!".

Pétion, o prefeito de Paris, escreve:

> O povo se irrita com a burguesia, fica indignado com sua ingratidão, e lembra os serviços que lhe prestou, lembra que eram irmãos nos belos dias da liberdade. Os privilegiados fomentam suavemente esta guerra que nos conduz imperceptivelmente à ruína. A burguesia e o povo reunidos fizeram a Revolução; apenas sua união poderá mantê-la.

Mas a guerra externa, a anarquia, alargarão os espaços entre os "patriotas".

Luís fica sabendo que "o partido de Robespierre nos jacobinos é contra o ministério, e a chamada Montanha na Assembleia segue a mesma linha".

Jacobinos robespierristas e montanheses desconfiam dos generais Rochambeau, Luckner e La Fayette, aos quais Dumouriez, "falso jacobino", entregara o comando dos três exércitos que protegem as fronteiras do Norte e do Leste.

No campo, as revoltas camponesas se multiplicam.

O Quercy, o Gard, o Ardèche e o Hérault são atingidos. Os próprios guardas nacionais incendeiam os castelos dos emigrados no Cantal, no Lot e na Dordogne. Os "pombais senhoriais" são demolidos. São cobradas "contribuições forçadas" aos "aristocratas". Ninguém está seguro!

Portanto, é preciso empurrar o país para a guerra, ser mais rápido que Marat e Robespierre, que colocam em evidência os perigos do conflito: Marat anuncia as derrotas, as intrigas dos generais, e Robespierre teme que um deles tome o poder.

Portanto, a guerra, e rápido.

Em 20 de abril de 1792, Luís XVI se apresenta à Assembleia Nacional Legislativa e anuncia diante dos deputados entusiastas que "a França declara guerra ao rei da Hungria e da Boêmia". Pois Francisco II ainda não fora coroado imperador e quer-se tentar deixar a Alemanha e a Prússia fora do conflito. Somente sete deputados – fiéis aos Lameth e aos montanheses – se recusam a votar o decreto.

– O povo quer a guerra – grita um deputado girondino.

Outro exclama:

– É preciso declarar guerra aos reis e paz aos povos.

Nas tribunas da Assembleia, nas ruas vizinhas da Sala do Manège, a multidão aclama os deputados. Luís ouve gritos de alegria.

Esta declaração de guerra, no entanto, está repleta de segundas intenções.

Os brissotinos querem, com a guerra, derrubar a monarquia.

A guerra pode permitir a retomada da Revolução.

A guerra pode permitir ao rei retomar seus poderes.

As apostas, para cada lado, são imensas.

Luís não para de pensar: é uma questão de vida ou morte.

Ele suspeita que a rainha mantém informados os soberanos estrangeiros sobre a situação francesa e inclusive sobre a movimentação das tropas. Luís aceita.

Traição? Essa palavra não tem muito sentido para ela, para ele.

Eles são fieis à monarquia.

> Eis o que a rainha acaba de fazer chegar até mim, em código [escreve Mercy-Argenteau ao chanceler da Áustria, Kaunitz]. Monsieur Dumouriez tem o plano de ser o primeiro a agir, com um ataque na Saboia e outro na região de Liège. É o exército de Monsieur de La Fayette que deve servir neste último ataque. Eis o resultado do Conselho de ontem. É bom conhecer este projeto para se manter em guarda; ao que tudo indica, isso acontecerá prontamente.

Luís, no entanto, tem dúvidas.

Basta-lhe cruzar com os guardas nacionais nos corredores e salões das Tulherias para ver que o entusiasmo patriótico e a vontade de combater tinham acabado com a dúvida e o medo. O povo está decidido.

Nas ruas vizinhas ao palácio, a multidão desfila e canta.

Em 25 de abril de 1792, em Estrasburgo, um jovem oficial de engenharia, Rouget de L'Isle, nascido em Lons-le-Saunier, entoa, no salão do prefeito da cidade, Dietrich, um *Canto de guerra para o exército do Reno*, que acaba de compor.

28.

Luís fecha os olhos.
Ele gostaria que, ao interromper a leitura daqueles relatórios, daquelas cartas que lhe são enviadas, daqueles jornais e daquelas cópias de discursos que são depositados em sua mesa, a realidade do mês de maio de 1792 se apagasse. Que só sobrasse aquele céu de um azul suave e brilhante, aqueles botões verde-claros, aquela brisa matinal tão fresca. E que aquela primavera radiante o carregasse num passo ligeiro. Mas Luís não sai mais do palácio das Tulherias.

A Assembleia decidira licenciar seis mil homens da guarda do rei, como se quisessem entregá-lo aos bandos de *sans-culottes* dos subúrbios que, quase todos os dias, desde o início da guerra, desfilam na Rue Saint-Honoré, na Praça Luís XV, e gritam seus ódios.

Não é o medo que oprime Luís e o faz fechar-se nos apartamentos reais, mas o sofrimento que experimenta ao ouvir aqueles gritos, ao ver seu povo brandir lanças, serrotes, facões, punhais, varas, ao constatar que o pior que ele imaginara acontecia, mais rápido do que podia acreditar.

Bastaram alguns dias, menos de dez depois da declaração de guerra, para que o exército do norte, que invadira a Bélgica, se desfizesse, que o pânico e a debandada o transformassem numa balbúrdia indisciplinada que acusava os oficiais aristocratas de traição, massacrando o general Dillon em Lille. Pouco tempo depois, o regimento do Royal Allemand passava para o inimigo.

Mas que inimigo?
Os austríacos do rei da Boêmia e Hungria, Francisco II, imperador da Áustria e sobrinho de Maria Antonieta? Os prussianos de Frederico Guilherme II, que se aliam a Francisco II?

Os verdadeiros inimigos não seriam os *cordeliers*, os jacobinos, os montanheses, os brissotinos e todos os *sans-culottes* leitores de Marat e Camille Desmoulins?

Luís abre os olhos, lê o relatório sobre as primeiras derrotas. Ele deveria regozijar-se, como o fazem Maria Antonieta e seus cortesãos.

Mas ele não consegue.

Aquela violência que se espalha é um tumor que corromperá todo o reino, que Luís teme e pressente devorará a família real e a monarquia. Luís tem a impressão, ao ficar sabendo daqueles acontecimentos, que lhe arrancam pedaços de pele da garganta e do peito.

> O que há de mais deplorável é que esta derrota produziu crimes horríveis em Lille [ele lê]. Os vencidos não conseguiram acreditar que o haviam sido por sua própria causa; atribuíram sua derrota à traição. Consequentemente, mataram o general Dillon e Monsieur Berthois. O corpo de Monsieur Dillon, morto com um tiro de pistola na rua por um dragão, foi feito em pedaços e queimado. Monsieur Berthois foi enforcado num poste porque não mandara atirarem com o canhão, ele que não tinha voz de comando na artilharia. Ainda foram enforcados cinco ou seis tiroleses como espiões ou falsos desertores, e afirma-se que eram verdadeiros prisioneiros de guerra. No mesmo dia, 30 de abril, também foi enforcado o antigo padre da Magdeleine de Lille; chamado Savardin, este infeliz sacerdote dissidente, grande agitador do novo clero, se refugiara com as Ursulinas, disfarçado de mulher, e se acreditara bem escondido. Foi reconhecido por uma mulher que o entregou à multidão furiosa. Num segundo foi pendurado a um poste, com suas roupas de mulher, veste preta e saiote branco.

La Fayette é acusado de traição: Robespierre e Marat afirmam que "Blondinet" prepara um golpe de Estado. Marat é mais violento em suas acusações. No *L'Ami du peuple*, convida os soldados a se livrarem de todos os chefes suspeitos, reservando-lhes o destino do general Dillon.

Vive-se "a desordem de opiniões", diz o relatório de um "mosca" que percorre os subúrbios, flagra conversas, se mistura aos cortejos:

> Grita-se em toda parte que o rei nos trai, que os generais nos traem, que não se pode confiar em ninguém; que o comitê austríaco de Madame Veto foi desmascarado em flagrante delito; que Paris será tomada em seis semanas pelo exército de príncipes e reis.

Os jacobinos se desmembram. Brissot e Vergniaud atacam Robespierre, que invocara "o Deus todo-poderoso" para proteger "as leis eternas que gravou em nossos corações". Ele condenara a formação de uma facção de vinte mil homens, *federados* vindos de todos os departamentos, que seria criada dentro dos muros de Paris. Esta é a grande ideia dos brissotinos. Eles temem não controlar os guardas nacionais parisienses e os *sans-culottes*, uns suspeitos de serem "burgueses" demais, os outros de serem influenciados por Marat e Hébert.

Essas divisões entre "patriotas" fazem as cabeças girarem. Todos se acusam de "facciosos", "conspiradores".

No jornal de Brissot, *Le Patriote français*, pode-se ler: "Monsieur Robespierre tirou completamente a máscara, é um digno adversário dos chefes austríacos do lado direito da Assembleia Nacional."

Luís está ao mesmo tempo satisfeito com essas divisões no seio da facção dos "patriotas" e preocupado. Ele teme que girondinos e montanheses, em sua vontade de mostrarem-se mais determinados uns que outros aos olhos do povo, tomem a família real como alvo.

Além disso, as rivalidades conduzem à guerra civil.

Um decreto da Assembleia que autoriza a deportação dos sacerdotes refratários é votado assim que exigido por vinte cidadãos ativos.

Luís não pode aceitá-lo. Utilizará seu direito de veto. Da mesma forma, recusa a reunião em Paris de vinte mil federados. Enquanto isso, a Guarda Real é dissolvida. Também usará seu direito de veto contra esse projeto. Já há manifestações contra suas decisões. E como uma petição de oito mil nomes se declara contrária ao projeto de reunião dos federados, opõe-se a ela uma petição de vinte mil *sans-culottes*, que se dizem felizes e orgulhosos de acolher os cidadãos federados vindos dos departamentos.

Luís não quer ceder.

Ele tem certeza, desde que a guerra começou, que o enfrentamento violento no interior da nação será inelutável. É por isso que hesita em escolher, como os girondinos mas por motivos opostos, a política do quanto pior melhor, ou seja, a guerra.

Ele sabe que Maria Antonieta está totalmente engajada nesta via. Mas ela recusa as propostas de La Fayette, que diz querer defender as prerrogativas reais e quer ser o paladino do retorno à ordem, primeiro no exército, depois no reino. Maria Antonieta odeia La Fayette, e Luís desconfia das ambições desse "Gilles César".

Dentre todos os patriotas falantes e espertos, parece-lhe que o mais lúcido e um dos mais perigosos para a monarquia é Maximilien Robespierre que, atacando La Fayette para os jacobinos, declarara:

– O pior dos despotismos é o governo militar, e há muito tempo marchamos a grandes passos nessa direção.

Mas Luís não tem ilusões.

Ele está convencido de que, seja qual for o "patriota" vencedor, Robespierre ou Brissot, os montanheses ou os girondinos, mesmo La Fayette ou os irmãos Lameth, os mais moderados, ou na pior das hipóteses Marat, nenhum deles quererá devolver ao soberano os poderes legítimos que lhe pertencem pela vontade de Deus.

Uns e outros continuarão a acorrentar o poder real, a fim de submetê-lo a seus desejos.

E é isso que Luís não pode, não quer aceitar.

Ele é um rei de direito divino.

Por isso aprova o que um jornalista monarquista, Du Rosoi, escreve na *Gazette de Paris*, mas ao mesmo tempo se preocupa – pois o que se ganha em revelar seus pensamentos aos inimigos?

Du Rosoi não hesita, apela aos soberanos da Europa:

> Conheci vossos deveres pelos males que nos afligem, pelos atentados que nos estarrecem.
>
> Um povo já saciado de crimes é chamado a novos crimes: ele não sabe nem o que quer, nem o que lhe dizem para querer. Mas esse povo não é o POVO FRANCÊS, é o que chamam de NAÇÃO. Como uma excrescência esponjosa e viscosa que nasce no corpo humano, ela não é este corpo e, no entanto, dele faz parte... Não extirpada, seu tamanho logo se tornará desmesurado, sua massa parasita curvará o corpo que ela ao mesmo tempo desfigura e resseca...

É exatamente isso! E Luís repete a conclusão de uma das cartas que recebera:

– Estamos sobre um vulcão prestes a cuspir fogo.

Mas ele não cederá. Não há mais tempo.

Ele ouve os gritos lançados ao redor das Tulherias pelos *sans-culottes*. Eles exigem que o rei renuncie a seus dois vetos sobre os decretos da Assembleia Nacional. A multidão denuncia aqueles que o apoiam e que não passariam de uma "horda de escravos, traidores, parricidas, cúmplices de Bouillé".

Eles gritam:

– Pereçam os tiranos! Um único senhor, a lei!

E Roland de La Platière, o ministro do Interior, homem de roupa preta, cabelos lisos muito pouco empoados, sapatos sem fivela, uma espécie de "quacre endomingado", dirige a Luís uma carta arrogante, exigindo, em nome dos demais ministros, que o rei aceite os dois decretos e renuncie a seu direito de veto.

A carta com certeza fora escrita por Manon Roland, depois de consulta a Vergniaud, Brissot e os frequentadores de seu salão na Rue Guénégaud.

Todos imaginam, com certeza, que Luís cederá. Mas ele resiste, demite Roland e os ministros girondinos e os substitui por membros do Clube dos Feuillants, moderados e desconhecidos.

Ele sabe que o "vulcão cuspirá fogo", que a prova de força já começara.

No dia 13 de junho, a Assembleia decreta que os ministros destituídos "têm a confiança da nação".

Nas tribunas da Assembleia, grita-se:

– Abaixo a austríaca, abaixo Monsieur Veto!
– Deposição!

Ouvem-se inclusive alguns:

– Viva a República!
– Às armas!

Luís não fica surpreso com a violência das palavras que lhe são relatadas.

Os deputados girondinos, bem como os *sans-culottes* presentes na Assembleia, também exigem a deposição do rei. Decidem até mesmo criar uma Comissão dos Doze, composta por deputados *feuillants* e jacobinos, destinada a vigiar os perigos que ameaçam a pátria.

E a rainha é acusada de ser aliada e cúmplice dos soberanos estrangeiros, de entregar os planos dos exércitos franceses aos emigrados, ao marquês de Bouillé e ao duque de Brunswick, que comanda as tropas prussianas.

Quanto a Monsieur Veto, ele tem os mesmos interesses dos sacerdotes refratários, aqueles "agitadores" que colocam os camponeses contra os sacerdotes constitucionais e que incitam os cidadãos à rebelião. Coisas que aconteciam todos os dias nos departamentos do Oeste, na Provença.

A indignação e o temor estão no auge quando os deputados leem a carta dirigida à Assembleia pelo general La

Fayette. Ele exige medidas de ordem, o respeito à Constituição e, portanto, à pessoa do rei.

O exército das fronteiras marchará contra os patriotas de Paris?

É preciso conclamar o povo a se erguer, a fim de obrigar o rei a reconstituir um governo patriota. No Clube dos Jacobinos, apenas Maximilien Robespierre tenta impedir o desencadeamento da violência.

Ele denuncia "as insurreições parciais que apenas debilitam a coisa pública".

Mas os *sans-culottes* dos subúrbios de Saint-Antoine e Saint-Marcel se reúnem, armados de suas lanças e seus facões, seus punhais e seus fuzis.

Santerre, o cervejeiro do Faubourg Saint-Antoine que participara do ataque da Bastilha e que estivera no Campo de Marte em 17 de julho de 1791, ordena o rufar dos tambores, o marchar das seções.

Alexandre, antigo agente de câmbio, também presente no Campo de Marte em 17 de julho de 1791, no comando dos canhoneiros da Guarda Nacional, se reúne ao cortejo com duas dezenas de canhões.

O cortejo aumenta. Os cidadãos "passivos" se misturam aos guardas nacionais. Grita "Abaixo Monsieur Veto!" e "Viva a República!". Decide pelo comparecimento armado na Assembleia e depois nas Tulherias, a fim de apresentar petições exigindo a retirada dos vetos reais que impedem a deportação dos sacerdotes refratários e a chegada dos federados, vindos dos departamentos, em número de cinco por cantão.

Luís não responde àqueles que, em seu séquito, o convidam a invocar a Constituição, que autoriza o direito de veto.

Ele sabe que os girondinos, os *sans-culottes*, a maior parte dos jacobinos e sem dúvida os agentes do duque de Orléans pouco se preocupam com a legalidade! Eles querem a insurreição, para fazer o rei se curvar.

O prefeito de Paris, Pétion, acaba de redigir um texto que ordena o comandante da Guarda Nacional a "reunir sob as bandeiras os cidadãos de todos os uniformes e de todas as armas, que marcharão reunidos sob o comando dos oficiais de batalhão".

Pétion, com isso, decreta a legalidade da insurreição.

Logo há uma multidão armada na frente da Sala do Manège. Os canhões de Alexandre estão apontados para a Assembleia e para as Tulherias. Há crianças ao lado de mulheres do povo, carvoeiros dos subúrbios, *sans-culottes*, vagabundos. Vinte mil pessoas se amontoam na Rue Saint-Honoré, carregando estacas, lanças, machados, serras, foices, bastões e também espigas de trigo, ramos verdes e buquês de flores.

Entram à força na Assembleia. Gritam, interrompendo as deliberações. Um deles, que se proclama orador do povo, declara:

– O povo está de pé, à altura das circunstâncias, pronto para se utilizar de grandes meios para vingar sua majestade ultrajada.

Há danças, desfiles na frente da tribuna. Um calção de seda é brandido, cheio de excrementos; era o traje dos aristocratas.

Coloca-se na ponta de uma lança um sangrento coração de boi, com a seguinte inscrição: "Coração de aristocrata".

Grita-se:

– Viva os aristocratas! Abaixo o veto!

Luís está ali, diante daquela multidão que o insulta, que o pressiona.

– Cidadãos – grita um chefe de legião da Guarda Nacional, encarregado da defesa do palácio – reconhecei vosso rei, respeitai-o. O rei assim ordena. Pereceremos antes que lhe seja feito o menor atentado.

O rei é colocado sobre uma banqueta, no vão de uma janela.

– Abaixo o veto! Reconvoque os ministros!

Luís é interpelado:

– Todo o vosso seu coração, todas as vossas afeições estão voltadas para os emigrados em Coblença.

O açougueiro Legendre grita:

– Monsieur, escute-nos, o senhor foi feito para nos ouvir, é um pérfido, sempre nos enganou, ainda nos engana. Mas tome cuidado, o comedimento chegou ao ápice, e o povo está cansado de se ver como joguete.

O rei é ameaçado.

O sangrento coração de boi é elevado à altura de seu rosto, bem como o calção cheio de excrementos.

Luís não se mexe.

– Sou vosso rei – diz ele –, jamais me afastei da Constituição.

Ele coloca um barrete vermelho com uma insígnia tricolor.

O calor é sufocante.

– Por mais que tenha colocado o barrete, diabos, se não sancionar os decretos, voltaremos todos os dias!

A sala está repleta com uma multidão fervilhante. Uma garrafa de vinho é oferecida a Luís, que bebe no gargalo e diz:

– Povo de Paris, bebo à tua saúde e à da nação francesa.

Um jovem alto que se mantém próximo ao rei clama numa voz forte:

– A sanção dos decretos, ou perecereis.

O prefeito de Paris, presente há pouco tempo, hesita mas, pressionado, diz:

– Cidadãos, não podeis nada mais exigir.

Ele eleva sua voz:

– O povo fez o que devia fazer. Agiu com o orgulho e a dignidade dos homens livres. Mas agora basta, que todos se retirem.

O rei ainda é interpelado, depois a multidão começa a retroceder, atravessando os aposentos do rei.

– Esta é a cama do Gordo Veto? Monsieur Veto tem uma cama mais bonita que a nossa!

Passa-se pelo gabinete onde ficam a rainha, o delfim e sua irmã, Madame Real, e Madame Elizabeth, a irmã do rei. Um barrete vermelho é entregue à rainha para seu filho. Ela o coloca nele.

Santerre se mantém ao lado deles.

– Tire o barrete da criança, está quente demais – diz ele.

Depois cruza os braços e, de tempos em tempos, aponta com um movimento de cabeça para Maria Antonieta, dizendo como um guia:

– Veja a rainha e o delfim.

São quase oito horas da noite. A multidão desfilara por cerca de seis horas, e a Guarda Nacional evacuaria o palácio das Tulherias apenas às dez horas.

– Trouxeram-nos para nada – diz um *sans-culotte*. – Mas voltaremos e conseguiremos o que queremos.

Nos subúrbios, os *sans-culottes*, ao longo da noite quente, repetem que é muito mais fácil entrar nas Tulherias ou na Assembleia do que tomar a Bastilha!

Quando quiserem, voltarão!

Quem pode resistir aos *sans-culottes* dos subúrbios Saint-Marcel e Saint-Antoine?

> O povo se pôs em marcha hoje, 20 de junho de 1792 [escreve ao irmão, cura em Évreux, o livreiro Ruault]. O poder executivo perdeu todo crédito, toda consideração. Um granadeiro enfiou na cabeça do rei um barrete vermelho sujo e gasto, de um sapateiro da Rue d'Auxerre... Esse dia 20, já se diz, deve ser seguido por outro, que será mais sério.

O procurador-representante do departamento do Sena, Pierre Louis Roederer, escreve: "O trono ainda está de pé, mas o povo sentou nele e tirou suas medidas".

29.

Luís não consegue esquecer o sangrento coração de boi enfiado na ponta de uma lança que os *sans-culottes* agitaram na frente de seu rosto, e depois, ao longo daquelas dez horas da quarta-feira 20 de junho de 1792, do calção cheio de excrementos e dos cartazes: "Treme, tirano, tua hora chegou". Nem da forca erguida como um brinquedo, em que fora pendurada uma boneca "Madame Veto", com inscrições de "Cuidado com a forca!" Havia os que brandiam pequenas guilhotinas.

Luís está espantado. Em momento algum temeu aquela multidão cheia de ódio. No entanto, sabe que um dia ela o matará.

Ele aceita usar, a partir daquele dia, um colete com quinze camadas de tecido que a rainha mandara confeccionar por temer que o apunhalassem.

– Não serei assassinado, me matarão de outro jeito – diz Luís.

Ele recorda a advertência de Turgot, há dezesseis anos, no início do reino, em 1776: "Não esqueçais jamais, Sire, que foi a fraqueza que colocou a cabeça de Carlos I no cepo".

Luís não cedera aos *sans-culottes*, que gritavam "A sanção ou a morte".

Não renunciara a seu direito de veto. Não cederia mais. Mas talvez, de fato, sua cabeça será cortada como a do rei da Inglaterra. E ele será processado. Será acusado de traição frente ao povo. Será impedido de se justificar, para que não pareça um mártir.

Mas é preciso preparar-se para esse momento, que ele pressente próximo.

Ele ouve, várias vezes nesses últimos dias de junho, o rufar dos tambores.

Anunciam-lhe que uma nova manifestação está prevista para o dia 25 de junho. O alarme soa, mas os cortejos se dispersam por falta de tropas.

Muitos escrevem ao rei, de vários departamentos, indignados com o tratamento que lhe fora infligido, com a humilhação sofrida, com as ameaças proferidas.

Na Assembleia, os girondinos ficam preocupados com aquela "jornada revolucionária", com os peticionários armados que entraram na sala de sessões antes da invasão das Tulherias. Os deputados votam uma resolução que proíbe o uso de armas quando se for depositar uma petição na Assembleia.

Os deputados chegam inclusive a suspender o prefeito de Paris, Pétion, de suas funções. Ele é processado, acusado de ter tolerado e inclusive organizado a jornada de 20 de junho.

Luís tem a sensação de que sua firmeza diante dos *sans-culottes* suscita um movimento de coragem por parte dos moderados, daqueles que temem por seus bens, que recusam a desordem.

É preciso encorajá-los, dizer-lhes que ele não capitulará, utilizar o momento de incerteza diante do salto que resta dar e que conduzirá ao fim da monarquia.

A municipalidade de Marselha, que constituíra um batalhão de voluntários para ir a Paris, de cerca de setecentos homens, exige "que o poder executivo seja nomeado e reformado pelo povo. O que fazer com esta raça reinante em tempos onde tudo deve ser regenerado?"

Em Paris, um cartaz é afixado, no dia 23 de junho: "Erguemo-nos uma segunda vez pelo mais santo dos deveres. Os habitantes dos subúrbios de Paris, os homens de 14 de julho, denunciam um rei falsário, culpado de alta traição, indigno de ocupar por mais tempo o trono."

Isto se chama República.

É preciso responder. Luís corrige os projetos de discurso que lhe são submetidos. Ele dita, relê:

O rei contrapôs às ameaças e aos insultos dos revoltosos apenas sua consciência e seu amor pelo bem público. O rei desconhece em que prazo eles aceitarão parar, mas tem a necessidade de dizer à Nação francesa que a violência, seja a quais excessos levada, jamais lhe arrancará um consentimento a tudo o que ele acredita contrário ao interesse público. Como representante hereditário da Nação francesa, ele tem sérios deveres a cumprir; e se pode fazer o sacrifício de seu repouso, não fará o sacrifício de seu dever...

Será ele ouvido?

As seções* *sans-culottes* dos subúrbios Saint-Antoine e Saint-Marcel, guiadas por Santerre e Alexandre, continuam armadas, deliberam constantemente, noite e dia. Elas se abrem aos cidadãos passivos. Reclamam a deposição do rei. Ficam indignadas com os processos contra Pétion. Aclamam o prefeito, "A virgem Pétion", grande homem loiro de uma beleza convencional e ar melífluo, lasso e manhoso, sobretudo vaidoso, que pensara, ao voltar de Varennes, sentado ao lado de Madame Elizabeth, que a irmã do rei estaria agitada, seduzida, prestes a sucumbir a seu charme.

Mas o povo é assim, ontem festejando La Fayette e hoje carregando Pétion em triunfo e denunciando La Fayette como um "intrigante", um "inimigo da pátria", um "bandido e imbecil", o "maior dos celerados", acusado de traição por Robespierre e Couthon.

É verdade que La Fayette deixara seu quartel-general, se apresentara à Assembleia, exigira o retorno à ordem, sonhava com um golpe de Estado.

Queria passar em revista, ao lado do rei, os guardas nacionais. Estava convencido de que o seguiriam, de que iriam todos ao Convento dos Jacobinos dispersar a "seita que usurpa a soberania nacional e tiraniza os cidadãos".

---

* Em 1790, a Assembleia Constituinte subdividira a cidade de Paris em 48 seções (cada uma composta por um comitê civil, um comitê revolucionário e uma força armada) para substituir os distritos. A partir de 1792, estas se tornam um órgão político do movimento *sans-culotte*. Em 1795, se tornam 48 bairros. (N.T.)

Luís desconfiara dessas "quixotices". Ele não desaprovara o que a rainha dissera:

– Mais vale perecer a ser salvo por Monsieur de La Fayette.

Ele se cala quando ela anuncia que avisaria Pétion sobre as intenções do general. O prefeito imediatamente cancela a revista dos guardas nacionais. Só resta a La Fayette voltar para seu exército do Centro.

Paris continua dominada pelas seções *sans-culottes* dos subúrbios, das portas Saint-Martin e Saint-Denis, do Théâtre-Français.

Nos cruzamentos, canta-se:

> Nós trataremos o gordo Luís, bingo
> Com barbárie, meu amigo
> Gordo Luís, bingo...*

"Marchamos a passos largos na direção da catástrofe", confidencia o embaixador dos Estados Unidos, Gouverneur Morris.

Luís partilha desta sensação. Ele sabe que os *sans-culottes* pensam que "a nação não está em guerra apenas com os reis estrangeiros. Ela está em guerra com Luís XVI, e é a ele que é preciso vencer primeiro se quisermos vencer os tiranos, seus aliados".

Trata-se de um momento estranho, como o que precede o início de uma tempestade. Depois das rajadas de vento, tem-se a impressão de que o vento diminui. Dá-se alguns passos, fica-se esperando. Pois os *sans-culottes* não são o povo todo.

Um visitante que percorre a capital escreve:

> Em que outra cidade se não Paris veríamos, ao mesmo tempo, subúrbios amotinados contra a lei, a força pública armada ocupando as ruas e praças, homens de bem, tristes,

---

* *Nous le traiterons, gros Louis biribi / À la façon de barbarie, mon ami / Gros Louis, biribi...* (N.T.)

abatidos, taciturnos, sombrios com o luto da dor, o asilo de reis cercados por uma multidão extraviada, todas as autoridades vacilantes e trêmulas, e, de outro lado, metade da capital indiferente com o que se passa num bairro afastado do seu, cada um fazendo seus afazeres como se tudo estivesse calmo, as esquinas de todas as ruas cobertas com dezenas de cartazes azuis, amarelos ou vermelhos anunciando comédias para a noite, três mil desocupados dando, por isso mesmo, uma ordem a seu dia, hesitando seriamente entre *Tancrède*, encenado no Théâtre de la Nation, e *Jocrisse ou la Poule aux œufs d'or*, encenado no Théâtre du Vaudeville, programas de ceias, concertos, pessoas amáveis, enquanto isso, um vulcão terrível ruge sob seus pés.

O vulcão ruge. As tropas austro-prussianas avançam pelo Norte. Ocupam Orchies e Bavay.

"Os austríacos", escreve Gouverneur Morris, "falam com toda confiança em passar o inverno em Paris".

– Nossa doença avança bem – murmura-se no círculo de Maria Antonieta.

Ela gostaria de agir. E transmite o que fica sabendo dos planos de ação a Mercy-Argenteau, o representante austríaco em Bruxelas.

Ela confidencia:

– O rei não é um covarde – diz ela. – Tem uma imensa coragem passiva... Ele tem medo do comando e teme acima de tudo ter que falar aos homens reunidos... Nas circunstâncias em que nos encontramos, algumas palavras bem articuladas, dirigidas aos parisienses que lhe são devotados, centuplicariam as forças de nosso partido. Ele não as dirá.

Luís conhece o juízo da rainha.

Talvez ela tenha razão quando diz que ele viveu como uma criança inquieta, sob os olhos de Luís XV, até os 21 anos, e que isto o tornou tímido, fechado.

Mas se ele é passivo, é também porque esta é a única forma de coragem que a situação permite.

Ele sente, ao ouvir os cantos, o rufar dos tambores, os milhares de federados que chegam de todos os departamentos, que um grande impulso patriótico revolucionou o país.

Os *marselheses* chegam num passo cadenciado, precedidos por cavaleiros, aclamados pelos *sans-culottes* de Santerre. Eles cantam "Às armas, cidadãos! Formai vossos batalhões", o "Canto de guerra para o exército do Reno" que entoaram ao longo de todo o caminho de Marselha até Paris. Esta "Marselhesa" se espalha como um rastilho de pólvora.

A Assembleia decreta "A pátria em perigo", apelando a recrutamentos voluntários. Um destacamento de cavalaria com trompetes, tambores, música e seis canhões, seguido de doze oficiais municipais a cavalo com a bandeira tricolor com a inscrição "A pátria está em perigo", percorre as principais ruas e bulevares de Paris. Os oficiais param e sobem num estrado, onde leem o texto da proclamação:

– Inúmeras tropas avançam na direção de nossas fronteiras. Todos aqueles que têm horror à liberdade se armam contra nossa Constituição. Cidadãos, a pátria está em perigo.

Em três dias, mais de quatro mil jovens acorrem aos anfiteatros decorados com bandeiras tricolores, onde são recebidos os alistamentos.

O que contrapor a esse movimento, a essa enchente de homens?

Alguns regimentos suíços se concentrarão nas Tulherias, e nobres corajosos, antigos membros da guarda pessoal e da guarda do rei se unirão a eles. Alguns guardas nacionais dos bairros do oeste poderão também querer defender o rei constitucional, mas Luís sabe que a disputa é desigual.

Apenas os exércitos austríacos e prussianos poderiam acabar com aquela movimentação. Mas são estrangeiros. E a palavra *pátria* é a arma mais terrível dos *sans-culottes*. Na Assembleia, Vergniaud, o girondino, ao proclamar *a pátria em perigo*, lera uma acusação contra o rei, interpelando-o:

– Não, não – ele exclamara –, homem que a generosidade dos franceses não conseguiu comover, homem que parece se sensibilizar apenas pelo amor do despotismo, não cumpristes a promessa da Constituição! Nada mais sois para esta Constituição que indignamente violastes, para este povo que tão facilmente traístes.

Enquanto isso, os girondinos hesitam em transformar suas palavras em atos.

Eles temem a anarquia. Desconfiam das seções *sans-culottes*, como as de Quinze-Vingts e dos Cordeliers, cheias de marceneiros, carpinteiros, operários e artesãos, tapeceiros, marmoreiros e vidraceiros da Manufatura Real de Vidros, na Rue de Reuilly.

Na seção de Gravilliers, os fabricantes de leques, merceeiros, carpinteiros, cinzeladores das ruas Saint-Denis e Saint-Martin são exaltados nas predicações do sacerdote Jacques Roux, um *enragé*.

Os girondinos gostariam de utilizar as forças *sans-culottes* para controlá-las, retê-las, soltando as rédeas apenas para forçar o rei a se curvar.

Mas eles também sonham com uma trégua, com um acordo com o rei. Quando, em 7 de julho, o bispo constitucional de Rhône-et-Loire, Lamourette, prega a todos os partidos a reconciliação – "Abraçai-vos", diz ele –, os deputados, com exceção de alguns montanheses, correm, se abraçam, choram.

Luís, avisado de que a Assembleia aclamara a máxima do bispo, "Ódio à República", acorre.

"Incompreensível milagre da eletricidade", escreve uma testemunha, "[...] toda a Assembleia de pé, braços para cima, os deputados levantando seus chapéus e atirando-os para o alto. As tribunas trepidavam, as abóbadas ecoavam alegria, aplausos. A embriaguez se apossara de todas as mentes."

Mas não passava de uma ilusão. A tempestade é desencadeada.

A Assembleia restabelece Pétion em suas funções! É então que aprova a jornada de 20 de junho, a invasão armada das Tulherias, as petições dos cidadãos armados.

Luís quer mostrar, de sua parte, que continua fiel à Constituição.

Em 14 de julho, vai ao Campo de Marte, onde é celebrado o terceiro aniversário da tomada da Bastilha. A multidão, como um oceano, cobre todo o local. Pétion é aclamado. Vaias depreciativas submergem o rei. Manifestam, assim, que ele nada mais representa. Não é mais temido. Basta decidir empurrá-lo para que desapareça.

Petições exigindo sua deposição circulam.

A seção de Mauconseil, ao norte de Les Halles, declara "que não reconhece mais Luís XVI como rei dos franceses e que antes sepultará a si mesma sob as ruínas da liberdade a subscrever o despotismo dos reis".

Os girondinos não podem mais segurar, guiar o povo. Precisam dele, e o povo é inspirado pelo patriotismo.

Os refrãos "marselheses" são cantados.

– Às armas, cidadãos! Formai vossos batalhões... Amor sagrado pela pátria, conduza, sustente nossos braços vingadores.

Denuncia-se "a horda de escravos, de traidores, de reis conjurados".

Quando os federados marselheses são recebidos na Place de la Bastille, "as lágrimas escorrem de todos os olhos", a atmosfera ecoa gritos de "Viva a Nação!", "Viva a liberdade!".

E essa imensa onda, esses milhares de federados marselheses vindos de todos os cantos da nação, é mil vezes mais forte do que aquela que tomou as Tulherias em 20 de junho.

Luís tem a sensação, ao ouvir Maria Antonieta, ao ler os jornais monarquistas, de não partilhar nem de seu medo, nem de seu ódio.

Ele sabe que Maria Antonieta escreve a Fersen:

> Apresse, se puder, o socorro que nos é prometido para nossa libertação. Ainda estou viva, mas trata-se de um milagre. A jornada do dia 20 foi terrível. Não é mais a mim que mais

querem mal, é à própria vida de meu marido, não escondem mais isso.

Luís o pressente. Está chegando ao fim do caminho. A violência, o ódio dos monarquistas é tão raivoso quanto o dos *sans-culottes*, não lhe deixam dúvidas sobre o pouco tempo que lhe resta antes do enfrentamento.

Os jornais monarquistas acusam:

> Os parisienses mostraram toda a fraqueza de seu caráter, mostraram a medida de todos os seus crimes. Todos são culpados nesta cidade criminosa, não existe mais perdão para ela, para esta cidade celerada... Vis e covardes parisienses, vossa sentença está dada. A jornada de 20 de junho ultrapassou vossos crimes. As vinganças se aproximam. Chega o momento em que querereis, ao preço de vossas lágrimas e de vosso ouro, redimir vossos crimes, mas não haverá mais tempo; os corações serão de pedra em relação a vós, e vossa terrível punição será um exemplo que horrorizará para sempre as cidades culpadas.

Este apelo cheio de ódio e de desejo de vingança, publicado no *Le Journal général* de Fontenai, preocupa Luís.

Ele solicitara a Mallet du Pan que escrevesse um *Manifesto* explicando os motivos da intervenção dos soberanos na França. Mas Mallet du Pan voltara para Genebra, então fora um emigrado, o marquês de Limon, junto com o antigo secretário de Mirabeau, Pellenc, que escrevera o *Manifesto* que seria assinado pelo duque de Brunswick, comandante dos exércitos prussianos.

Luís toma conhecimento do texto no dia 25 de julho.

Fala em seu nome. Mas é um general prussiano que se pronuncia!

Ele lê, relê aquele *Manifesto de Brunswick* e vê que o texto precipitaria os confrontos. Ao invés de "aterrorizar" os patriotas, ele os incitaria a agir – contra quem se não primeiro o rei, a família real e a monarquia?

Ele entende aquele *Manifesto* como um ato fratricida contra ele e sua família.

> As duas Cortes aliadas têm como objetivo apenas a felicidade da França.
> Elas querem unicamente libertar o Rei, a Rainha e a família real de seu cativeiro...
> A cidade de Paris e todos os seus habitantes têm a obrigação de se submeter de imediato ao Rei, de colocar este Príncipe em plena e total liberdade...

Luís interrompe a leitura.
Os patriotas, pelo contrário, aprisionarão ele e os seus. Não se submeterão às ordens do imperador austríaco e do rei da Prússia.
Ele lê o fim do *Manifesto* como uma incitação a acabarem com o rei e a monarquia francesa, já que só podem escolher entre a submissão e a morte.

> ...Se o castelo das Tulherias for invadido ou insultado, se houver a mínima violência, o menor ultraje a vossas Majestades, o Rei, a Rainha e a família real, [...] o Imperador e o Rei buscarão uma vingança exemplar e para sempre memorável entregando a cidade de Paris a uma execução militar e a uma subversão total.

Os patriotas invadiriam as Tulherias.
Cobririam Luís e a família real de ultrajes.
Luís se prepara. Ele não tem remorsos, cólera ou ódio.
Deus manda.

Os federados marselheses, tendo à frente o advogado Barbaroux, secretário da comuna de Marselha, são convidados, no dia 30 de julho, para um grande banquete patriótico na Champs-Élysées.
No calor úmido do verão tempestuoso, estoura uma briga entre os federados marselheses e os *sans-culottes* que os acompanham e os guardas nacionais das seções dos bairros

burgueses de Paris, apoiados por "aristocratas". Vencidos pelos marselheses, estes se refugiam no castelo das Tulherias. Um deles é morto.

Grita-se:

– Viva a nação! Morte aos tiranos e aos traidores!

Na seção de Gravilliers, prepara-se um processo contra Luís, cúmplice de Brunswick; os deputados são ameaçados:

– Ainda vos concedemos, legisladores, a honra de salvar a pátria; mas se recusardes, precisaremos tomar a decisão de salvá-la nós mesmos.

30.

Luís sente o suor escorrendo por seu rosto.
Ele está numa das janelas dos apartamentos reais do castelo das Tulherias. Está um pouco para trás, para não ser visto pelos canhoneiros atrás de suas armas no pátio do castelo. Ele ouvira os guardas nacionais gritarem, ao vê-lo, "Viva a nação!", "Viva os *sans-culottes*!", "Abaixo o rei!", "Abaixo o veto!" e "Abaixo o grande porco!"

Mas outros guardas nacionais, e os duzentos fidalgos que defendiam o castelo, haviam respondido: "Viva o rei!", "Viva Luís XVI!", "Este é nosso rei, não queremos outro!", "Queremos ele!", "Abaixo os facciosos!", "Abaixo os jacobinos!", "Nós o defenderemos até a morte, que ele se coloque à nossa frente!", "Viva a nação, a lei, a Constituição e o rei, todos são uma coisa só."

Ele olha para Maria Antonieta, sentada longe da janela, na penumbra, tentando escapar ao tórrido calor daqueles primeiros dias de agosto de 1792.

Ela está tão determinada quanto aqueles fidalgos dispostos a morrer pelo rei.

Diversas vezes dissera que gostaria de voltar a ver o rei montar a cavalo, tomar a frente das tropas fiéis, dos 950 suíços vindos de suas casernas em Rueil e Courbevoie. Luís sairia do castelo, aglutinaria a seu redor as "pessoas honestas", os guardas nacionais das seções que queriam o respeito à Constituição, e nas quais os homens moderados, como aquele sábio, antigo *fermier général*, Lavoisier, da seção do Arsenal, tinham influência.

Poderiam contar com o marquês de Mandat, comandante da Guarda Nacional parisiense, encarregado da defesa das Tulherias.

– Há forças reunidas aqui – repetia Maria Antonieta –, é tempo de finalmente saber quem vencerá, o rei e a Constituição ou a facção.

Luís limpa o suor do rosto. Talvez não seja o calor que o faça transpirar, mas a angústia, a espera.

A Assembleia, apesar dos protestos das tribunas, as ameaças lançadas contra os deputados, se recusa, por 406 votos a 224, a acusar La Fayette e mover um processo contra ele.

Esta é a prova de que os girondinos estão inquietos. Eles temem os planos de insurreição votados pelas seções do Faubourg Saint-Antoine e do Faubourg Saint-Marceau. Os *sans-culottes* exigem que a Assembleia pronuncie a deposição do rei, seu julgamento por traição. As seções esperariam até a quinta-feira 9 de agosto, à meia-noite, pelo voto da Assembleia. Se esta, até a hora fatídica, não se pronunciasse, então os *sans-culottes* fariam soar o alarme e iriam se apoderar da pessoa do rei, nas Tulherias, e ninguém, nenhuma força poderia se opor à vontade do povo.

Os federados marselheses são albergados pela seção do Théâtre-Français, no Clube dos Cordeliers. Danton e os *sans-culottes* os doutrinam e sabem que podem contar com eles, bem como com os federados vindos de Brest.

Os tambores rufam. Cantam-se estrofes que em poucos dias os *sans-culottes* parisienses aprendem com os marselheses. "Às armas, cidadãos." Todos se interpelam com alegria, acabam-se os títulos de *monsieur* ou *madame*, todos são *cidadãos*!

O prazo, portanto, é fixado para as primeiras horas da sexta-feira 10 de agosto.

As seções do Faubourg Saint-Antoine ignoram os apelos dos girondinos, de Condorcet.

Estes se serviram do povo, como de um cão, para amedrontar o rei.

E agora o medo se apossa deles. Eles temem que o cão se livre de sua guia, escape, não ouça Condorcet, que declara:

– Um povo corre para sua ruína quando prefere, em vez de meios de ação controlados pela lei, meios cuja ilegalidade sozinha seria capaz de abortar todos os frutos.

A seção de Quinze-Vingts responde:

– Se justiça e direito não forem feitos ao povo pelo corpo legislativo na quinta-feira às onze horas da noite, no mesmo dia, à meia-noite, o alarme geral soará e todos se erguerão ao mesmo tempo.

Luís não duvida de suas palavras.

Enquanto isso, aceita que sejam entregues dezenas de milhares de libras a Danton, para que ele impeça a insurreição.

Este antigo advogado é o tribuno mais ouvido da seção do Théâtre-Français do Clube dos Cordeliers.

Ele faz parte de um Comitê Secreto composto por 24 membros, que se reúne no Pavilhão de Charenton e cujo objetivo é preparar o ataque ao castelo das Tulherias. Camille Desmoulins, Marat, Billaud-Varenne, o ator Collot d'Herbois e Robespierre estão ao lado de Danton. E alguns deles planejam constituir uma *Comuna Insurrecional*, que tomaria o poder no lugar da comuna eleita.

Esta também paga. Cerca de 750 mil libras são entregues ao prefeito de Paris e ao próprio Santerre para trazer os marselheses para o lado do rei e, portanto, tornar impossível a insurreição.

Mas como confiar naqueles homens? Com certeza utilizam o dinheiro que lhes foi passado seja para seus confortos e excessos, como Danton, seja para preparar a insurreição que são pagos para impedir!

Como no passado, quando haviam coberto Mirabeau de ouro e isso de nada entravara o curso da Revolução.

A insurreição ocorrerá, Luís se convence disso ao descobrir o jardim das Tulherias completamente deserto.

> A peste parece infestar o castelo [escreve um jornalista "patriota"]. Ninguém quer se aproximar dele. Mas o terraço dos *feuillants* está cheio de homens, mulheres, soldados que vão à Assembleia, voltam, param na porta, nos muros do prédio, enquanto do outro lado há um vasto e magnífico jardim deserto... Estamos, dizem aqueles que passeiam no terraço dos *feuillants*, na terra da liberdade. E lá é Coblença. Esta solidão e este silêncio que reinam no jardim onde se veem correr apenas alguns cachorros, devem assustar o dono do castelo por menos que ele pense por si mesmo: não é bom sinal.

Luís não está assustado. No entanto, não acredita, como exigem as petições de algumas seções *sans-culottes*, que elas se contentarão com sua deposição, seguida da expulsão da família real do território.

Sofrimentos, ódios e desejos de vingança se acumularam em tal número há tantos séculos, que fazem de Luís XVI alguém que é preciso crucificar.

Medos e um sem-número de acusações de traição também conduzem a um veredicto implacável. O *Manifesto de Brunswick* anuncia, segundo os oradores *sans-culottes*, "uma São Bartolomeu dos patriotas".

Robespierre, no Clube dos Jacobinos, repete quase todos os dias a mesma coisa. Espalha-se um rumor segundo o qual os habitantes de Paris seriam conduzidos à planície Saint-Denis e dizimados no local com a entrada na capital das tropas prussianas e do exército dos príncipes, que conta com vinte mil emigrados.

Os patriotas mais notórios e cinquenta mulheres do povo seriam supliciados!

Luís partilha do sentimento do jornalista monarquista Du Rosoi, que escreve na *Gazette de Paris*:

> No momento em que ledes essas linhas, todas as hordas, sejam as que deliberam, sejam as que degolam republicanos, peticionistas, inovadores, brissotinos, filosofistas, escrevem, discutem, afiam punhais, distribuem cartuchos,

dão ordens, se chocam, se cruzam, aumentam o preço das
delações, dos crimes, dos libelos e dos venenos... Se esses
facciosos ousam pronunciar a deposição do rei, ousarão julgá-lo; e se o julgarem, ele estará morto! Morto! Ouvistes, fracos e despreocupados parisienses...

A morte está próxima. Luís a vê. Ela o colherá em algumas horas, alguns dias, alguns meses. Ele está a tanto tempo convencido de que seu destino trágico está escrito e de que não pode mudá-lo, que aquelas últimas horas antes do dia 10 de agosto não o surpreendem.

A Assembleia diverge, hesita, condena aqueles que peticionam pela deposição do rei, e mais tarde decide que os regimentos suíços deveriam sair de Paris para ir às fronteiras, o que significa abrir as portas das Tulherias, entregar o rei aos revoltosos.

E estes não são os melhores representantes do povo de Paris. Os autênticos patriotas tinham se alistado para combater os prussianos: quarenta mil jovens em poucas semanas.

Ficaram os comerciantes, os operários, os vagabundos, os artesãos fanáticos, aqueles que querem ocupar as praças, tomar o poder sozinhos, deixando a guerra para os demais. Eles representam uma pequena parte do povo de Paris.

Mas são determinados. E as mulheres, tantas vezes submetidas e humilhadas, os acompanham e inclusive os arrastam.

Ao mesmo tempo, uma multidão destemida enche a Champs-Élysées. Todas as lojas estão abertas. Nesses dias tórridos, vendem-se refrescos. Canta-se. Dança-se. Assiste-se aos espetáculos de pantomimas e marionetes.

Isso espanta um viajante inglês, Moore, que vira canhões instalados na Pont-Neuf para impedir que os cortejos *sans--culottes* vindos da margem direita e da margem esquerda se unissem.

Mas a poucas ruas do lugar que sem dúvida abrigaria o combate, "Tudo é tranquilo em Paris. As pessoas passeiam. Conversam nas ruas como de costume. Parecem felizes como os deuses [...] O duque de Brunswick é o homem em quem menos pensam no mundo."

Mas há aqueles que se preparam para atacar as Tulherias, caso a Assembleia Legislativa se recuse a proclamar a deposição do rei.

Nas tribunas da Sala do Manège, há centenas de pessoas a insultar os deputados, a ameaçá-los, enquanto outras os esperam na saída da Assembleia, os rodeiam e atacam.

Logo sobrará na sessão apenas uma minoria de deputados – pouco mais de duzentos, num total de 745 – dispostos a apoiar os desejos dos *sans-culottes*.

O "povo" – alguns milhares de uma população de seiscentos mil parisienses – é forte demais para se deixar domar pela Assembleia que, na quinta-feira, 9 de agosto, às sete da noite, encerra seus trabalhos sem se pronunciar sobre a deposição do rei.

Medíocre e fraca habilidade dos girondinos.

"Choverá sangue", prevê uma testemunha, ao ouvir, quinze minutos antes da meia-noite, o pesado sino do Convento dos Cordeliers soar o alarme, seguido pelos sinos de seis outras igrejas.

Os tambores começam a rufar, e os *sans-culottes* a se reunir.

No dia seguinte, sexta-feira, 10 de agosto de 1792, aconteceria, conforme prevista, conforme preparada, a jornada revolucionária que concluiria aquilo que fora iniciado em 14 de julho de 1789.

Breve noite antes da aurora da sexta-feira, 10 de agosto.

Luís ouve o procurador-representante do departamento, Roederer, que está sentado ao lado da rainha, de Madame Elizabeth, do delfim, e que quer, diz ele, com sua presença nas Tulherias, proteger o rei e sua família.

Ele já afirmara diversas vezes que a salvação não poderia vir de uma resistência armada aos *sans-culottes*, se estes atacassem o castelo.

Seria preciso refugiar-se na Assembleia, onde a maior parte dos deputados era moderada e faria de seus corpos e de sua legitimidade um baluarte.

O prefeito de Paris, Pétion, sorrindo, vai por sua vez às Tulherias, se retira depois de alguns instantes, e Luís entende que aquele homem se recusaria a tomar partido, se fecharia em casa, deixando-se "acorrentar com fitas", de maneira a salvar sua vida.

Por volta das duas e meia da manhã, Roederer lê o relatório que acaba de lhe ser entregue.

Os ajuntamentos *sans-culottes* têm dificuldade de se formar, diz ele. Os cidadãos dos subúrbios estão cansados. Parece que não marcharão.

Um informante monarquista que acaba de chegar confirma aquelas informações:

– O alarme não deu em nada – repete ele.

Luís continua impassível. O dia não começou. Acaba de ser anunciado que, por ordem de Manuel, procurador-geral da Comuna, os canhões alinhados na Pont-Neuf haviam sido retirados. Com isso, os *sans-culottes* do Faubourg Saint-Antoine e do Faubourg Saint-Marceau poderiam se unir!

Luís entende as preocupações do marquês de Mandat, sobretudo por Manuel ser próximo a Danton. O obstáculo maior ao assalto às Tulherias acabara de ser desmantelado.

Luís se retira. Ele quer dormir, deixar o destino correr segundo a curva desenhada por Deus. Quando sai de seu quarto, anunciam-lhe que o marquês de Mandat, por convocação da Comuna e a conselho de Roederer, aceitara ir ao Hôtel de Ville, onde a Comuna queria ouvi-lo.

O comandante da Guarda Nacional, responsável pela defesa das Tulherias, parte sozinho e sem escolta.

Luís fecha os olhos.

Ele ouve Madame Elizabeth dizer a Maria Antonieta:

– Irmã, venha ver o nascer do dia.

Quantos, amanhã, verão um novo alvorecer?

Há mortes na Place Vendôme, na frente do Hôtel de Ville.

O marquês de Mandat fora preso, acusado de ter ordenado, caso uma "coluna de manifestantes avançasse na direção do castelo, atacá-la pela retaguarda".

– É uma infâmia – grita-se –, um prodígio de covardia e perfídia.

Ele é arrastado para a prisão do Hôtel de Ville. Assim que chega às escadas, é abatido: tiro de pistola, golpes de lança e sabre.

Os membros do Comitê Secreto, os comissários de cada seção que haviam sido designados durante a noite, cassam a Comuna legal, em nome da salvação pública. Ela será substituída por uma Comuna Insurrecional, na qual Danton afirma sua autoridade. Santerre é nomeado comandante da Guarda Nacional no lugar de Mandat. E os cortejos se colocam em marcha na direção do castelo das Tulherias.

Ainda não são nove horas.

Na Place Vendôme, crianças brincam com cabeças, jogando-as para o céu e rebatendo-as a golpes de bastão. São as do jornalista monarquista Suleau e de três amigos seus.

Um jovem é interpelado na Rue des Petits-Champs, cercado e ameaçado. Está vestido como um "monsieur". É forçado a gritar "Viva a Nação!". Tem um sotaque estrangeiro.

Ele se lembrará de ter visto, naquela sexta-feira 10 de agosto, "grupos de homens hediondos, que o castelo foi atacado pela mais vil canalha".

Seu nome é Napoleão Bonaparte.

O "patriota Palloy", um dos vencedores da Bastilha, empreendedor que enriquecera ao organizar a demolição – rentável – da cidadela, escreve sobre esse "povo" em armas no dia 10 de agosto: "São *sans-culottes*, a crápula e a canalha de Paris, e me orgulho de ser desta classe que venceu as supostas 'pessoas honestas'".

Eles marcham em direção ao castelo. Conquistam os postos que protegem as edificações. Aproximam-se das portas. É preciso refugiar-se na Assembleia, repete Roederer.

Luís hesita. Ele quer passar a Guarda Nacional em revista. Desce sozinho ao Carrousel. E a cada passo que dá diante das companhias alinhadas, é invadido por uma profunda, invencível lassidão.

Ele repete:

– Eu amo a Guarda Nacional.

Ele tem a impressão de não ter forças nem para avançar.

Um grupo de canhoneiros, sem dúvida os mesmos que já o haviam insultado, começa a segui-lo, gritando:

– Abaixo o rei! Abaixo o grande porco!

Sempre o insulto.

Ele entra.

Roederer insiste para que eles se coloquem sob a proteção da Assembleia.

– Sire, o tempo urge – diz ele. – Vossa majestade não tem outra opção.

Maria Antonieta se aproxima.

– Temos forças – ela martela. – Ninguém pode agir? O que, estamos sozinhos?

– Sim, Madame, sozinhos – responde Roederer. – A ação é inútil, a resistência, impossível, todos marcham em Paris!

– Marchemos – diz Luís.

Eles se dirigem para a Sala do Manège.

Roederer guia o pequeno cortejo, o rei e sua família. Folhas mortas se acumulam nas alamedas.

O delfim brinca com elas.

– Estão caindo mais cedo, este ano – murmura Luís.

Eles passam no meio da multidão, que forma duas fileiras hostis. Um cidadão grita, indo até a primeira fila:

– Diabos, não aceito que este maldito rei viole a sala da Assembleia!

É preciso negociar. O oficial da Guarda Nacional que protege o rei pega o cidadão pela mão, apresenta-o a Luís XVI:

– Sire, eis um homem galante que não vos fará mal.

– Não tenho medo – responde Luís.

O cidadão estende sua mão:

– Toque aqui, o senhor terá pegado a mão de um bravo homem, mas não aprovo que a cadela da sua mulher vá com o senhor à Assembleia, não precisamos desta vadia.

É tarde demais para responder, para resistir.

Luís titubeia ante a injúria, senta-se perto de Vergniaud na tribuna da Assembleia.

As palavras do girondino – "Firmeza na Assembleia, seus membros juraram morrer defendendo os direitos do povo e as autoridades constituídas" – parecem um eco longínquo.

Estão a um passo do calvário.

Ele diz:

– Vim aqui para evitar um grande crime.

É instalado com sua família no cubículo do logógrafo, que toma nota dos discursos. Faz um calor úmido e sufocante. Ouvem-se, bem próximas, detonações isoladas, depois descargas de tiros, gritos.

Mal passa das dez e meia.

As portas do castelo são forçadas.

Os insurgentes se precipitam nas Tulherias. Os guardas nacionais gritam "Viva a nação!", juntam-se aos *sans-culottes* e aos federados. Os suíços são questionados. O patriota Westermann, antigo hussardo alsaciano, próximo de Danton, lança em alemão:

– Rendam-se à nação.

Alguns hesitam, pulam pelas janelas, outros respondem que não querem se desonrar. Seus oficiais se preocupam. Os insurgentes, na parte de baixo da escada, se impacientam, começam a insultar os "coletes vermelhos". Estivadores armados com ganchos fisgam alguns com o equipamento, puxam-nos.

Ouvem-se um tiro e disparos de um lado a outro. Os suíços que se precipitam correm os insurgentes dos pátios, apoderam-se dos canhões.

"Vi os suíços", diz um granadeiro da seção do Théâtre-Français, François Marie Neveu, pintor, amigo de David, com quem fora mestre da Corte real, "darem até seis tiros à queima-roupa sobre meus companheiros de armas amontoados atrás de uma escavadeira, faziam saltar os miolos de meus concidadãos à queima-roupa."

Contam-se centenas de mortos, nessa altura.

Os federados de Marselha e de Brest contra-atacam, fazem os suíços recuarem, sendo que alguns se reagrupam perto da Assembleia.

– As portas foram arrombadas – grita um oficial da Guarda Nacional. – Há cidadãos prestes a serem degolados. De que serve o sangue derramado?

Luís escreve ao coronel suíço: "O rei ordena aos suíços que depositem imediatamente suas armas e se retirem para suas casernas."

Nem todos são avisados. Alguns combaterão até o fim de suas munições. Tanto estes quanto os que cumprem o cessar-fogo são degolados.

Da janela de um prédio do Carrousel, Napoleão Bonaparte assiste ao assalto. Depois percorre o campo de batalha, onde os corpos se amontoam e são queimados aos montes.

> Os feridos são assassinados. Dois cirurgiões suíços que os tratavam são assassinados. Vi mulheres bem-vestidas chegarem às piores indecências sobre os cadáveres dos suíços. Elas mutilavam os soldados mortos e depois brandiam seus sexos ensanguentados. Vil canalha!

E covardia de Luís XVI.
"Se o rei tivesse se mostrado a cavalo, a vitória seria sua."

Pilhagem das Tulherias. Saques, roubos. Os ladrões são mortos a golpes de sabre e lanças, nas ruas e praças próximas ao castelo.

"Que barbárie atroz!", indigna-se o livreiro patriota Ruault. Ele vê passarem sob o fio da espada sessenta suíços que tinham se rendido e que haviam sido conduzidos ao Hôtel de Ville.

> E desde quando se degola a sangue-frio, na Europa, prisioneiros de guerra?
> Fui obrigado a assistir ao massacre no pequeno pátio interno do Hôtel de Ville, aos pés da efígie de Luís XVI.
> Eles eram esfolados nus, trespassados e depois puxados pelos pés, e seus corpos mortos eram carregados nas escavadeiras... Mas, cúmulo do horror! Vi os canibais que carregavam esses cadáveres mutilá-los em suas partes secretas e darem, rindo, pequenos sopros em suas bochechas e nádegas.
> É preciso dizer tudo o que se viu e tudo o que se sabe desse abominável dia.

SEXTA PARTE

11 de agosto de 1792-
30 de setembro de 1792
"Livres, à mira de punhais."

"Ofereçamos na pessoa dos Bourbon e de seus cúmplices um exemplo estrondoso que fará empalidecer os demais reis: que sempre tenham à sua frente e presente em suas mentes o ferro da guilhotina caindo sobre a cabeça ignóbil de Luís XVI, sobre a cabeça altiva e insolente de sua cúmplice..."

Artigo do *Les Révolutions de Paris*,
Número de 4 a 11 de agosto de 1792

"Tem início, aqui e agora, uma nova
era na história da humanidade."

Goethe, presente em Valmy no
dia 20 de setembro de 1792

31.

Quantos mortos?
É o que se pergunta Maximilien Robespierre. Ele não participara dos combates. Ficara encerrado na casa dos Duplay, na Rue Saint-Honoré, ouvindo as saraivadas de tiros que se seguiram tarde adentro naquela sexta-feira, 10 de agosto.

Agora que a noite caíra, ele vai à seção de Piques, na Place Vendôme.

Uma multidão se agita em torno da estátua de Luís XIV, e com a ajuda de ganchos, lanças, pesados malhos, barras de ferro, tenta desprender a estátua. Quando o Rei Sol começa a oscilar, ouvem-se gritos de:

– Chega de reis, ódio aos tiranos!

A estátua começa a ser desmantelada, enquanto outros *sans-culottes*, jovens e mulheres martelam, nas fachadas, a palavra *rei* e flores de lis.

Robespierre se detém, questiona. É reconhecido, aclamado. Dizem-lhe que o povo está derrubando as estátuas de Luís XV, Luís XIII e Henrique IV.

A deposição e o julgamento de Luís Capeto são exigidos. As sedes dos jornais monarquistas são queimadas. Os jornalistas monarquistas são perseguidos. "Suspeitos" são presos por seus trejeitos, por suas roupas, desconfiados de serem aristocratas.

Grita-se que é preciso matar os suíços que se refugiam perto dali, no Convento dos Feuillants, e outros no Palais Bourbon.

Quantos mortos, até então?

No mínimo um milhar, sendo mais de seiscentos defensores do palácio, suíços e aristocratas que defendiam o rei.

No Carrousel, o povo queima os cadáveres com os destroços das fachadas das lojas devastadas ou incendiadas pelos tiros de mosquete.

O que é feito do rei? O que a Assembleia decidiu a seu respeito? Suspensão ou deposição? Robespierre quer ir até a Sala do Manège, mas primeiro se dirige à assembleia da seção de Piques:

– Será preciso que o povo se arme mais uma vez com sua vingança – diz ele. – A coragem e a energia do povo podem, sozinhos, manter a liberdade. Ele é acorrentado assim que adormece, é desprezado assim que cessa de temer, é vencido assim que perdoa seus inimigos antes de vê-los totalmente dominados.

Ele é apontado, por aclamação, representante da seção na Comuna Insurrecional.

Nela é que está o poder.

Ele vê, na Assembleia, o rei e sua família, que ainda estão no cubículo do logógrafo e passam a noite em algumas salas do Convento dos Feuillants.

Os deputados, apenas 285 dos 745 da Assembleia, haviam decidido pela suspensão do rei, e por sua reclusão. Os *sans-culottes* e os representantes da Comuna Insurrecional tinham protestado. Eles pedem a deposição de Monsieur Veto. Exigem que o rei e a família não sejam confinados no Palais du Luxembourg, ou no palacete do ministro da Justiça, conforme decidido pela Assembleia, mas na torre do Templo, onde a vigilância deveria ser severa o tempo todo. É preciso que Luís Capeto, a austríaca e o pequeno Capeto só disponham do indispensável. Sem luxo. Sem sair. Sem visitas. Não há mais rei.

A Assembleia se rende à Comuna Insurrecional. Os deputados também votam para que seja constituído um Conselho Executivo provisório, e é Danton quem exercerá a mais forte influência, visto que recebe 222 votos de 285, mais que qualquer outro candidato. Todos sabem que Danton fora o homem da Insurreição de 1º de agosto.

– Entrei no Conselho Executivo pela brecha aberta nas Tulherias – diz ele com sua voz possante.

Aquele cujos inimigos chamam "o Mirabeau da canalha", aquele maçom que escolhe como secretários Fabre d'Églantine e Camille Desmoulins é uma força física: rosto leonino, cabeleira emaranhada, mandíbula larga, mãos grossas, torso e ombros musculosos.

Ele ama a vida, o poder, o dinheiro. Já o disseram agente do duque de Orléans, pago pela Corte. Ele se jogara no braseiro revolucionário com toda sua energia e talento de advogado.

Robespierre o observa. Como um homem pervertido, corrompido, ruidoso, poderia ser um homem virtuoso?

Mas é Danton quem está no Conselho Executivo, como ministro da Justiça, é ele quem tem o papel principal e domina Roland, ministro do Interior, que é inspirado pela esposa Manon.

É ela quem dirige o *gabinete do espírito público*, que, sob a autoridade de Roland, deve influenciar e orientar os jornais. Estes são todos patriotas, visto que a censura fora estabelecida, e os jornais monarquistas, suprimidos. O jornalista Suleau fora massacrado, seu colega Du Rosoi, preso e condenado à guilhotina. A Assembleia cria um Tribunal Criminal Extraordinário por pressão da Comuna Insurrecional. Os juízes que o compõem são eleitos pelas seções.

Robespierre, que recebe a maioria dos votos, deveria ser seu presidente. Ele hesita, depois desiste:

– Não posso ser o juiz daqueles de quem fui adversário – diz ele. – Se eram inimigos da pátria, também se declaram meus inimigos.

Os girondinos o acusam de hipocrisia, de querer na verdade permanecer na Comuna para ocupar uma posição de comando. Cartazes são afixados ao lado daqueles que desde o dia 11 de agosto anunciam: "O rei está suspenso, ele e sua família são reféns".

"Robespierre", lê-se, "é um homem ardentemente ciumento. Ele quer despopularizar o prefeito Pétion, tomar seu lugar e chegar, em meio às ruínas, a este tribunal, objeto contínuo de seus desejos disparatados."

Robespierre, sem que um único músculo de seu rosto se mova, lê e relê, com um furor controlado que o paralisa, as acusações.

Ele ainda não atacará os girondinos autores dessas acusações.

Mas à noite, no Clube dos Jacobinos, numa voz cortante, dirá:

– O exercício das funções de presidente do Tribunal Criminal Extraordinário para julgar os autores dos crimes contrarrevolucionários era incompatível com as de representante da Comuna. Permaneço no posto que ocupo, convencido de que é aqui que devo, por enquanto, servir a pátria.

É aclamado.

Ele lê o apelo que acaba de lançar na Comuna:

– Povo soberano, suspende tua vingança. A justiça adormecida retomará hoje todos os seus direitos. Todos os culpados perecerão no cadafalso.

Os jacobinos o ovacionam.

– Chega de reis, nunca mais reis – gritam eles.

Luís Capeto e sua família são conduzidos para a torre do Templo.

Toda a família real é amontoada numa carruagem puxada por apenas dois cavalos que avançam a passo, escoltados pelos guardas nacionais, com as armas para o alto.

Quiseram que eles atravessassem Paris, que vissem as estátuas derrubadas. E disseram-lhes que inclusive a de Filipe, o Belo, que estava na Notre Dame, fora quebrada.

"Luís-Nero" permanece impassível.

Maria Antonieta, aquela nova Agripina*, aperta o filho contra o peito e, ao longo de todo o trajeto, que leva várias horas, recebe em pleno rosto insultos e acusações de "puta com seu bastardo".

---

* Mãe de Nero, Agripina (15-59 d.C.) manda envenenar seu segundo marido, o imperador Cláudio (que adotara Nero), para que seu filho assumisse o poder. (N.T.)

Ao redor deles, a morte ronda.

Os jornais patriotas clamam para que ela aporte.

Robespierre lê no *Les Révolutions de Paris*:

> A pátria e o despotismo lutaram em corpo a corpo por bom tempo. O despotismo fora o agressor. Sucumbiu. Sem mercê, que morra; mas para não ter mais que lidar com esta hidra, é preciso abater todas as cabeças num só golpe. Ofereçamos na pessoa dos Bourbon e de seus cúmplices um exemplo estrondoso que fará empalidecer os demais reis: que sempre tenham à sua frente e presente em suas mentes o ferro da guilhotina caindo sobre a cabeça ignóbil de Luís XVI, sobre a cabeça altiva e insolente de sua cúmplice. Ataquemos depois deles todos aqueles cujos nomes encontramos nos papéis do gabinete das Tulherias; que todos esses papéis nos sirvam de listas de proscrição. Ainda serão necessários mais documentos comprobatórios? O que estamos esperando?
> Mas, inconsequentes e levianos que somos, passamos nossa cólera para bronzes e mármores inanimados.

Não são apenas as estátuas que precisam ser derrubadas, mas as cabeças que precisam ser cortadas.

Esta é a opinião da Comuna Insurrecional de que Danton é o chefe. É o que ela exige.

Os deputados precisam prestar novo juramento. Não se trata mais de fidelidade ao rei. A Constituição de 1791 é abolida. Eleições serão organizadas, por sufrágio universal, para eleger uma Convenção Nacional que – como nos Estados Unidos, que servem de modelo – redigirá uma nova Constituição.

Até lá, as municipalidades poderiam prender os "suspeitos", efetuar "visitas domiciliares". Não se faz mais referência, em primeiro lugar, à liberdade.

É o Ano I da igualdade que começa.

É preciso prestar juramento à nação, à igualdade sagrada.

Os sacerdotes que se recusarem, os refratários, poderão ser imediatamente deportados para a Guiana. É preciso hostilizar e reduzir à impotência os aristocratas e seus cúmplices.

Em Paris, a Comuna manda prender seiscentos suspeitos que, nas prisões, encontram duas mil pessoas já capturadas.

As mulheres e os filhos dos emigrados são considerados reféns, e seus bens, sequestrados.

É preciso defender-se.

Diz-se que os exércitos austro-prussianos tomaram a ofensiva, apoiados por vinte mil emigrados. Nesse mesmo 19 de agosto, La Fayette e 22 oficiais de seu estado-maior, depois de tentarem levar suas tropas a marchar sobre Paris, passam ao inimigo.

Na Vendeia, na Bretanha, no Dauphiné, na região do Norte, no Centro, no Sudoeste, apesar do envio de comissários pela Comuna Insurrecional e pelo Comitê Executivo, há oposições à revolução de 10 de agosto.

Há proclamações de apoio ao rei, recusas de alistamento para partir às fronteiras. No Maine e na Normandia, Jean Cottereau, chamado Jean Chouan, que ao lado de seus três irmãos se dedicava ao contrabando de sal, vai para a floresta. Alguns se juntam a ele, se identificam e se aliam dando gritos de *chat-huant*.* Eles se preparam para atacar os guardas e defender os sacerdotes refratários.

As informações sobre essas resistências aumentam o medo e a mobilização nos bairros de Paris – nos subúrbios, no centro, no Théâtre-Français, nas portas Saint-Denis e Saint-Martin – onde fermenta o espírito *sans-culotte*, em torno das seções de Quinze-Vingts, de Piques, do Théâtre-Français.

Todos se armam.

Os ferros das grades das Tulherias são transformados em "lanças cidadãs". Acredita-se que oitocentos homens da "antiga" Guarda Real estejam prestes a cair sobre Paris para massacrar os patriotas.

---

* O *chat-huant* (ave de rapina que tem dois tufos de penas que parecem orelhas de gato) teria dado em *chouan*. Daí viria o nome Jean Chouan e *chouannerie*, insurreição contrarrevolucionária e monarquista (N.T.)

Clama-se contra a traição quando, em 23 de agosto, chega a notícia de que Longwy caiu nas mãos dos prussianos. Há rebeliões contra os deputados, os girondinos, o ministro Roland, os militares que pensam em sair de Paris, que se alarmam à ideia de que os prussianos estão a poucos dias de marcha da capital e que colocarão em prática as ameaças anunciadas no *Manifesto de Brunswick*.

Além disso, em Paris há aqueles – a maior parte da população – que continuam a viver os acontecimentos sem tomar parte deles.

Estes não se misturam nem ao cortejo de 10 de agosto, nem aos combates das Tulherias, nem às matanças.

> O massacre não se estendeu para muito além do Carrousel e não cruzou o Sena [escreve uma testemunha]. Em todos os demais lugares encontrei a população tão tranquila quanto se nada tivesse acontecido. Perto dos muros da cidade, o povo mal demonstrava alguma surpresa; dançava-se ao ar livre. No Marais, onde eu morava então, apenas se desconfiava do acontecido, como em Saint-Germain. Dizia-se que algo acontecia em Paris, e esperava-se com impaciência que o jornal da noite dissesse o que era.

Mas outros ficam estupefatos.

"A jornada de 10 de agosto muda todas as ideias, todas as opiniões dos patriotas", escreve um membro do Clube dos Jacobinos, da Guarda Nacional, ator dos acontecimentos enquanto cidadão anônimo, que não intervém nos debates, que observa, ao mesmo tempo arrebatado pelos ventos revolucionários e preocupado.

> Eis-nos recomeçando [diz ele] uma nova Revolução que anula a de 1789. Parece decidido que a realeza será abolida, que será criado um regime republicano democrático. Será mais um encadeamento de males e desgraças dos quais sairemos quando Deus o quiser... Que mudança, Senhor! O que teria respondido Luís XIV, em 10 de agosto de 1715,

> poucos dias antes de sua morte, se lhe tivessem dito: "Sire, em 77 anos a monarquia francesa será destruída, o reino dos Bourbon acabará na França. O senhor é o antepenúltimo rei desta antiga dinastia"?

Este cidadão está indeciso.

Os "suspeitos" são presos. O Palais Bourbon é cercado, pois lá estão 150 prisioneiros suíços. Os *sans-culottes* exigem que eles lhes sejam entregues.

> A Comuna de 10 de agosto [escreve esse jacobino] começa a fazer uma parte dos habitantes de Paris tremer... Os partidários da Revolução se dividem em dois tipos, os de 89 até o dia 10 de agosto exclusive, e aqueles a partir de 10 de agosto, que se dizem patriotas por excelência; estes últimos fazem um barulho terrível nas seções, inclusive nos jacobinos, onde todos começam a se olhar até o fundo da alma. Esta sociedade assume outra cara depois de 10 de agosto... Ela degenera em intriga democrática. Apesar de eu nada significar e querer continuar nada significando, oscilo, não sei se devo ficar ou retirar-me.

Mas há a ameaça estrangeira, os prussianos, os austríacos que se aproximam, os emigrados que marcham ao lado deles.

A pátria está em perigo. "Um francês deve viver por ela, por ela um francês deve morrer", diz uma canção.

E os tambores chamam para a convocação geral. Muitos se alistam. Entoam "Às armas, cidadãos, formai vossos batalhões". Os voluntários de 1792 se unem aos voluntários de 1791.

"Ó, sublime elã!", "Estamos numa atmosfera luminosa."

Os voluntários elegem os chefes de batalhão, os oficiais. Marceau, Oudinot, Championnet, Lefebvre, Jourdan, Victor, Bernadotte, Ney, Murat, Soult, Pichegru, Hoche, Gouvion, Brune, Joubert são eleitos.

O general Dumouriez substitui o "traidor" La Fayette.

Kellermann, velho oficial de 57 anos, marechal de campo em 1788, é promovido a general em 1792.

Quando ele chega a Metz, em 27 de agosto, é acolhido pelos voluntários aos gritos de "Ça ira".

Esses soldados, ardendo de fervor patriótico, só precisam ser comandados por chefes decididos a combater. E os oficiais que acabam de eleger, e aqueles que não desertaram do antigo regime, estão resolvidos a segui-los.

Todos os regimentos cantam:

> Às armas, cidadãos
> Formai vossos batalhões
> Marchemos, marchemos
> Nossa terra do sangue impuro se saciará.*

Enquanto isso, os austro-prussianos de Brunswick, depois de tomarem Longwy, marcham sobre Verdun.

E os emigrados zombam dos "louças azuis" – a cor dos uniformes dos voluntários franceses –, que destroçarão com um golpe de sabre!

No Conselho Executivo, o ministro do Interior, Roland, repete que o governo e a Assembleia devem sair de Paris e ir para Blois.

Danton se levanta, brande os punhos, lança com sua voz vibrante como um tambor:

– Antes que os prussianos entrem em Paris, prefiro que vinte mil tochas façam de Paris um monte de cinzas!

Na Comuna, na Assembleia, ele ataca os girondinos, ministros "rolandistas" tomados de medo.

É preciso salvar a pátria.

– Quando um navio naufraga – exclama Danton –, a tripulação joga ao mar aquilo que a levaria a afundar. Da mesma forma, tudo aquilo que pode prejudicar a nação deve ser retirado de seu seio.

Danton incita os comissários, nos departamentos, a usarem de seus plenos poderes.

---

* *Aux armes, citoyens, / Formez vos bataillons / Marchons, marchons / Qu'un sang impur / Abreuve nos sillons.* (N.T.)

Em Paris, as visitas domiciliares, as revistas e prisões se multiplicam. Três mil suspeitos são colocados na prisão, e, apesar de a maior parte deles ser libertada, o medo se espalha. Mas ninguém protesta.

Mas só se ouve uma voz, visto que a imprensa monarquista fora proibida. E os jornais pedem aos cidadãos que jurem, como os jacobinos, purgar a terra da praga da realeza. E incitam os parisienses a participar dos trabalhos de defesa iniciados de Clichy a Montmartre.

Cavam-se trincheiras, canta-se:

> Veto-fêmea prometera
> Degolar toda Paris
> Seus projetos falharam
> Graças a nossos canhoneiros
>
> Dancemos a carmanhola
> Viva o som, viva o som
> Dancemos a carmanhola
> Viva o som do canhão!
>
> Veto-macho prometera
> Ser fiel a seu país
> Mas ele falhou
> O trapaceiro está enjaulado.*

Mas os prussianos estão às portas de Verdun, e a inquietação alimenta a exaltação patriótica.

Em 27 de agosto, um longo cortejo que parte da Place de l'Hôtel de Ville atravessa Paris e chega às Tulherias, onde fora construída uma pirâmide de granito sobre o grande lago.

---

* *Veto-femelle avait promis / De faire égorger tout Paris / Ses projets ont manqué / Grâce à nos canonniers. // Dansons la carmagnole / Vive le son, vive le son / Dansons la carmagnole / Vive le son du canon! // Veto-le-mâle avait promis / D'être fidèle à son pays / Mais il y a manqué / Le fourbe est encagé.* (N.T.)

É preciso celebrar à maneira antiga, proclama a Comuna, as exéquias fúnebres dos mortos de 10 de agosto. Lê-se em estandartes:

> Chorai, esposas, mães e irmãs,
> A perda das vítimas imoladas pelos traidores.
> Juramos, de nossa parte, vingá-las!*

Vingar-se, defender-se. Esta é a obsessão de Marat.

Ele frequenta o Hôtel de Ville, interpela os delegados das 48 seções de Paris que formam a Comuna Insurrecional.

Ele se dirige a Barbaroux, o advogado secretário da Comuna de Marselha, que acompanhara os federados marselheses que haviam tido um papel decisivo na tomada das Tulherias, em 10 de agosto. Foram eles que contra-atacaram depois do assalto vitorioso dos suíços.

– Dê-me – diz-lhe Marat – duzentos napolitanos armados de punhais e usando em seus braços esquerdos um aro a guisa de escudo: com eles, percorrerei a França e farei a revolução.

Seria preciso, acrescenta ele, eliminar 260 mil homens, medida de humanidade que permitiria salvar a pátria e milhões de cidadãos.

– A Assembleia Nacional ainda pode salvar a França – continua ele –; basta-lhe decretar que todos os aristocratas usarão uma fita azul e que serão enforcados assim que forem vistos em grupos de três.

Ele fala numa voz pausada, com os olhos fixos como os de um profeta que vê, que sabe, que diz:

– Também podemos armar emboscadas e degolá-los. A cada cem homens mortos haverá dez patriotas, de que importa? São noventa homens para dez e, além disso, não há como se enganar: ataquem aqueles que têm carruagens, criados, roupas de seda, ou que saem dos espetáculos, podem ter certeza que são aristocratas.

---

* *Pleurez, épouses, mères et sœurs / La perte des victimes immolées par les traîtres / Nous jurons, nous, de les venger!* (N.T.)

Essas palavras aterrorizam os girondinos. Pois Marat também denuncia os deputados: hipócritas, traidores que só aceitaram a revolução de 10 de agosto por medo. Eles "são sequazes do despotismo e traidores da pátria que maquinarão eternamente sua perda"...

Roland, ministro do Interior, intervém na Assembleia e declara ilegal a Comuna Insurrecional. Os deputados votam a dissolução da Comuna em 31 de agosto. Mas a Comuna se recusa a ceder. Ela é o poder de fato. Ela é a voz do patriotismo que inflama os *sans-culottes*, pois a pátria está em perigo. Enquanto Roland e os ministros girondinos – Clavière, Servan – continuam querendo fugir para Blois, Danton exclama:

– Uma parte do povo irá até a fronteira, outra cavará trincheiras, e a terceira, com lanças, defenderá o interior das cidades...

É ao som de canhões e tambores que os jovens se alistam, cantando:

> Morrer pela pátria
> É o destino mais belo
> O mais digno de se querer.[*]

---

[*]. *Mourir pour la patrie / Est le sort le plus beau / Le plus digne d'envie.* (N.T.)

32.

Em 1º de setembro de 1792, enquanto os voluntários parisienses marcham em direção às fronteiras, diz-se em Paris que os prussianos investem contra a cidade de Verdun.

Se ela cair em suas mãos, a via para Paris ficará aberta. O duque de Brunswick repetira que a cidade seria submetida a "uma execução militar" que todos os patriotas seriam degolados, que haveria uma "São Bartolomeu dos *sans-culottes*".

Estes se reúnem nos cruzamentos.

As mulheres rodeiam os homens armados com sabres e lanças.

Um homem em pé sobre um marco brande uma brochura, que está sendo distribuída: "Grande traição de Luís Capeto. Complô descoberto para assassinar, na noite de 2 para 3 deste mês, todos os bons cidadãos".

Afirma-se que, nas prisões – nas Carmelitas, na Rue de Vaugirard, na Abadia, perto de Saint-Germain-des-Prés, no seminário Saint-François, na Rue Saint-Victor, onde os suspeitos são atirados, na Conciergerie, no Salpêtrière, na Grande e na Petite Force, na Rue Saint-Antoine, em Bicêtre, ao sul de Paris –, os sacerdotes refratários, os aristocratas, os suíços e os assassinos ali presos estão armados e se espalharão por Paris, impedindo toda e qualquer defesa contra os prussianos.

Ouvem-se os vendedores dos jornais patriotas, *L'Ami du peuple*, *Les Révolutions de Paris*, *L'Orateur du peuple*, de Fréron. Este último é mais *sans-culotte* inclusive que o jornal de Marat, como se Stanislas Fréron, filho do inimigo de Voltaire, quisesse fazer com que esquecessem sua ascendência e ser o mais puro dos patriotas, igual a Robespierre e Camille Desmoulins, de quem fora colega no liceu Louis-le-Grand.

E os vendedores ambulantes repetem que é preciso ir armado até a Abadia, arrancar de lá os traidores e passá-los no fio da espada. E que tolice querer fazer seu julgamento! Ele já está feito.

"Vocês massacraram os soldados suíços nas Tulherias, por que poupar seus oficiais, infinitamente mais culpados! Eles merecem ser esquartejados, como Luís Capeto e sua vadia austríaca." O mesmo destino deve ser reservado aos deputados, aqueles "corrompidos da Assembleia". Só se pode confiar na Comuna Insurrecional e no Comitê de Segurança que ela criou e do qual Marat faz parte!

Amanhã se inicia o escrutínio para eleger os deputados da Convenção!

Montanheses, cacem os girondinos! Viva a nação!

Patrulha-se a noite toda. Os passantes são controlados. Os "suspeitos" são parados. Bebe-se. Ouve-se o que é dito – e o inglês Moore relata o que ouviu: "É bastante terrível que os aristocratas queiram matar todo o povo mandando a cidade aos ares."

Outro acrescenta: "Há chefes e tropas monarquistas escondidos em Paris e nos arredores. Eles vão abrir as prisões, armar os prisioneiros, libertar o rei e sua família, executar os patriotas de Paris, as mulheres e os filhos dos que estão no exército".

Lanças são brandidas. As mulheres gritam.

"Não é natural os homens proverem a segurança de seus filhos e de suas mulheres e utilizarem o único meio eficaz de conter o punhal dos assassinos?"

Matá-los?

A aurora desponta no dia 2 de setembro, e a partir das primeiras horas da manhã as pessoas se reúnem.

De repente, um tiro de canhão, depois o alarme, os tambores. As barreiras são fechadas. Num cartaz, lê-se uma proclamação da Comuna: "Cidadãos, o inimigo está às portas de Paris; Verdun, que o detém, só pode aguentar oito dias... Que um exército de sessenta mil se forme sem demora."

Por volta das cinco horas, guardas municipais a cavalo, carregando uma bandeira, percorrem as ruas gritando:

– Às armas! O inimigo se aproxima – dizem eles. – Estais todos perdidos. A cidade será entregue às chamas e à pilhagem. Alistai-vos. Nada temeis dos traidores e conspiradores que deixarcis para trás. Eles estão nas mãos dos patriotas, e a justiça nacional, antes de vossa partida, vai usar de sua ira para fustigá-los.

Matá-los?

Diz-se que a Comuna e seu Comitê de Segurança libertaram, à noite, os prisioneiros culpados de pequenos furtos, roubos ou trapaça, e que só resta nas prisões a escória do crime e os inimigos dos patriotas, os sacerdotes refratários, os traidores!

A justiça precisa prevalecer.

E quem pode contar com aquele Tribunal Criminal Extraordinário criado pelos "corrompidos" da Assembleia e que pronunciara apenas três condenações desde 17 de agosto?

Repetem-se as palavras de Danton, ministro da Justiça, alma da Comuna.

Ele, com sua "voz possante, seus gestos de atleta, suas ameaças", revelara sua decisão:

– O sino que está tocando não é um sinal de alarme, é o ataque aos inimigos da pátria... Para vencê-los, de que se precisa? De audácia, mais audácia e sempre audácia.

"Mandei buscar minha mãe, que tem setenta anos, mandei buscar meus dois filhos. Eles chegaram ontem à noite. Antes que os prussianos entrem em Paris, quero que minha família pereça comigo..."

Danton ergue os dois punhos à altura do rosto.

– É em Paris que é preciso ficar, de todas as maneiras. Os republicanos são uma minoria ínfima e para combater não podemos contar apenas com eles. O resto da França está apegado à realeza, é preciso causar medo aos monarquistas.

Ele é aclamado, as lanças são erguidas.

– Sim, somos da canalha, saímos da sarjeta.

Danton brande os punhos.

– Só podemos governar causando medo... Os parisienses são zés-ninguém; é preciso colocar um rio de sangue entre eles e os emigrados.

Começam a haver aglomerações na frente das prisões, nas Carmelitas, na Abadia. Invoca-se a autoridade da Comuna, cita-se Marat, diz-se que se quer julgamentos imediatos dos prisioneiros. Os *sans-culottes*, brandindo sabres e lanças, forçam as portas. Os guardas são empurrados.

Os prisioneiros são levados para fora das prisões e mortos a golpes de sabre e lança.

Danton, que se encontra no Conselho Executivo, é avisado desses primeiros assassinatos.

– Não estou nem aí para os prisioneiros – grita ele –, que façam o que puderem.

Na noite de 2 de setembro, diante dos jacobinos, em pleno massacre, Maximilien Robespierre declara:

– Ninguém ousa nomear os traidores. Pois bem, eu, para a salvação do povo, nomeio-os. Denuncio o liberticida Brissot, a facção da Gironda... Denuncio-os por terem vendido a França para Brunswick e por terem recebido adiantado o prêmio de sua traição.

Um pouco mais tarde, ao tomar a palavra diante da Comuna, ele evoca:

– Um partido poderoso que quer levar ao trono dos franceses o duque de Brunswick.

Todos sabem que nesses momentos de caça aos traidores, ele visa aos girondinos.

Para que sejam mortos?

Ele não esquece que as assembleias eleitorais logo serão abertas, e aquelas acusações, no clima de medo que se instala hora a hora em Paris, tornariam impossível a eleição de um girondino e de um moderado em Paris, sobretudo se os *sans-culottes* presentes durante a votação exigirem dos eleitores que anunciem sua escolha.

Em 3 de setembro, fica-se sabendo que Verdun tombara, que mais nada, nenhuma fortaleza defendia Paris. O comandante da guarnição de Verdun, Beaurepaire, que se recusava a capitular, teria sido minoria frente à municipalidade contrária a qualquer tipo de resistência. Alguns afirmam que Beaurepaire se suicidara como um herói antigo, depois afirmam que ele fora assassinado por traidores.

Morte aos traidores!

"É preciso purgar quatro anos de traição", murmura Manon Roland ao ouvir sobre os massacres. Seu marido, o ministro do Interior, diz que é preciso "deixar cair um véu sobre os acontecimentos. Sei que o povo, terrível em sua vingança, ainda faz uma espécie de justiça."

De fato, no vestíbulo das prisões, Maillard, um antigo soldado que participara de todas as jornadas revolucionárias, de 14 de julho de 1789 a 10 de agosto de 1792, se instala atrás de uma mesa e efetua, em poucos minutos, o interrogatório dos prisioneiros. Dado o veredicto, "Viva a nação!", o prisioneiro que saísse com um chapéu na cabeça era poupado pelos assassinos, que têm sangue nos antebraços e até os ombros.

Se Maillard gritasse o nome de uma prisão, então o prisioneiro era empurrado para fora com a cabeça descoberta, condenado à morte.

Morria a golpes de sabre e lança, e aos poucos os "carrascos" vão tomando o tempo de fazer os sentenciados sofrerem, deleitando-se em ver aqueles homens e mulheres se arrastando, ensanguentados, feridos pela lâmina do sabre antes de serem trespassados.

Às vezes enfiam o punho no peito do cadáver e retiram seu coração, levando-o à boca, num simulacro de ingestão canibal.

As prostitutas são violadas antes de serem mortas.

Madame Julien escreve ao marido, deputado do Drôme:

> O povo se ergueu, o furor marcial que tomou todos os parisienses é um prodígio. Jogo um véu sobre os crimes que o povo foi forçado a cometer, com todos aqueles de que há dois anos é a triste vítima... Quando se quer o fim, é preciso querer os meios. Não há humanidade bárbara!

Mas esse "povo" que mata, que dizem fazer justiça, é composto por algumas centenas de homens – talvez menos de duzentos – que vão de prisão em prisão, das Carmelitas à Abadia, de Bicêtre à Grande Force.

Eles estão determinados, e tanto o vinho quanto o sangue derramado os deixa embriagados.

– Santo Deus! – exclama um federado marselhês. – Não percorri 180 léguas para não enfiar 180 cabeças na ponta de minha lança.

Os deputados que a Assembleia envia para os locais dos massacres, para tentar interrompê-los, ficam aterrorizados. Veem-se cercados de homens que matam como se podassem árvores e que dizem aos prisioneiros que vão "emancipá-los".

Eles se aproximam de um deputado:

– Se vens parar a justiça do povo, aviso-te que teus esforços serão vãos.

A delegação da Assembleia se retira, prefere não saber: "As trevas não nos permitiram ver o que acontecia."

– Nenhuma força poderia interrompê-los – diz Danton.

Os assassinos continuam. Aterrorizam, favorecem os montanheses, os *cordeliers*.

– Estamos sob o cutelo de Robespierre e de Danton – diz Manon Roland.

Brissot e Pétion, que querem ser eleitos para a Convenção, são obrigados a sair de Paris, a ir para a província.

Louvet, um escritor ligado aos girondinos, que tomara a palavra para discutir a candidatura de Marat para a Convenção, é cercado, ao sair da sala, por "homens com grandes pedaços de pau e sabres, os guarda-costas de Robespierre. Ameaçaram. Disseram-me de maneira clara: 'Em pouco tempo, passarás'. Assim éramos livres nesta assembleia onde, à mira de punhais, votávamos em voz alta!"

Para continuar vivo, é preciso aprovar.

Billaud-Varenne, advogado, membro da Comuna Insurrecional, substituto do procurador Manuel, faz o *tour* das prisões, assiste aos massacres e declara:

– Povo, imolas teus inimigos. Fazes teu dever.

Ele outorga 24 libras aos assassinos, aos "durões" que executam os veredictos de Maillard.

O prefeito Pétion vira o rosto.

– O povo de Paris administra por si mesmo a justiça – diz ele. – Sou seu prisioneiro.

– O povo – diz Couthon, o deputado montanhês – continua exercendo sua soberana justiça nas diferentes prisões de Paris.

E Marat se congratula.

O programa de execuções que ele repetia há meses – e quase todos os dias depois de 10 de agosto – está finalmente em ação.

Um homem como Fournier – o "americano" – se dedica a ele.

Vivera em São Domingos. De volta a Paris, fora um "*enragé* du Palais Royal". Participara da tomada da Bastilha e das demais jornadas revolucionárias, tornando-se uma figura notória dos *cordeliers*.

Agora, organiza o massacre de 53 prisioneiros que devem ser transferidos de Orléans a Paris, entregando-os a assassinos em Versalhes. Antes, despojara-os de todos os seus objetos de valor.

Pois não basta matar. Há roubos, pilhagens. Quem ousaria opor-se àqueles homens armados, com as mãos vermelhas de sangue?

Exigem que lhes sejam entregues relógios e colares, joias. É preciso ser rápido para não arrancarem o lóbulo da orelha com o brinco junto.

Eles se introduzem no Garde-Meuble* que guarda as fortunas reais e dele roubam trinta milhões em diamantes.

Paris fica entregue, por quase uma semana, a algumas centenas de assassinos e ladrões.

"As circunstâncias tornavam as execuções, por assim dizer, desculpáveis", escreve um federado de Brest, que acrescenta alguns dias depois: "Elas foram necessárias."

Os *sans-culottes*, diz-se, impedem "os celerados de mancharem a terra com o sangue do povo".

Mata-se, portanto, sem hesitação, alegremente.

Em volta dos cadáveres, dança-se e canta-se *A carmanhola*:

> Ah! Ça ira! Ça ira! Ça ira!
> À forca os aristocratas
> Ah! Ça ira! Ça ira! Ça ira!
> Os aristocratas serão enforcados.**

Eles são golpeados com sabres, lanças, são desmembrados, suas entranhas são arrancadas, seus sexos são mutilados.

Colocam-se bancos para os habitantes do bairro, que são acordados, poderem assistir ao espetáculo "purificador".

---

* Garde-Meuble: literalmente, o Guarda Móveis real, espécie de depósito com os "tesouros" pertencentes à coroa. (N.T.)

** *Ah! Ça ira! Ça ira! Ça ira!* / *Les aristocrates à la lanterne* / *Ah! Ça ira! Ça ira! Ça ira!* / *Les aristocrates on les pendra.* (N.T.)

Quem ousaria recusar o que quer que seja àqueles homens armados?

Eles colocam lampiões sobre cada cadáver.

E para que a culpa de matar não acabe com o ardor, eles se excitam, sentem prazer em fazer sofrer. Os condenados são despidos, seus corpos são cortados.

Eis a princesa de Lamballe, amiga da rainha.

"Uma mulherzinha vestida de branco", conta uma testemunha, "que os carrascos armados com todo tipo de arma abateram."

Sua cabeça é cortada, seu corpo é arrastado. Ele é despedaçado, seu coração arrancado. Espalha-se o rumor de que ela fora grelhada e que um homem a comera.

Sua cabeça e os órgãos genitais – diz uma testemunha – são levados até o Templo.

Maria Antonieta é chamada. Querem que ela veja "como o povo se vinga dos tiranos". Um *sans-culotte* acrescenta:

– Aconselho-a a aparecer, se não quiser que o povo suba até aí.

Maria Antonieta desmaia, enquanto passeiam com a cabeça da "ex-princesa de Lamballe" na frente das janelas do Templo. O corpo nu e mutilado jaz ao pé do muro, cercado por um bando de assassinos e profanadores que, por cálculo, covardia ou fanatismo, os membros da Comuna Insurrecional chamam de "o povo soberano".

Os "massacres" são justificados pela maioria dos jornais – com exceção do *Le Patriote français*, no qual escreve o girondino Brissot, que sabe muito bem que aqueles degoladores, e aqueles que os deixam agir, têm o objetivo de impor-se na nova Assembleia, a Convenção. Para isso, eles precisam afastar os girondinos, e hoje reduzir a um silêncio temeroso os eleitores, amanhã os deputados.

Mas no *L'Ami du peuple*, ou no *Les Révolutions de Paris*, os massacres são assimilados e justificados, inclusive "as indignidades feitas ao cadáver de Lamballe".

"A Lamballe citada no tribunal do povo nele compareceu com o ar insolente que outrora tinham as damas da Corte, mas que cai mal a uma criminosa aos pés de seu juiz. E queriam que o povo não perdesse a paciência?"

No *Relatório ao povo soberano*, que é apadrinhado por Danton, toma-se a defesa dos assassinos:

> Não é nenhuma barbárie purgar uma quantidade de malfeitores que infestam as estradas e atentam contra a vida do viajante. Mas é uma atrocidade querer que o povo deixe em paz esses mesmos malfeitores que conspiram e executam roubos e assassinatos... E há, de fato, na aristocracia proprietária, a assustadora barbárie, a frieza criminosa, o ódio às leis e o furor da intriga...

Mas por trás do "povo", sabe-se que há os mandantes dos assassinatos, todos parte da Comuna de 10 de agosto. Eles são Danton, Marat e assemelhados. O povo fica paralisado pelo horror.

O livreiro Ruault sente repulsa pelo que vê: "Passei, com os pés em sangue humano, por entre os matadores e carniceiros."

Ele quer tentar libertar um prisioneiro. Dirige-se ao "juiz" Maillard, que o escuta, pede-lhe provas da boa vontade patriótica do prisioneiro. Quando Ruault começa a se afastar, Maillard grita numa voz forte:

– Monsieur, coloque seu chapéu ao sair!

Os que saem de cabeça descoberta são imolados!

> Ao sair [continua Ruault], os machados, os sabres erguidos se abaixam; vi expirar a meus pés, na calçada, um velho e venerável sacerdote de cabelos brancos num hábito violeta, que acabava de cair atravessado por golpes de sabre e ainda gritava "Ah, meu Deus!".

Ruault também viu "dois homens nus, de camisa, mangas dobradas até os ombros, que estavam encarregados de empurrar para fora os condenados à morte, que eram chamados de 'emancipados'".

Ele continua sendo membro do Clube dos Jacobinos, mas "tudo se suja, tudo se desfigura, tudo se estraga cada vez mais a cada dia". Ele constata as rivalidades, entre montanheses e girondinos, entre Paris e a província. É pelo terror inspirado pelos massacres que uma facção montanhesa quer impor sua lei.

Ruault, bom patriota, observa:

> Os discursos feitos no Clube dos Jacobinos são de uma extravagância digna dos tempos em que vivemos. Fiquei porque havia perigo em sair. Aqueles que não renovaram sua carteira depois de 10 de agosto são vistos como traidores, medrosos, moderados: são presos por um pretexto qualquer. Permanecerei com eles, portanto, até o fim desta tragédia, sem me envolver, apenas para ouvir o que fazem, o que dizem. Foram recebidas, no último mês, tantas pessoas mal-afamadas, desequilibradas, exacerbadas, tantos desvairados, fanáticos, que esta sociedade dos jacobinos está de todo degenerada do que era em 1790-1791 e no início deste ano. Seus antigos membros não a reconhecem mais.

Como Ruault, eles se calam. E o povo desvia os olhos para não assistir aos assassinatos perpetrados por um punhado de matadores.

Murmura-se que "Danton conduz tudo; Robespierre é seu fantoche; Marat segura sua tocha e seu punhal".

De fato, Danton não interfere, justifica, e Robespierre, como ele, utiliza o medo produzido – esse início do terror – para fins políticos: dominar a Convenção que se reuniria dentro de algumas semanas.

Marat aprova. Alguns, como Collot d'Herbois, antigo ator que se tornara membro da Comuna Insurrecional, chegam a dizer:

– O 2 de setembro – início dos massacres – é o principal artigo do Credo de nossa liberdade.

O que são 1.300 vítimas em vista de tudo que seria preciso purgar? Trezentos mil! Não chega nem à metade das vítimas do "infame" catolicismo, que fizera três mil mortos na noite de São Bartolomeu.

Muitos sacerdotes são mortos nesta primeira semana do mês de setembro de 1792, como se houvesse o sonho de "esmagar a Infame", pois a máxima de Voltaire ainda é lembrada.

No Clube dos Jacobinos, faz-se o elogio de Marat.

Ele quer ser, em Paris, candidato à Convenção.

Algumas vozes se elevam para pedir que os jacobinos não o apoiem.

Mas o antigo capuchinho Chabot, um dos primeiros a ter largado a batina, que se tornara um *sans-culotte* de aparência desleixada, costumes dissolutos, se ergue:

– Digo que é justamente porque Marat é um incendiário que é preciso nomeá-lo... É claro que quando Marat pede para que se mate um, para evitar que se matem 99, não está sendo sanguinário... Digo, portanto, que os patriotas fervorosos devem levar Marat à Convenção.

"Pergunto-lhe, meu caro amigo", escreve Ruault depois do discurso de Chabot, "se na Revolução o senhor nunca ouviu, nunca leu nada mais insano, mais atroz, que esta apologia de um homem execrado por todo aquele que tem a alma honesta e sensível..."

Como único consolo, Ruault constata:

> O admirável comportamento dos cidadãos que partem para as fronteiras, que correm à defesa da pátria.
> Vi desfilarem dez mil na segunda-feira, dia 10, e na terça-feira, dia 11 de setembro, na Assembleia Nacional, todos bem armados, bem equipados, cheios de ardor e furor.
> Exclamavam ao passar pela Assembleia: "Nós os venceremos! No corpo a corpo! No corpo a corpo!".

33.

Os voluntários que, de tamancos e carmanholas azuis, escalam à marcha forçada o maciço da Argonne sabem que, depois da queda de Verdun, aquela era a última muralha onde os prussianos do duque de Brunswick poderiam ser detidos em seu avanço em direção a Châlons e Paris.

A marcha acontece sob uma chuva que parece nunca ter fim.

Os pés se enfiam na lama até os tornozelos. Mesmo assim, todos cantam:

> Às armas, cidadãos
> Formai vossos batalhões...
> O estandarte ensanguentado da tirania
> Contra nós se levanta.*

Os batedores informam que as tropas de Von Massenbach, seguindo ordens do duque de Brunswick, ocupavam o planalto de Lune. O general Dumouriez, comandante-chefe do exército francês, confia ao general Kellerman a missão de posicionar-se no planalto de Valmy, que fica de frente para o de Lune.

A chuva fina e penetrante ou, pelo contrário, raivosa, fustiga com violência os rostos, inunda as florestas e o terreno, os planaltos e os desfiladeiros da Argonne. "Tudo estava entranhado numa lama profunda", diz Goethe, que cavalga ao lado dos prussianos.

Mas os regimentos de linha e os batalhões voluntários marcham com entusiasmo, se saúdam gritando "Viva a nação!".

Os primeiros, que eram compostos por velhos soldados, de antes da tomada da Bastilha, foram renovados. Os

---

* *Aux armes, citoyens / Formez vos bataillons... / Contre nous de la tyrannie / L'étandard sanglant est levé.* (N.T.)

alistados são jovens recrutas de no máximo 25 anos que, como os voluntários, ardem de paixão patriótica, agora pela nova nação.

Há inclusive tropas não regulares e legiões estrangeiras compostas de holandeses, luxemburgueses, "refugiados" de todas as nações – que formam uma legião alobrógica, uma legião germânica, uma legião "livre estrangeira".

A Assembleia Legislativa concedera, em 26 de agosto de 1792, o "título de cidadão francês a todos os filósofos que apoiaram com coragem a causa da liberdade e que prestaram eminentes serviços à Humanidade".

Washington e Thomas Paine, nos Estados Unidos, o sábio Joseph Priestley, na Inglaterra. William Wilberforce, defensor da abolição da escravatura, Anacharsis Cloots, que se pretende o "orador do gênero humano", e os poetas alemães Klopstock e Schiller também são homenageados e se tornam cidadãos franceses.

Mas o sonho dos combatentes estrangeiros anônimos que escalam a Argonne é, além de defender o país da Declaração dos Direitos do Homem e do Cidadão, levar a liberdade a suas respectivas pátrias.

A Comuna de Paris proclamara: "Renunciando a todos os projetos de conquista, a nação não renuncia a fornecer ajuda às potências vizinhas que desejarem subtrair-se à escravidão".

O exército de Dumouriez, que vem de Sedan, o de Kellermann, que chega de Metz, e o de Beurnonville, que parte de Lille, se veem, na Argonne, diante dos austro-prussianos comandados pelo duque de Brunswick e pelo rei da Prússia Frederico Guilherme II, sobrinho do grande Frederico II.

Os exércitos estrangeiros são seguidos por alguns milhares de emigrados, reunidos em torno do conde de Artois.

As tropas francesas são mais numerosas em alguns milhares de homens.

Elas dispõem de uma artilharia superior – canhões de Gribeauval.* Os oficiais de artilharia e de engenharia são, como os subtenentes Bonaparte ou o cientista Carnot, mestres em suas artes.

A artilharia, a engenharia, mas também a intendência, reorganizadas no reinado de Luís XVI, são de fato as melhores da Europa. Ao emigrar, os oficiais nobres tinham liberado posições, rapidamente ocupadas por jovens subtenentes plebeus, ambiciosos e ligados à Revolução.

> Há entre os antigos oficiais e os novos [confidencia um coronel], a mesma diferença que entre os amadores e os artistas. Quando todos os antigos oficiais nos terão deixado, não ficaremos mal. Teremos mais emulação no exército e descobriremos generais entre nossos soldados.

Dumouriez entende, sente aquele novo exército que está nascendo.

Ele tem 53 anos, é um homem de pequeno corpo robusto e vigoroso, de rosto comum mas olhar vivo e visão ousada.

Ele mesmo se diz "nascido entre o povo e os grandes", de uma família nobre, porém pobre: capitão durante a Guerra dos Sete Anos, depois adido da embaixada em Madrid, participara da conquista da Córsega em 1768, antes de ser agente secreto de Luís XV na Polônia e na Suécia.

Acompanhara os acontecimentos desde 1789, fora ministro, é considerado próximo dos girondinos e de Filipe Égalité, duque de Orléans.

Tem em seu estado-maior Luís Filipe, filho de Filipe Égalité e duque de Chartres.

Fora Danton quem colocara Luís Filipe ao lado de Dumouriez:

---

* O general Gribeauval (1715-1789) foi o oficial e engenheiro responsável pela reforma da artilharia francesa, sobretudo com o desenvolvimento de canhões mais leves que podiam dar dois tiros por minuto. (N.T.)

– Um conselho antes de sua partida – dissera Danton ao duque de Chartres, ao recebê-lo em Paris. – O senhor tem talento, o senhor vencerá, mas desfaça-se de um defeito: o senhor fala demais.

Luís Filipe se posicionara contra os massacres.

– Fui eu que os fiz – respondera Danton.

Era preciso sangue entre os patriotas e os emigrados, ele explicaria mais uma vez.

– Volte para o exército, é o único cargo hoje em dia para um homem como o senhor e com o seu sangue. O senhor tem um futuro, mas não esqueça que precisa calar-se.

Luís Filipe se cala e com frequência Dumouriez o encarrega de fazer o reconhecimento dos terrenos, perto do planalto de Lune onde os prussianos do general Massenbach tinham instalado sua bateria.

Os canhões são dissimulados pelo nevoeiro, pela cortina de chuva, pelas nuvens baixas e escuras.

O general Kellermann executa as ordens de Dumouriez. Posiciona suas tropas e suas peças de artilharia no planalto de Valmy, onde se ergue um moinho cujas pás, com a chuva, giram lentamente.

– Aguardo os prussianos na Argonne – diz Dumouriez. – Os campos de Grandpré e os de Islettes são como as Termópilas, mas serei mais feliz que Leônidas.*

Ele tranquiliza, com sua determinação e atenção pelo destino dos soldados, os jovens voluntários que marcham e dormem sob a chuva.

"Noite passada, choveu a cântaros", escreve um deles. "O fino tecido das tendas que nos separava das nuvens foi logo atravessado, começando a filtrar a água, e não tardou a formar grossas gotas que caíam sem parar, equivalentes a não sei quantas goteiras..."

---

* Leônidas I, rei de Esparta, morre na famosa batalha no desfiladeiro das Termópilas, defendendo o território grego dos persas, liderados por Xerxes, durante a II Guerra Médica. (N.T.)

Todos se consolam pensando nos prussianos.

Os camponeses lorenos, que temiam o retorno dos emigrados e, portanto, o restabelecimento dos direitos senhoriais, os acossam, atacam alguns soldados isolados, carruagens atoladas.

Diz-se também que a disenteria, a "víscera prussiana", assola as tropas de Brunswick, e seus oficiais estão amargurados.

Pensavam que aquele exército de mendigos e sapateiros debandaria. Ora, ele fazia frente.

Os prussianos não perdoavam os emigrados, que acusavam de tê-los enganado, e também os austríacos, seus verdadeiros rivais, antes que aliados.

Eles ouvem o canto dos batalhões que ostentam insígnias e bandeiras tricolores:

> Ah! Ça ira! Ça ira! Ça ira!
> À forca os aristocratas
> O despotismo expirará
> A liberdade triunfará
> Ah! Ça ira! Ça ira! Ça ira!
> Não temos mais nobres ou padres!
> Ah! Ça ira! Ça ira! Ça ira!
> A igualdade reinará em toda parte
> A escravidão austríaca a seguirá
> Ah! Ça ira! Ça ira! Ça ira!
> E seu infernal bando
> Para os diabos irá!*

Cantar faz esquecer a lama e a chuva, dá confiança.
Faz vencer.

"Penso", escreve um soldado, "que a guerra de um povo que quer ser livre contra os tiranos não pode durar muito, pois

---

* *Ah! Ça ira! Ça ira! Ça ira! / Les aristocrates à la lanterne / Le despotisme expirera / La liberté triomphera / Ah! Ça ira! Ça ira! Ça ira! / Nous n'avons plus ni nobles ni prêtres! / Ah! Ça ira! Ça ira! Ça ira! / L'égalité partout régnera / L'esclavage autrichien le suivra / Ah! Ça ira! Ça ira! Ça ira! / Et leur infernale clique / Au diable s'envolera!* (N.T.)

o povo tem a seu lado a razão, sua força e sua bravura; ele está de pé; ele só precisa dizer: quero ser livre, e o será."

Às vezes, uma carta recebida de Paris conta que a Assembleia Legislativa faz suas últimas sessões, que ela decretou que cada municipalidade deveria abrir um registro civil laico, que o divórcio seria autorizado e que a Comuna Insurrecional de Paris deveria ser completamente renovada.

A carta é dobrada, colocada ao abrigo da chuva, mas todos só lembram o que ela diz sobre a saúde da mãe, sobre o trabalho do pai e a vida dos irmãos e irmãs, e sobre o preço do pão.

Quanto ao resto, todos dão de ombros. E respondem: "Nosso exército não se ocupa muito do interno, só temos olhos para os prussianos."

Mas segundo os parisienses participantes dos massacres de setembro, e os jacobinos que nos clubes dos departamentos perseguem os aristocratas, para vencer o exército do rei da Prússia, do imperador da Áustria, do conde de Artois e dos emigrados, "que vêm até nós para degolar nossos filhos e nossas mulheres", é preciso continuar "purgando" o país.

Em Paris, eles comparecem todos os dias ao Templo, insultam a família real, escrevem nas paredes: "Faremos Madame Veto dançar e saberemos colocar o Grande Porco no regime. É preciso estrangular os pequenos lobinhos."

Nenhum daqueles que participaram dos massacres da primeira semana de setembro lamenta o que fez. Era preciso fazê-lo.

O prefeito de Paris, Pétion, que se escondera para não ver, murmura:

– Esses homens públicos, esses defensores da pátria, acreditavam que aquelas jornadas desonrosas eram necessárias.

Mas ele se abstém de dizer em alto e bom som o que pensa.

Nas assembleias eleitorais, os *sans-culottes* controlam os votos. E Pétion sabe que não tem nenhuma chance de ser eleito para a Convenção se apresentar-se em Paris. Os "trêmulos" são desprezados. Assim, se candidatará em Chartres.

Tanto Brissot como Condorcet, e outros girondinos parisienses, serão eleitos nos departamentos, onde, apesar da pressão dos clubes, as assembleias eleitorais não são "aterrorizadas" como as de Paris.

– A escolha dos departamentos nos tranquiliza – diz Manon Roland. – Os eleitores elegem os deputados que podem opor-se a um retorno dos emigrados, aos castigos que estes infligiriam, mas que, também, podem protegê-los dos *partageux* que, em nome da igualdade, querem espoliá-los de seus bens.

O deputado Rabaut Saint-Étienne, filho de pastor, que será eleito pelo departamento de Aude e pelos girondinos, observa:

– A maioria dos departamentos escolheu enviar para a Convenção deputados proprietários, devido ao terror inspirado pela doutrina do despojar.

Mas em inúmeras seções os bandos de *sans-culottes* e os membros dos clubes desmascaram e vigiam os "cidadãos suspeitos de falta de civismo" e os cassam das assembleias eleitorais.

Eles punem os "mal-intencionados", fazendo visitas domiciliares em plena noite e açoitando os "suspeitos", não porque agiram como contrarrevolucionários, mas porque "pensaram mal".

Mas esses "vigilantes" se preocupam em primeiro lugar com as atitudes dos eleitores sobre as questões políticas.

É preciso que a assembleia eleitoral "jure ódio aos reis e à realeza" para que possa escolher "livremente" seu deputado à Convenção.

Todos se erguem. Os "durões" estão presentes, armados de pesados bastões decorados com a insígnia tricolor.

Uma moção é lida:

> Estamos cansados do regime dos reis, dos nobres e dos sacerdotes: não queremos mais pessoas de bem desse tipo. Brunswick e seus semelhantes nos chamarão, se quiserem, de facciosos, de republicanos, de *sans-culottes*, pouco importam as palavras, desde que o crime cesse de presidir nossas ações. Que eles não pensem em assustar os habitantes dos campos; que não esperem de nós algum tipo de compromisso.

Todos os presentes prestam juramento "de nunca reconhecer Luís XVI como rei, nem nenhum membro de sua família".

Exige-se do deputado eleito que ele reclame, desde as primeiras sessões da Convenção, "a deposição de Luís, o traidor, e de sua raça".

Em várias assembleias exige-se "um governo republicano".

Inúmeros girondinos são eleitos, mas, dispersos, eles não conseguem se consolidar em nenhuma região, enquanto os montanheses dominam o Leste.

Principalmente em Paris, onde, na assembleia eleitoral do departamento – 990 membros! – a lista de Marat vence com Robespierre em primeiro lugar; Danton, em segundo.

Mas Danton, porque é partidário de uma política de conciliação entre brissotinos e robespierristas, entre girondinos e montanheses, é um dos vencidos do escrutínio, apesar de obter mais votos que Marat, o celebrador dos massacres. Mesmo assim, Danton consegue fazer com que sejam eleitos Fabre d'Églantine e Camille Desmoulins, e Robespierre apadrinha com sucesso a candidatura de seu irmão Augustin.

Alguns cidadãos se surpreendem que Fabre d'Églantine, autor de peças de teatro, que o pintor David, ou o irmão de Maximilien Robespierre tenham sido eleitos.

> Sucessos no teatro [lê-se no *Les Révolutions de Paris*] não valem títulos na Convenção, e o próprio pintor David con-

fessará que três anos de estudos em Roma não bastam para formar uma mente legislativa. [...] O irmão de um grande homem pode muito bem ser um homem bastante vulgar. O mérito não vem do nascimento, como para a extinta nobreza!

Há inquietação com os riscos de despotismo.

> Robespierre, Danton e Marat, tomem cuidado! A calúnia já os chama de triúnviros da liberdade, mas a liberdade desaprovaria uma associação contrária a seus princípios e que tendesse ao despotismo, se não à guerra civil ou à anarquia.

Espalha-se um rumor de que "Marat, homem quase sempre sem moderação", já escolhera Danton como ditador! Robespierre e Brissot são chamados de "chefes de partidos que infelizmente sucumbiram às facções destruídas".

> A liberdade não gosta de confiar sua causa a este ou àquele partido!
> Não vos isolai, e caminhemos juntos para o mesmo objetivo... A guerra, que é preciso empurrar para o lado de fora, exige calma e paz no lado de dentro. Vossas agitações internas nos entregariam ao inimigo mais rapidamente ainda que traições.

A presença audaciosa do inimigo deve bastar para aumentar a força do patriotismo.

Na Argonne, no planalto de Valmy, em 20 de setembro de 1792, os patriotas, voluntários ou soldados dos regimentos de linha, não rompem seu alinhamento, enquanto as baterias prussianas de Von Massenbach, posicionadas no planalto de Lune, bombardeiam desde que o nevoeiro se dissipara. Em Valmy, os artilheiros de Kellermann respondem, acertando-os em cheio. Kellermann está a cavalo, no meio daquela chuva de metal.

"Meu capote foi rasgado no braço, meu cavalo foi atingido por dois estilhaços de canhão na coxa", conta Kellermann.

"Tememos muitas vezes pela vida de nosso general", alguém escreve no *Journal des 83 départements*, onde as autoridades municipais e departamentais mantêm seus habitantes informados.

"O general Kellermann teve seu cavalo morto abaixo de si, e durante os oito minutos em que ficou a pé, de quinze a dezoito balas de canhão caíram a seu lado."

Kellermann volta a montar.

"Vi as tropas", conta ele, "perderem filas inteiras na explosão de três caixas de munição por uma granada, mas sem pestanejar ou desarranjar seu alinhamento."

Ele podia contar com aqueles homens.

Dá ordens para formação em coluna, para precipitar o encontro com o inimigo, mostrar-lhe a determinação francesa.

Coloca seu chapéu, encimado por uma insígnia tricolor, na ponta de sua espada. Ergue-se no estribo. E grita:

– Viva a nação!

O exército inteiro ergue seus fuzis e responde:

– Viva a nação! Viva a França! Viva nosso general!

Os 36 mil franceses começam a cantar "Ah! Ça ira!", seguido de "Às armas, cidadãos".

Os 34 mil prussianos permanecem imóveis, enquanto os batalhões franceses se põem em marcha.

Já se contam trezentos mortos no lado francês, e 184 no prussiano. Os feridos são numerosos nos dois campos. As balas de canhão continuam caindo, mas não ricocheteiam no solo encharcado. Lama e sujeira salpicam homens e cavalos.

Depois, uma chuva furiosa varre com suas rajadas os exércitos.

"*Hier schlagen wir nicht.*"

– Aqui não os venceremos – diz Brunswick, e ordena a retirada.

A algumas léguas dali, sob uma tenda prussiana, Goethe está diante de oficiais que o interrogam sobre o sentido daquela canhonada, onde não houve choque entre os dois exércitos, mas sim um duelo de artilharia, sendo que o "exército de advogados" mirava bem seus tiros.

– Perdemos mais que uma batalha – diz um dos oficiais –, perdemos nossa reputação.

Há um longo silêncio.

Então Goethe diz:

– Tem início, aqui e agora, uma nova era na história da humanidade.

Nesta quinta-feira, 20 de setembro de 1792, por volta das cinco e meia da tarde, enquanto em Valmy os canhões cessam de atirar, os 371 deputados da Convenção presentes em Paris, dos 749 eleitos, se reúnem pela primeira vez nas Tulherias.

Procedem à verificação dos poderes.

Nomeiam sua mesa, escolhem Pétion, prefeito de Paris, eleito deputado em Chartres, para presidente.

A sessão, a portas fechadas, é interrompida a uma da manhã.

Alguns *sans-culottes*, armados de lanças, esperam os deputados na Rue Saint-Honoré. Eles gritam:

– Viva a nação! Abaixo o grande porco!

Numa voz forte, acima de todas as outras, alguém lança:

– Ainda resta esvaziar uma prisão.

SÉTIMA PARTE

Outubro de 1792-22 de janeiro de 1793
"Este homem deve reinar ou morrer"

"Um dia as pessoas se surpreenderão que no século XVIII tenhamos sido menos avançados que no tempo de César: o tirano foi imolado em pleno Senado, sem outras formalidades que 23 golpes de punhal e sem outra lei que a liberdade de Roma. Hoje fazemos com respeito o processo de um homem assassino de um Povo, pego em flagrante delito, com a mão no sangue, a mão no crime! [...] Não se pode reinar inocentemente: a loucura fica por demais evidente. Todo rei é um rebelde e um usurpador."

SAINT-JUST

Discurso sobre o julgamento de Luís XVI,
pronunciado na Convenção Nacional
no dia 13 de novembro de 1792

34.

Esta prisão, que "ainda resta esvaziar", é a torre do Templo.

Várias vezes ao longo deste mês de setembro, grupos de *sans-culottes* foram gritar seu ódio ao "grande porco", à "vadia".

Eles tentam forçar as portas do novo muro de proteção que a Comuna mandara construir ao redor da torre.

Com frequência os carcereiros que vigiam cada gesto de Luís, de sua irmã Elizabeth, de Maria Antonieta e das duas crianças, Madame Real, de quatorze anos, e o delfim Luís, de apenas sete anos, também cobrem o rei de injúrias e o ameaçam. Lembram a eles o destino da amiga da rainha, a princesa de Lamballe, cuja cabeça cortada fora passeada ao redor da torre, e cujo corpo mutilado fora abandonado ao pé de seus muros.

– O rei da Prússia marcha sobre Châlons – gritam a Luís. – Vocês responderão por todo mal que disso resultar. Sabemos que nós, nossas mulheres e nossos filhos pereceremos, mas o povo será vingado, vocês morrerão antes da gente.

O rei enfrenta, interrompe o *sans-culotte*.

– Fiz tudo pelo povo, nada tenho a me recriminar.

Fala com uma voz calma e forte. Ele diz a Cléry, o mordomo que, dedicado, quisera ficar no Templo e continuava servindo a família real:

– Exijo que nada me seja escondido. Esta será sua maior prova de fidelidade. Estou pronto para tudo.

Obras haviam sido iniciadas na grande torre do Templo, sem dúvida para a instalação dos prisioneiros, para isolar Luís de sua família.

– Trate de descobrir o dia desta difícil separação – diz ele para Cléry – e me comunique.

Seu único consolo, na prisão, consiste em estar ao lado dos seus, em ensinar os filhos, em jogar gamão com Maria Antonieta.

Ela o comove.

Ele pensa em seus sofrimentos. Ela tem 37 anos, um a menos que ele, mas a angústia e a detenção deixaram nela suas marcas. Seus cabelos branquearam, suas rugas se aprofundaram. Ela parece uma velha, e com frequência chora ou desmaia, aperta os filhos contra o corpo, ou então reza com a cunhada, que parece muito mais velha que seus 28 anos.

Luís sente a morte rondar suas cabeças, sobretudo a dele e a do delfim, enfermiço e assustado.

Um guarda municipal gritara, um dia, que aquela criança era a única a lhe causar pena, mas "que tendo nascido de um tirano, o filho Capeto deve morrer".

Luís sabe que a única maneira de conter a angústia e lutar contra o medo é se prender a seus hábitos.

Ele se levanta às setes horas. Reza a Deus até as oito, veste-se junto com o delfim, sobe para almoçar com Maria Antonieta em família. Depois, aulas para as crianças até as onze horas. Passeio se os guardas autorizam, "jantar", jogo de gamão e cartas. Depois Luís se retira, para deitar, e às seis horas retoma as aulas, até o horário da ceia, às nove da noite.

Luís vai dormir às onze horas.

Ele se recusa a comentar os acontecimentos, porque quer conservar sua impassibilidade, não quer se abrir e revelar suas fraquezas, para tentar com isso tranquilizar Maria Antonieta, que sucumbe a acessos de desespero.

Quando, em 21 de setembro, Luís ouve toques de trompete, rufar de tambores, gritos de "Viva a nação!", não chega nem a erguer a cabeça.

De repente se faz um silêncio, e uma voz declama:

– A Convenção Nacional reunida acaba de decretar que a realeza foi abolida da França.

Esse 21 de setembro de 1792 é uma sexta-feira, dia de jejum, e em nome da igualdade, a família real não pode ser servida de peixe ou legumes.

Por volta do meio-dia, doze comissários enviados pelos deputados da Convenção, reunidos nas Tulherias, vão informar à Assembleia Legislativa, que está em sessão na Sala do Manège, que esta seria a última e que os membros da Convenção se instalariam, no lugar dos legisladores, naquela mesma sala.

Sob aclamações e rufar de tambores, os deputados da Convenção ali se instalam.

De pronto, Marat, que fora eleito em Paris com 420 votos de 758 votantes, protesta.

As tribunas da Sala do Manège reservadas ao "povo" só têm trezentos lugares! É preciso absolutamente, declara Marat, garantir lugar a quatro mil espectadores.

– A Convenção Nacional deve estar continuamente sob os olhos do povo, a fim de que ele possa apedrejá-la se ela esquecer de seus deveres – acrescenta ele.

Os deputados se afastam dele.

O prefeito de Paris, Pétion, que fora designado presidente da Convenção, e os membros de sua mesa diretora, que são todos girondinos, se rebelam, condenam Marat.

Painéis assinados pelo *L'Ami du peuple* são colocados nos cruzamentos, exigindo um "governo de mão forte", um triunvirato, do qual Marat faria parte ao lado de Danton e Robespierre. Alguns desses apelos chegam a propor a ditadura de Danton.

Os girondinos da mesa da Convenção ficam indignados, denunciam Marat e seus "painéis desestabilizadores que há vários dias não cessam de apelar para uma forma de governo que inspira justo alerta".

Os girondinos afirmam inclusive que existe um "perigoso complô tramado pela deputação de Paris".

Assim, recém reunida a Convenção, já há divisões, suspeitas, acusações.

Os girondinos – cerca de 65 deputados, dentre os quais Brissot, Vergniaud, Condorcet, Barbaroux – estão decididos a acabar com a Comuna de Paris, seu Comitê de Segurança. Nos salões de Manon Roland ou de Madame Condorcet, repete-se que Paris é uma "cidade alimentada por sangue e mentiras". Marat, diz-se, não passa de um "louco irascível", um dos principais responsáveis pelos massacres do início de setembro, que inclusive assinara ordens de visita domiciliar de uma centena de girondinos, dentre os quais Brissot.

Mas o grande adversário da Gironda é a Montanha.
Os montanheses – Danton, Robespierre, Fabre d'Églatine, Camille Desmoulins, Collot d'Herbois, Billaud-Varenne, David, Carnot, Saint-Just, que, eleito pelo Aisne é, aos 25 anos, o mais jovem deputado da Convenção, e inclusive Filipe Égalité, ex-duque de Orléans! – todos eles, para os girondinos, sonham apenas com a ditadura, em nome da salvação pública.
Além disso, se não apoiam Marat, o protegem.
Entre girondinos e montanheses há centenas de deputados – talvez seiscentos de 749, dentre os quais Sieyès, Cambacérès, Boissy d'Anglas – que formam o que, com desprezo, os montanheses e inclusive os girondinos chamam de Planície, ou Pântano, que se amontoam, se afundam, "permanecem imóveis" nos momentos de grandes confrontos, mas que compõem a maioria da Convenção e podem dar e tirar os poderes daqueles que, girondinos ou montanheses, querem governar a Convenção e o país.

Os deputados da Convenção, neste primeiro dia, se observam, se agrupam, ali ao redor de Brissot, aqui ao redor de Danton. E há aqueles que vagueiam, que chegam de seus departamentos, que suspeitam que a deputação de Paris tenta impor todos os seus projetos.
Danton sobe à tribuna.
Ele anuncia que quer

renunciar às funções que me haviam sido delegadas pela Assembleia Legislativa. Recebi-as ao som dos canhões com que os cidadãos da capital fustigavam o despotismo. Agora que a união dos exércitos foi feita, que a junção dos representantes foi operada, não passo de um mandatário do povo.

Burburinho por todos os lados.

Danton tenta com isso se desligar dos projetos de ditadura e triunvirato que lhe são atribuídos e parecem confirmados pelos "painéis" de Marat.

Danton ergue a mão, pede silêncio.

É preciso leis repressivas, diz ele, para que o "povo" não suplicie a si mesmo.

É preciso que todas as propriedades sejam "eternamente mantidas".

É preciso uma nova Constituição, ratificada pelo povo em suas assembleias eleitorais.

E esta Constituição deve declarar que "as pessoas e as propriedades estão sob a salvaguarda do povo francês".

Aplausos.

O Pântano aprova: nos departamentos quer-se que as propriedades sejam protegidas!

Unanimemente, por proposta de Collot d'Herbois e do abade Grégoire, decide-se que "a realeza está abolida da França".

No dia seguinte, sábado 22 de setembro de 1792, Billaud-Varenne coloca em votação a proposta segundo a qual todos os atos públicos seriam, a partir daquele dia, datados do "Ano I da República".

Robespierre murmurará que a República "escorregara furtivamente, de viés, em nossa resolução".

O livreiro Ruault, que data sua carta do "Ano I da República", exalta o novo regime e escreve:

> O voto foi questão de quinze minutos, passou de primeira, sem discussão ou emendas. De forma que a coisa mais im-

> portante do mundo foi a mais fácil de conseguir. Se todos os membros, em número de 750, tivessem sido reunidos, provavelmente teria havido alguma refutação. Parece que tentaram dar um golpe baixo. Até o momento conseguiram. Gosto bastante do sistema republicano, ele bane a alta arrogância da sociedade, torna os homens mais iguais, mais fiéis, o mérito obtém a recompensa que lhe é devida...

Mas pouco se ouvem, nas horas que se seguem, gritos de "Viva a República!".

Gouverneur Morris escreve: "Nada de novo hoje, se não que a Convenção se reuniu e declarou que não haveria mais rei."

De fato, Luís XVI não passa, a partir de 10 de agosto de 1792, de Luís Capeto, ex-rei da França, ou dos franceses.

A vitória de Valmy, divulgada em Paris na véspera da instituição discreta da República, dera um impulso original ao novo regime.

> O dia de Valmy foi decisivo para a salvação da pátria [escreve o *Journal des hommes libres*]. Ele proporcionou a dupla vantagem de abrandar o ardor dos prussianos e aumentar o dos nossos bravos defensores. Foi também nesse mesmo dia que, sob tão bons auspícios, se reuniram os cidadãos eleitos pelo povo para representá-lo e propor-lhe um pacto social e uma forma de governo.

Mas apenas quatro dias depois as divisões se acentuam, as oposições – os ódios – e as suspeitas se manifestam.

Na terça-feira, 25 de setembro, Marat denuncia um complô contra si, fomentado pela deputação de Paris.

Ele acusa os girondinos:

– O dia 25 deste mês é o dia fixado para denegrir a deputação de Paris, esmagar Robespierre, Panis [um advogado jacobino, amigo de Danton], Danton, e degolar Marat com o gládio da tirania.

Ele denuncia o "bando brissotino" que o quer "degolado por malfeitores emboscados" – dois oficiais encarregados de prendê-lo caso fosse votada uma acusação contra ele. O próprio Marat posiciona nas bancadas, no lugar de deputados, cidadãos encarregados de aplaudi-lo.

O presidente da sessão precisa convidá-los a sair "do espaço da sala".

A tensão é grande.

Um deputado, Lasource, declara que um partido quer "despotizar a França", depois de ter "despotizado a Convenção Nacional".

Há protestos, gritos.

Lasource continua:

– É preciso reduzir Paris a 1/83 de influência.

Que ela não tenha mais peso que qualquer um dos 83 departamentos!

Danton se insurge.

– Não pertenço a Paris, nenhum de nós pertence a este ou aquele departamento. Pertencemos à França inteira... Declaro a pena de morte a qualquer um que queira destruir a unidade da França.

Vota-se. Proclama-se que a "República é una e indivisível".

Mas os ódios e as suspeições continuam.

Danton repete que não é o "instigador dos painéis e dos escritos de Marat".

Este, insiste ele, é "um ser nocivo à sociedade".

Os primeiros gritos de "Marat para a guilhotina!" se fazem ouvir.

Robespierre sobe por sua vez na tribuna.

Ele também se mantém afastado de Marat.

Em nenhum momento tivera a intenção de fazer parte de um "triunvirato".

– Longe de ser ambicioso, sempre combati os ambiciosos – garante.

Ele é interrompido. Há murmúrios. Gritam-lhe:

– Seja breve!

Sua voz se torna mais aguda:

– Sinto que me é prejudicial ser a todo momento interrompido... Não abdicarei a nada.

Não se ouvem aplausos quando desce da tribuna.

Marat é esperado.

Aqui está ele, empurrado, cercado por deputados que gritam:

– Para a guilhotina! Para a guilhotina!

Ele toma a tribuna. Inocenta Danton e Robespierre "que sempre repeliram a ditadura".

Ele é o único culpado de ter desejado, para neutralizar os complôs de uma Corte corrompida, "colocar o machado vingador do povo nas mãos de um ditador... E se isso for um crime, peço a vingança nacional sobre minha cabeça".

Ele tira da cintura uma pistola e a posiciona sobre sua testa:

– Estou disposto a estourar meus miolos sob vossos olhos.

A Assembleia fica paralisada. Não votará a acusação de Marat, contentando-se com suas explicações e "passando à ordem do dia".

Mas esse primeiro debate da Convenção não será esquecido.

Ressentimentos, rancores, humilhações, ódios: os deputados que, unânimes, "aboliram a realeza na França" e proclamaram "a República una e indivisível", se infligem golpes de amor-próprio que envenenam e exacerbam as oposições políticas.

Maximilien Robespierre, ofendido pela acolhida quase desdenhosa da Convenção, se refugia na casa dos Duplay.

Como todas as vezes que é submetido a uma tensão forte demais, ele fica doente, tem enxaquecas violentas. Madame Duplay e suas filhas Elizabeth e Eleonora, mas também

Charlotte, a irmã mais nova de Maximilien, que também se instalara na casa dos Duplay, "cercam-no de mil cuidados. Ele é excessivamente sensível a todos os tipos de coisas que somente as mulheres são capazes de fazer".

Charlotte, que percebe isso, se irrita. "Decidi tirar meu irmão daquelas mãos e, para isso, procurei fazê-lo entender que, em sua posição e ocupando um posto tão elevado na política, ele precisava ter sua própria casa."

Augustin Robespierre, que, aos 24 anos, acaba de ser eleito para a Convenção graças à influência e à notoriedade de Maximilien, também se instalara nos Duplay, num apartamento não mobiliado na Rue du Faubourg-Saint-Honoré.

Maximilien, portanto, perdera o porto de tranquilidade que lhe era oferecido pelos Duplay.

Vê-se de novo com sua "família de Arras", cedendo a Charlotte e instalando-se com ela na Rue Saint-Florentin, perto da Convenção, mas logo sentindo a falta dos Duplay.

– Eles me amam tanto – confessa ele –, têm tanta consideração, tanta bondade para comigo que seria uma ingratidão afastá-los.

Ele acaba voltando para a casa dos Duplay, deixando Charlotte magoada, convencida de que Madame Duplay sonhava em casar sua filha Eleonora com Maximilien. Este se esquiva, e Charlotte incita Augustin a declarar-se, a casar com Eleonora.

Mas a vida privada dos dois irmãos é arrebatada pelo fluxo impetuoso da Revolução, ao qual nenhum daqueles que dela participam pode escapar.

Marat, que evitara o processo de acusação, enfurece-se contra os deputados, seus colegas. Segundo ele, não passam de "porcos", de "burgueses", de "trêmulos", de "imbecis".

– Vendo o caráter da maioria dos deputados da Convenção Nacional, perco as esperanças de salvação pública – diz ele.

Há gritos:

– Abaixo Marat!

Ele senta num banco isolado, pois sendo da Gironda, da Montanha ou da Planície, ninguém quer ser visto a seu lado. Seus trajes são desdenhados, espécies de turbantes nos quais se enrola, e também sua tez acinzentada. Há repugnância por sua doença de pele.

Marat responde na mesma moeda:

– Lembro o pudor a meus inimigos pessoais. Exorto-os a se proibirem clamores furibundos e ameaças indecentes contra um homem que serviu à liberdade e a eles mesmos mais do que imaginam.

Ele perturba. Suspeita que Danton seja um corrompido, atraído pelo prazer. "Preciso de mulheres", confessara Danton.

Além disso, Danton apoia o general Dumouriez que, ao invés de perseguir e massacrar os vencidos de Valmy, negocia com o duque de Brunswick uma retirada pacífica das tropas prussianas!

Danton é informado todos os dias sobre a negociação, visto que colocara junto a Dumouriez um de seus amigos, o antigo escudeiro do conde de Artois, o coronel Westermann, comandante da região norte.

Danton, portanto, não confia em Marat, apesar de saber que seus principais inimigos são os girondinos, aquela Manon Roland que o persegue com seu ódio, talvez simplesmente porque ele não se mostrara afetado por seus charmes, sendo ela uma sedutora irresistível, que impunha suas ideias ao marido, a Barbaroux, a Brissot, ao estado-maior girondino.

Quando, em 29 de setembro, a Convenção decide que os ministros não podem ser escolhidos entre os deputados – maneira de excluir Danton de seu cargo de ministro da Justiça –, e os girondinos pedem que a medida não se aplique ao ministro do Interior, Roland, Danton se espanta, zomba, ataca mais do que nunca os girondinos, alimenta o ódio que Manon Roland tem por ele.

– Ninguém é mais justo com Roland do que eu – exclama ele. – Mas se fizerem-lhe algum convite, façam também a Madame Roland, pois todo mundo sabe que Roland não está só em seu departamento!

Os deputados da Planície, os "trêmulos", não ousam rir!

Os girondinos ficam indignados.

Mas Danton continua.

– Recordarei que houve um momento em que a confiança esteve tão baixa que não havia mais ministros na cidade, e Roland teve a ideia de sair de Paris! Não é possível que semelhante cidadão seja convidado a permanecer no ministério!

Os girondinos são tomados de raiva, e só lhes resta atacar Danton, acusá-lo de corrupção, denunciar seus cúmplices Fabre d'Eglantine e Camille Desmoulins.

Eles o acusam de, no ministério da Justiça, ter escolhido como juízes cidadãos não em função de suas competências – "a justiça deve ser feita pelas simples leis da razão", dizia Danton – mas de suas fidelidades ao espírito *sans-culotte*.

– Todos os juristas são de uma aristocracia revoltante – diz o antigo advogado Danton.

Ele quer acabar com aquilo!

Depois disso, ninguém mais acredita quando ele preconiza a "reconciliação", a "explicação fraterna", a "indulgência".

É suspeito de duplicidade.

Encobre as negociações com Brunswick, sob o pretexto de separar a Prússia da Áustria.

Devaneio, pois o rei da Prússia só aceita negociar com o rei da França, e não há mais rei! Apenas uma República.

É o mesmo Danton que diz:

– Temos o direito de dizer aos povos: não tereis mais reis... A Convenção Nacional deve ser um Comitê de Insurreição Geral contra todos os reis do Universo.

E que depois de negociar e evocar a insurreição geral, afirma em 4 de outubro de 1792:

– Peço que declarem que a pátria não está mais em perigo... O princípio desse perigo era a realeza. Foi abolida. Longe de precisarmos temer por nossa liberdade, nós a levaremos a todos os povos que nos cercam.

O que pensa e o que quer de fato Danton?

Em Königsberg, neste fim de setembro de 1792, o filósofo Kant fica sabendo que a República fora proclamada na França:

– Agora posso dizer, como Simeão: deixa partir teu servidor, Senhor, pois vivi um dia memorável.

35.

"**D**ia memorável" – é isto que representa para toda a Europa a proclamação da República francesa nesse outono de 1792.

Olha-se com assombro, simpatia, entusiasmo, emoção, cólera ou desprezo, mas nunca com indiferença, e sempre com paixão, esta nação poderosa, a mais povoada da Europa.

Sua monarquia milenar, modelo para muitos príncipes, parecia indestrutível.

Mas o povo forçara as grades de Versalhes e das Tulherias. Os privilégios haviam sido abolidos. Os soberanos humilhados, aprisionados. E a nação se proclamara republicana. Cataclismo. "Dia memorável." Tão desconcertante, portanto, quanto o dia em que o velho judeu Simeão descobre que a criança que carregou nos braços é o Messias.

Os emigrados franceses em Coblença, Londres, Bruxelas, Turim, Nice, Petersburgo, ficam furiosos, apelam aos soberanos por uma cruzada contra aquele populacho sacrílego.

Nos salões onde os "espíritos esclarecidos" se reúnem, pelo contrário, lê-se com fervor os jornais e as cartas que chegam de Paris.

Partilham-se as reflexões do livreiro Ruault, que escreve a seus correspondentes, como ele leitores de Voltaire e de Rousseau, da *Enciclopédia*, de Beaumarchais:

> Quem são os fundadores de nossa República? Pessoas sem propriedades, em sua maioria, homens exasperados, impetuosos, sanguinários, semimalfeitores. Mas refleti sobre a história das Repúblicas e vereis que não tiveram indivíduos diferentes como fundadores. Roma e Veneza não têm origem mais nobre. [...] O sistema republicano dá livre curso ao gênio, ao talento. [...] Veremos se somos capazes de concretizar este belo sistema.

No círculo dos soberanos há indignação, inquietação.

É preciso arrancar rapidamente aquele "cogumelo venenoso" que pode espalhar seus venenos por toda a Europa.

O rei da Prússia, Frederico Guilherme II, cujos exércitos se retiram com tranquilidade, depois de Brunswick e Dumouriez se entenderem, rompe todas as negociações com o novo regime.

Mas em Mainz, em Spira, em Frankfurt, alguns cantam "A marselhesa", usam a insígnia tricolor e criam sociedades de pensamento inspiradas no Clube dos Jacobinos.

Eles esperam os soldados da República que avançam, entoando: "Avante, filhos da pátria" e "Ça ira".

Para esses voluntários, em outubro de 1792, "o dia da glória chegou".

Era como se a proclamação da República, depois de Valmy, fosse um gatilho propulsor.

O general Anselme atravessa o Var, entra em Nice – sua irmã, amazona vestida de azul, branco e vermelho, avança a seu lado –, e os 1.500 soldados são aclamados pelos habitantes da cidade, que se sonham jacobinos.

Um provençal, Barras, ex-conde, antigo oficial do exército real, que faz parte do estado-maior de Anselme, cria uma administração no novo departamento de Alpes-Maritimes, municipalidade, especialmente em Nice, que era, diz ele, "um dos quartéis-generais da contrarrevolução".

Mas ele logo sai do exército para se unir à Convenção, onde acaba de ser eleito. E relata aos deputados a situação militar, os sucessos alcançados contra o "rei das marmotas" – o rei do Piemonte –, a acolhida na Saboia pelas tropas da República.

A municipalidade de Chambéry, em roupas cerimoniais, esperava, por sua vez, o general Montesquiou. Um festim fora preparado na cidade para os soldados.

– Éramos franceses de língua e coração, agora o somos de fato – dizem os saboianos.

A acolhida é igualmente calorosa para as tropas do general Custine em Spira, no bispado de Baden, em Mainz e Frankfurt.

As tropas prussianas evacuam Verdun e Longwy, os austríacos retiram-se de Lille. "O canibal que bombardeava Lille finalmente se retirou", escreve Couthon. Ele recua para a Bélgica, para onde o seguem as tropas de Dumouriez.

Luís Filipe de Orléans, ex-duque de Chartres, com frequência se coloca na vanguarda desta marcha em direção a Bruxelas.

A França é completamente libertada em 19 de outubro de 1792.

Quando há o anúncio de que as fronteiras haviam sido cruzadas pelos exércitos da República, as "cabeças tonteiam" no Clube dos Jacobinos, no salão de Manon Roland.

"A santa epidemia da liberdade vence em toda parte, progressivamente", escreve Marat.

No Clube dos Jacobinos, Manuel grita, aclamado por todo o recinto:

– Exijo que Chambéry, Mainz, Frankfurt sejam nossos clubes. Não basta termos sociedades filiadas, é preciso nos filiarmos aos reinos.

No Hôtel de Ville, o antigo estudante de medicina Chaumette, a seguir procurador da Comuna, espera que "o território que separa Paris de Petersburgo e Moscou seja logo afrancesado, jacobinizado".

Os membros da Comuna o ovacionam.

Brissot, por sua vez, se dirige a Dumouriez:

– Direi que uma ideia se espalha com força por aqui, a de que a República só deve ter como limite o Reno.

Danton, montanhês, adversário de Brissot e alvo dos ataques girondinos, partilha dessas ideias.

– Os limites da França são determinados pela natureza, nós os alcançaremos dos quatro cantos do horizonte, do lado do Reno, do lado do Oceano, do lado dos Alpes.

Mas é Brissot quem vai mais longe, sendo mais realista, acredita ele, em todo caso cínico, ao escrever: "Só poderemos ficar tranquilos quando a Europa, toda a Europa, for incendiada."

Mas Danton e Brissot, ao mesmo tempo em que pronunciam ou escrevem essas palavras de intransigência, guerra e expansão francesa, estão ambos ao lado de Dumouriez, que negociara com o duque de Brunswick.

O general participara dos girondinos. Frequentara o salão de Manon Roland.

Danton, no entanto, faz na Convenção um elogio a "Dumouriez que reúne ao gênio do general a arte de exaltar e encorajar o soldado".

Ao mesmo tempo, Danton, que defende e exalta "a insurreição geral contra os reis", envia a Londres emissários encarregados de corromper os ministros ingleses a fim de que a Inglaterra fique fora do conflito!

Discursos belicosos de um lado, na tribuna da Convenção e na dos jacobinos, e tratativas secretas de outro.

Danton, que condena os reis e se apresenta como um dos fundadores da República, diz a Luís Filipe, ex-duque de Chartes, filho de Filipe Égalité, ex-duque de Orléans:

– Restrinja-se a seu ofício de soldado sem ocupar-se de nossos atos e sem fazer política... Leve esses conselhos para o exército; eles são ditados por um interesse sincero. Grave-os em sua memória e reserve-os para o futuro.

Ao ouvir as palavras de Danton, Luís Filipe o olhou espantado: o membro da Convenção Danton, ministro da República, sugeria que aquele regime seria provisório e que a monarquia amanhã poderia renascer com um rei saído dos Orléans!

Marat, obcecado pela ideia de complôs aristocratas, percebe a ambiguidade, o jogo duplo de Danton, bem como a estranha condução das operações por Dumouriez depois de Valmy. E ele condena a amizade dos girondinos com o general.

A maior parte dos ministros e deputados são, a seus olhos, suspeitos. Marat escreve sobre isso. Denunciando a política equívoca de Dumouriez, ele profetiza:

– Cem contra um que Dumouriez fugirá antes do fim de março próximo.

Ele o censura por acusar voluntários franceses que, em Rethel, tinham massacrado quatro emigrados franceses desertores das fileiras prussianas.

Os voluntários, comandados pelo empreendedor Palloy – o "demolidor da Bastilha" –, haviam sido desarmados e conduzidos sob escolta até a fortaleza de Cambrai. E a Convenção aprovara essas medidas.

– Há outro lado, que é preciso conhecer a fundo – diz Marat a Dumouriez.

Ele encontra o general em Paris, num sarau na casa de Talma, o comediante. Marat, nos salões do palacete particular da Rue Chantereine, cruza com uma "dúzia de ninfas levemente vestidas" cuja presença distrai o general e os demais convidados.

Marat, com o rosto crispado por um sorriso desdenhoso, encara Dumouriez e continua:

– Querem nos convencer que dois mil homens, voluntários patriotas, se entregavam a excessos sem motivo? Dizem que os prisioneiros massacrados eram emigrados.

– Muito bem, Monsieur, e quando estes forem emigrados? – responde Dumouriez.

– Os emigrados são contrários à pátria, e vossos procedimentos para com os batalhões parisienses são de uma violência imperdoável.

– Oh, o senhor é intenso demais, Monsieur Marat, para que eu fale convosco – diz Dumouriez, afastando-se.

Marat vê os sorrisos, ouve as risadas dos convidados.

Um deles – um ator – passa pela sala com uma caixa de perfumes e "purifica" os lugares por onde Marat andara.

E a festa recomeça.

Marat está convencido de que uma "maquinação secreta é tramada por Dumouriez e o bando girondino".

O massacre dos quatro desertores emigrados por voluntários parisienses não passa de uma das engrenagens do "complô" que visa isolar e desconsiderar os *sans-culottes* parisienses, que são a "ponta de lança" da Revolução.

Por um lado, a Convenção adota e vota um decreto segundo o qual os emigrados capturados com armas nas mãos devem ser considerados fora da lei e executados em 24 horas.

Por outro, é desarmado o batalhão de voluntários que justiçara os quatro emigrados que haviam combatido ao lados dos prussianos!

Mais um jogo duplo, protesta Marat.

Ele denuncia o desejo da maioria de querer criar uma guarda federal para a Convenção, composta de federados que, nos departamentos, seriam "triados" pelos girondinos. Os primeiros a chegar já manifestam, gritando, que é preciso colocar as cabeças de Marat, Danton e Robespierre na ponta de uma lança. Pode-se inclusive ouvi-los dizer:

– Abaixo o processo do rei.

Aquele era o complô que queria estrangular a República!

Marat tenta se fazer ouvir.

Ele pede a palavra, mas quando sobe à tribuna da Convenção, é insultado. Alguns denunciam "este agitador cujo nome basta para dar calafrios de horror".

Marat é um "porco-espinho" que não apenas não se pode tocar com a mão.

"Se ele falar nesta tribuna, é preciso que, depois, ela seja purificada!"

Ele se defende, grita:

– Quereis degolar-me? Degolai-me!

Mas Marat se vê obrigado a deixar a Convenção, a esconder-se em sua casa. Os novos federados desfilam na frente de sua residência, ameaçam incendiá-la e levá-lo à guilhotina.

Todos o acusam.

Danton, apesar de atacado incessantemente pelos girondinos, que exigem que ele preste contas e o acusam de ter dilapidado em proveito próprio as centenas de milhares de libras que lhe haviam sido entregues quando ministro, declara:

– Não gosto do indivíduo Marat. Digo com franqueza que experimentei seu temperamento: além de vulcânico e azedo, é intratável. Depois de semelhante confissão, que me seja permitido dizer que eu também não tenho partido ou facção.

Camille Desmoulins é o único que ousa murmurar, quando Marat passa a seu lado ao descer da tribuna da Convenção:

– Pobre Marat, estás dois séculos à frente dos teus!

Portanto, os meses de outubro e novembro de 1792 também são um tempo de ódios.

Danton pede demissão de seu cargo de ministro. Ele tenta pregar a reconciliação entre girondinos e montanheses.

– Não devem existir facções numa República – diz ele. – Apenas a fraternidade pode dar à Convenção a marcha sublime que marcará seu avanço.

Mas ele logo se torna suspeito aos olhos de Robespierre, de Saint-Just, da "crista da Montanha", que domina nos jacobinos.

As disputas o deixam esgotado.

Danton, eleito presidente dos jacobinos, não participa das sessões. É visto, cercado de jovens voluptuosas, frequentando os restaurantes da moda.

Depois, desaparece por várias semanas.

Dizem que está doente, abatido, atingido pela depressão que afeta periodicamente todos aqueles que se encontram mergulhados no turbilhão revolucionário, que não conseguem controlar, e que a qualquer momento pode submergi-los.

Esta "fadiga", esta angústia, toca a maioria da população parisiense, que se mantém afastada das assembleias eleitorais, das seções. Aqueles que participam, que votam, representam apenas um cidadão a cada vinte!

Pétion é reeleito prefeito de Paris, por uma minoria de alguns milhares de votos, sobre os seiscentos mil habitantes da capital!

Mas Pétion afirma representar o povo, enquanto que para a maioria que não participa das assembleias eleitorais, ele não passa de um "magistrado qualquer" e, para outros, de um "trêmulo".

Murmura-se: "Os *enragés* são hoje os senhores de Paris e só respiram vingança". A cidade mudou de aspecto. Os estrangeiros foram embora. Os ricos se escondem ou vão para o campo. Não há mais carruagens, librés, belas roupas nas ruas.

> Encontrareis também mudanças nos costumes e nas vestimentas dos parisienses [escreve o livreiro Ruault]. O barrete vermelhou voltou a ganhar força. Todos os jacobinos o usam, com exceção de Robespierre – chapéu que estragaria demais cabelos bem enrolados e empoados. Faço como Robespierre, apesar de não ter rolinhos acima das orelhas. Creio que o barrete vermelho, ou branco, ou cinza, só condiz aos trabalhos dos maçons da Revolução.

Há novas preocupações com a subsistência quando as chuvas e os frios de novembro começam a castigar. O preço do pão aumenta. Mas as pessoas se contentam em resmungar.

Sabe-se que Paris é conduzida por uma minoria, tanto mais violenta por ter consciência de que a maioria da população tem reservas, inclusive hostilidades, e que já está tão cansada da raiva revolucionária que não mais intervém, deixando agir nas seções e assembleias o punhado de cidadãos que se entredevoram, girondinos, montanheses e alguns maratistas.

Na Convenção, os deputados da Planície se calam, observam, cada vez menos à vontade diante das manifestações de ódio entre girondinos, montanheses e maratistas.

Primeiro de uma longa lista, o deputado Polycarpe Pottofeux pede demissão no início de novembro, cansado dos confrontos.

Ele não quer tomar partido, arriscar sua cabeça por dezoito francos ao dia, o subsídio que a nação lhe paga.

Os girondinos também se sentem ameaçados por aquela minoria parisiense *enragée*.

É ela que Brissot tem em vista quando escreve, no fim do mês de outubro de 1792, num panfleto endereçado *A todos os republicanos da França*: "O povo foi feito para servir a revolução, mas, depois de feita, ele deve voltar para casa e deixar àqueles que têm mais espírito que ele o cuidado de dirigi-la".

Mas, para tomar e manter as rédeas do poder diante de um povo que se torna espectador, esgotado pelo que viveu em três anos de transformações, emoções e grandes medos, há uma luta que, neste outono de 1792, já se adivinha que será "até a morte".

É Louvet, um escritor que se tornara deputado do Loiret, girondino, quem ataca Robespierre.

– Sim, Robespierre, sou eu quem te acusa de ter-se continuamente produzido objeto de idolatria. Acuso-te de ter, de maneira evidente, caminhado na direção do poder supremo.

A maioria da Convenção decide difundir seu discurso, através de quinze mil exemplares. Brissot, no *Le Patriote français*, continua o ataque:

– As pessoas se perguntam por que tantas mulheres atrás de Robespierre? É como um padre que tem devotas, mas é evidente que toda sua potência está nas mãos delas!

Os jornais girondinos retomam, martelam esta ideia: "Robespierre é um padre e jamais passará disso".

Maximilien sobe à tribuna nos dias 28 de outubro e 5 de novembro de 1792. Ele responde numa voz enérgica que às vezes falha, como se suas forças lhe faltassem, mas depois ela se agudiza, cortante.

Acusam-no de marchar em direção à ditadura?

– Não temos nem exército, nem tesouro, nem lugar, nem partido! Somos intratáveis como a verdade, inflexíveis, uniformes, eu quase disse insuportáveis como os princípios!

Acusam-no de ter provocado, apoiado atos ilegais.

– De que nos censuram? De ter desarmado os cidadãos suspeitos? Todas essas coisas eram ilegais, tão ilegais quanto a Revolução, quanto a queda do trono e da Bastilha, tão ilegais quanto a própria liberdade! Cidadãos, quereis uma revolução sem a Revolução?

E ele apela à "reconciliação", ao sepultamento das acusações num "esquecimento eterno".

– Renuncio à justa vingança de que teria direito contra meus caluniadores.

Os deputados do Pântano o aplaudem.

Eles se afastam dos girondinos, sem ainda se unirem à Montanha. Mas na noite de 6 de novembro, no Clube dos Jacobinos, Maximilien é aclamado. Tochas são carregadas. Há desfile. Canta-se o "Ça ira, A marselhesa, A carmanhola".

Triunfo! Mas Robespierre está exausto, e a doença, a fadiga e a tensão nervosa, seguidas de abatimento e depressão, o derrubam no fim de novembro.

Ele não poderá celebrar a vitória que, em 6 de novembro, os exércitos de Dumouriez acabam de obter em Jemmapes, num ataque frontal às tropas prussianas.

O impulso patriótico dos batalhões gritando "Viva a nação!" atropela as tropas do duque de Brunswick.

Os soldados de Dumouriez marcham em direção a Bruxelas, Liège, Anvers.

Há pânico entre os emigrados, que recuam desordenadamente, enquanto os deputados belgas proclamam a deposição da casa da Áustria e enviam delegados a Paris para defender a causa da independência.

Dumouriez é aclamado.

É celebrado nos salões de Manon Roland e de Julie Talma, onde são encontrados inúmeros oficiais, dentre os quais o general Alexandre de Beauharnais, chefe do estado-maior do exército do Reno.

Bem mais que o pós-Valmy, Jemmapes e a ocupação da Bélgica fazem nascer um sentimento de euforia e entusiasmo na Convenção.

Os deputados aprovam por aclamação uma declaração que seria traduzida para todas as línguas: "A Convenção Nacional declara, em nome da nação francesa, que concederá fraternidade e socorro a todos os povos que quiserem reaver sua liberdade".

Mas há uma condição necessária para esta liberdade e esta felicidade. Todos os povos, e primeiro o francês, devem reconhecê-la.
Ela é evocada no *Les Révolutions de Paris*:

> Quereis curar os males? Quereis finalmente tomar o caminho certo? Quereis ser justos?
> Voltai sempre à fonte!
> Julgai Luís XVI por seus crimes, fazei justiça, em sua pessoa, à nação inteira ultrajada por ele, julgai sua execrável esposa cujos vícios e crimes assustam a imaginação mais experimentada em perscrutar o coração dos tiranos!
> Legisladores!
> Informai aos franceses que quereis sua felicidade!
> Informai às nações da Europa que elas só gozarão da mesma felicidade pagando o mesmo preço!
>
> Condenai segundo a justiça e a prudência humana os remanescentes desta raça pérfida!
> Que todos desapareçam para sempre de uma terra livre!
> Brutus não deixará em Roma nenhum aliado, parente ou amigo dos Tarquínios!

36.

Nesses primeiros dias de novembro de 1792, os jornais e a minoria dos cidadãos que os leem ou se reúnem nas seções se questionam.

Será preciso imitar os romanos, que cassaram o rei Tarquínio, e contentar-se em proscrever para longe da República o ex-Luís XVI?

Cassá-lo ou julgá-lo?

Diz-se que ele vive tranquilamente na prisão do Templo.

Agora ele fica na grande torre, da qual foram retirados – garante-se – papéis, penas e lápis, pois se teme que ele tente se comunicar com os inimigos da República.

Ele fora separado de Maria Antonieta e dos filhos, bem como de sua irmã Elizabeth, mas os protestos da ex-rainha são ouvidos.

Agora eles estão novamente reunidos, instalados em diferentes andares da grande torre que, apesar dos aquecedores, é gélida.

Luís Capeto, depois o delfim, e logo Maria Antonieta e Madame Elizabeth, e inclusive o "bom" mordomo Cléry, ficam gripados e se queixam de "congestão da cabeça".

Que estas sejam cortadas, gritam os mais furiosos dos *sans-culottes*.

– A cabeça do tirano na ponta de uma lança – repetem eles ao redor do Templo. – Nossa terra do sangue impuro se saciará.

As opiniões se dividem.

Julgar Luís Capeto?

É um "escândalo deliberar", diz Maximilien Robespierre. Ele faz um esforço para falar, mais pálido e empoado que de costume, saindo da doença para insistir:

– Luís foi rei, a República está fundada. A vitória e o povo decidiram que ele era o único rebelde. Luís não pode, portanto, ser julgado. Já o foi.

Perto dele, nos jacobinos, um jovem deputado, Saint-Just, começa a ser ouvido, pois sua lógica implacável fascina, bem como sua palidez, seu rosto de traços regulares, a pesada cabeça que parece repousar sobre a gravata branca de nó largo, que forma uma espécie de papo. Seu olhar é febril, seu tom é exaltado.

Dizem que é filho de militar, que fora aluno dos oratorianos de Soissons, e que em Blérancourt, no Aisne, fora coronel da Guarda Nacional, patriota decidido, mas também um jovem singular, autor de um romance libertino, licencioso, *Organt*.

Ele partilha das ideias de Robespierre – e talvez as inspire?

Ele afirma, como Maximilien, que abrir um processo contra o rei é contestar a insurreição.

– Os povos não julgam como as cortes judiciárias. Eles não dão sentenças, eles lançam sua ira. Eles não condenam os reis, eles os mergulham no vazio.

A conclusão de Maximilien cai como um cutelo:

– Luís deve morrer.

Mas Robespierre e Saint-Just não são seguidos. Marat quer um processo.

É preciso que o povo julgue Luís Capeto culpado, desde junho de 1789, de tentar acabar com as esperanças dos patriotas.

Fora ele quem organizara a "orgia" dos insígnias pretas em Versalhes, em 3 de outubro de 1789! Fora ele quem tentara fugir, para se reunir aos emigrados!

Perjuro, hipócrita e corruptor, ele conspirara com seus irmãos refugiados em Coblença, o conde de Artois e o conde de Provença, cúmplices do rei da Prússia e do imperador da Áustria!

Não dera ela a ordem, em 10 de agosto, de massacrar os patriotas que, revoltados com o *Manifesto de Brunswick*, avançavam na direção das Tulherias?

Luís Capeto, ex-Luís XVI, é responsável por milhares de mortes! Querem que não seja julgado? Talvez para dissimular os nomes daqueles que ele corrompeu? É preciso, portanto, um processo.

Em 3 de novembro, um deputado da Haute-Garonne, Mailhe, apresenta um relatório que conclui que o ex-Luís XVI pode ser julgado pela Convenção:

> Não vedes todas as nações do universo, todas as gerações presentes e futuras, esperando com silenciosa impaciência que digais se a inviolabilidade real tem o direito de matar impunemente os cidadãos e as sociedades, se um monarca é um Deus cujos golpes devem ser benzidos, ou um homem cujos crimes devem ser punidos?

Os girondinos – Brissot, Vergniaud, Barbaroux, Roland – são favoráveis ao processo.

O povo, pensam eles, não quer a morte do rei, mas é preciso dar garantias àquela minoria de *sans-culottes*, de fanáticos que se amontoam nas tribunas da Convenção e dominam Paris.

Uma parte da opinião pública se preocupa.

> O processo do rei ocupa todas as mentes [escreve o livreiro Ruault, sempre bom patriota]. Os rostos se entristecem, os corações se afligem, pois se prevê um desfecho fatal para o infeliz prisioneiro... Os fanáticos dominam a Assembleia, que deve julgar este desafortunado monarca, e os fanáticos não são capazes de uma grande e bela ação; eles querem sangue, mas sangue atrai sangue, começa-se por derramar algumas gotas e acaba-se com rios de sangue, e os assassinos são mortos por sua vez, esta é a história de todas as revoluções.

Conta-se como, dentro da prisão do Templo, a família real é humilhada, insultada, até mesmo perseguida.

Um auxiliar de livreiro, Mercier, que fora encarregado de proteger o rei e sua família, diz a Ruault que a "rainha mudou tanto nos últimos quatro meses que lá se encontra, que não será reconhecida nem por aqueles que a viam todos os dias: todos os seus cabelos estão brancos, ela parece ter mais de sessenta anos!".

Durante as mudanças de guarda, que acontecem tarde da noite, exige-se que os prisioneiros não se recolham para suas camas na hora habitual.

> Quando a substituição chega, pede-se que fiquem em linha, e um guarda diz, apontando para eles: "Este é Luís Capeto, estas são Antonieta, sua mulher, Elizabeth, irmã de Luís Capeto, e os dois filhos, macho e fêmea, de Luís XVI e de Antonieta. Todos entregues sãos e salvos, como se pode ver". Enquanto isso, nenhum deles pode abrir a boca, eles se deixam contar como ovelhas. Que humilhação, Santo Deus! Um rei em semelhante situação deve desejar a morte imediata. Um pobre indivíduo teria o mesmo desejo se assim fosse tratado!

Outros, pelo contrário, desprezam o soberano deposto.
"Luís Bourbon, Luís XVI, ou melhor, último Luís que [...] continua morando na torre do Templo. Sua tranquilidade, ou antes sua estúpida apatia, continua a mesma. Ele não demonstra sentir mais seus infortúnios que seus crimes", lê-se no *La Feuille villageoise*.

Pintar assim Luís, como um homem estúpido e, portanto, inconsciente da gravidade de seus atos e do momento que vive, é também preparar a opinião pública para que "Luís XVI seja esquecido em sua prisão" e depois – com a vitória no estrangeiro, que parece ao alcance das mãos – proscrito.

Este é o projeto dos deputados da Planície e de inúmeros girondinos. Eles acrescentam:

– Esta é a opinião dos ingleses, que abraçaram nossa causa. Um rei cassado, dizem eles, não tem mais cortesãos, um rei morto é lastimado, e esta compaixão traz defensores à sua família. Tarquínio não teve sucessor, Carlos I da Inglaterra, decapitado, ainda tem.

Luís avalia a incompreensão ou o ódio de que é vítima.

Opõe-lhes a oração, a convicção de que deve virar-se para Deus e que apenas esta fidelidade ao Pai eterno e à sua Igreja importam.

Ele pensa, ele sabe, que nunca falhou. E portanto que os sofrimentos e as humilhações que lhe foram infligidos são provações a que Deus o submete.

Pois Luís não tem dúvidas de que a sagração que o fizera rei de direito divino o distinguira do resto dos homens, de seus súditos.

E que ele só pode se submeter a suas leis quando elas estão de acordo com as exigências de sua fé, de sua função real.

E que só tem contas a prestar a Deus.

Ele é informado por Cléry sobre o que é dito, escrito, preparado.

Seu mordomo, que tem autorização para ver a própria esposa duas vezes por semana, relata o que ela lê, o que ela ouve. Luís fica comovido ao saber que, com a melodia de "Frère Jacques", canta-se:

> Ó meu povo, o que vos fiz?
> Eu amava a virtude, a justiça
> Vossa felicidade foi meu único objetivo
> E me arrastais para o suplício.*

Murmura-se também o "Lamento de Luís XVI em sua prisão":

> Grande Deus, elevo a ti minha alma gemente!
> Sob os golpes de um verdugo estou prestes a morrer
> Mas apresentando-te apenas uma vida inocente
> Do trono ao cadafalso, avanço sem empalidecer.**

---

* *Ô mon peuple que vous ai-je donc fait? / J'aimais la vertu, la justice / Votre bonheur fut mon unique objet / Et vous me traînez au suplice.* (N.T.)

** *Grand Dieu j'élève à toi mon âme gémissante! / Sous les coups d'un bourreau je suis prêt à mourir / Mais ne te présentant qu'une vie innocente / Du trône à l'échafaud, je marche sans pâlir.* (N.T.)

A Cléry, que afirma que Sua Majestade jamais conhecerá o suplício, que os franceses não são um povo regicida, Luís responde, numa voz calma:
– Eles me matarão.

Ele não teme o povo, mas sim os membros da Convenção, que são vigiados pelos *sans-culottes*. Marat, assim que fora decidido que o processo de Luís diante da Convenção aconteceria, depositara uma proposta decisiva: em todas as votações do processo, os votos devem ocorrer por chamada nominal e em voz alta.

A proposta de Marat é adotada em 6 de dezembro, no mesmo dia em que a Convenção decreta que Luís Capeto será levado a tribunal para ser interrogado.

Todos os deputados sabem que os *enragés* instalados nas tribunas da Convenção "julgarão" seus votos. E que colocarão suas vidas em jogo ao se pronunciarem a favor do rei.

"Quase todos os nossos deputados", observa Manon Roland, "em dezembro, enquanto ocorrem as sessões da Convenção dedicadas ao rei, andam armados até os dentes. Milhares de pessoas os conjuram a dormir no palacete. A charmosa liberdade de Paris!"

Teme-se manifestar opiniões. A partir de então, conforme constatado pelos *Anais republicanos*:

> Reina nesta cidade, tranquila em aparência, uma fermentação surda e alarmante para os bons cidadãos. As opiniões sobre o destino de Luís XVI se chocam violentamente. Uns querem sua cabeça no cadafalso, outros, em maior número, estranhos a qualquer paixão que não a salvação pública, esperam em respeitoso silêncio a decisão da lei... Foram encontrados, anteontem à noite, na sala da assembleia da seção do Contrato Social, diversos pequenos papéis difundidos por agitadores: no cabeçalho apresentavam três flores de lis e liam-se dois versos:
> Se a inocência for condenada à morte,
> Os próprios assassinos cumprirão sua sina.*

---

* *Si l'innocence est condamnée à mort, / Les assassins eux-mêmes en subiront le sort.* (N.T.)

Pois alguns querem salvar o rei, por apreço à monarquia, ou por prudência, para preservar seus futuros. Pois ao condenar Luís XVI à morte, se um dia a monarquia fosse restabelecida – e alguns temem e outros acreditam provável que isso aconteça –, seria o mesmo que carregar a marca infamante do regicídio e sofrer a vingança do rei, que poderia ser um dos irmãos de Luís XVI, ou o pequeno delfim que se lembraria de sua prisão no Templo, dos medos que sentira.

Se o rei for executado, "os caminhos atrás de nós serão rompidos", diz o membro da convenção Le Bas. "Será preciso avançar, querendo ou não. E será então que poderemos dizer *viver livre ou morrer*."

Danton está persuadido disso.

Ele tem a convicção de que "se o rei for colocado em julgamento, estará perdido, pois mesmo supondo que a maioria da Convenção se recuse a condená-lo, a minoria o mandará assassinar".

Ele aceita receber um emigrado, Théodore Lameth, antigo deputado na Assembleia Legislativa, irmão mais velho de Alexandre e Charles Lameth, deputados *feuillants*.

Théodore viera de Londres para tentar salvar Luís XVI.

Ele quer convencer Danton, comprá-lo, talvez, persuadi-lo de que ao julgar – e condenar – Luís XVI, "o senhor avançará para sua ruína, arruinando a França".

Danton dá de ombros e responde:

– O senhor então não sabe que é preciso passar pela imunda democracia para chegar à liberdade?

Lameth insiste.

– Aqueles que encerraram o rei na torre do Templo acreditam talvez precisarem de um último crime, mas o senhor, ao menos diretamente, é contrário à deposição do rei, a seu cativeiro. Salve-o, pois permanecerão do senhor apenas gloriosas lembranças!

Danton deixa Lameth desenvolver seus argumentos a favor do rei e, de repente, o interrompe, enfatizando cada palavra de sua resposta:

– Apesar de não estar convencido de que o rei não merece nenhuma censura – diz Danton –, acho justo, acho útil tirá-lo da situação em que se encontra. Farei com prudência e ousadia tudo o que puder; expor-me-ei se enxergar uma chance de sucesso, mas se perder toda esperança, declaro que, por não querer perder minha cabeça junto com a dele, estarei entre aqueles que o condenarão.

– Por que o senhor acrescenta essas últimas palavras?
– Para ser sincero, como o senhor me pediu.

É preciso dinheiro para colocar Danton em ação.

O barão de Batz, emigrado em Coblença depois de ter sido constituinte, financista e conspirador, Théodore Lameth e o espanhol Ocariz, agindo por conta de Manuel Godoy, primeiro-ministro do rei da Espanha, entregam-lhe mais de dois milhões de libras para a compra do voto dos deputados da Convenção, dentre os quais Fabre d'Églantine.

Danton exige dois milhões a mais. Mas não é suficiente. O primeiro-ministro inglês, Pitt e também o rei da Prússia e o imperador da Áustria se recusam a participar desta tentativa de corrupção política que poderia salvar Luís XVI.

Que o infeliz rei seja decapitado, pois, esperam eles, todos os atraídos pela Revolução Francesa, os liberais da Inglaterra e da Alemanha, veriam a natureza bárbara da Revolução! E a condenariam. O sangue de Luís coligaria a Europa contra a França.

Danton logo entende que as chances de fazer o rei escapar do processo diante da Convenção e, depois deste, à pena de morte são fracas.

Então ele se retira, cede o lugar aos amigos, como o antigo açougueiro Legendre, fundador a seu lado do Clube dos Cordeliers e deputado da Convenção, que declara com sua voz potente e sua eloquência de tribuno que quer a morte de Luís Capeto:

– Degolemos o porco! Façamos tantos pedaços quantos são os departamentos, para enviar um pouco a cada um!

Mas nos departamentos é de outro alimento que se necessita.

Nesses meses de outono e inverno de 1792, os cidadãos mais pobres, sejam camponeses de Beauce ou trabalhadores do Faubourg Saint-Antoine, sofrem de novo com o aumento do preço do pão e a escassez que se instala.

As filas voltam a se formar na frente das padarias. Celeiros são pilhados. Comboios de grãos são parados. A fixação dos preços dos víveres é exigida.

Em Paris, um jovem burguês, Jean-François Varlet, com frequência, toma a palavra diante dos *sans-culottes*, se ergue contra os ricos.

E o padre Jacques Roux, vigário em Saint-Nicolas-des--Champs, habitante da seção de Gravilliers, também é um dos *enragés* que exige a partilha das propriedades, a fixação dos preços.

Uma deputação vinda de Seine-et-Oise se apresenta à Convenção, exige a fixação dos preços das provisões e declara que a liberdade de comércio dos grãos é "incompatível com nossa República, que é composta por um pequeno número de capitalistas e um grande número de pobres".

Mas o ministro girondino Roland responde:

– A única coisa que talvez a Assembleia possa se permitir sobre as provisões é proclamar que não deve fazer nada.

No entanto, é preciso agir para conter este impulso repentino da miséria.

Saint-Just sobe à tribuna da Convenção, com o olhar fixo, um brinco na orelha direita, gravata de nó largo que esconde o pescoço:

– Um povo que não está feliz não tem pátria – diz ele. – Ele não ama nada. Se quiserdes fundar uma República, deveis ocupar-vos em tirar o povo do estado de incerteza e miséria que o corrompe... A miséria fez nascer a Revolução, a miséria pode destruí-la.

Mas Saint-Just não vai além desta evocação virtuosa.

Então, o que oferecer ao povo para apaziguá-lo?

A vitória dos exércitos?

A glória de combater os tiranos, de fazer "a guerra aos castelos e levar a paz às choupanas", de propagar a revolução, de suprimir os direitos feudais?

"Quando entramos num país, cabe-nos soar o alarme", declara Cambon, filho de um rico comerciante de tecidos de Montpellier, deputado da Legislativa e da Convenção que, encarregado das questões financeiras, também pensa que a "pilhagem" e o "despojo" podem enriquecer a República, e inclusive alimentá-la!

Mas é preciso responder prontamente à impaciência popular.

Portanto, julgar o rei, condená-lo, executá-lo também é uma maneira cômoda de mostrar ao povo que a República é impiedosa com os poderosos, de que o rei se torna a encarnação, o símbolo.

Se ele for morto, que rico fazendeiro, que agiota, que financista, que deputado ou ministro estará ao abrigo do castigo?

Não se sabe como combater a miséria, mas sabe-se julgar e decapitar o rei.

E o sangue de Luís XVI poderia estancar por certo tempo, espera-se, a sede de justiça e igualdade do povo.

37.

A Convenção julgará, portanto, o ex-rei Luís XVI.

Na terça-feira, 13 de novembro de 1792 – chove e está fresco, quase frio –, o mais jovem dos membros da Convenção toma a palavra.

Ele senta com os montanheses. É um exagerado, dizem, amigo de Robespierre, mas a maioria dos deputados ignora até mesmo seu nome: Saint-Just. Os murmúrios encobrem as primeiras palavras desse jovem de voz fervorosa, que diz:

– Pretendo, cidadãos, provar que o rei pode ser julgado...

Mas bastam algumas frases para que o silêncio se estabeleça, para que os *sans-culottes* das tribunas se debrucem para frente, como para melhor captar as palavras de Saint-Just, e comecem a aclamar aquele que diz:

– Os mesmos homens que julgarão Luís têm uma República a fundar...

"E eu digo que o rei deve ser julgado enquanto inimigo, que devemos menos julgá-lo do que combatê-lo...

"Um dia, talvez, os homens, tão afastados de nossos preconceitos quanto nós estamos dos Vândalos, se espantarão com a barbárie de um século em que havia algo de religioso em matar um tirano...

"Um dia as pessoas se surpreenderão que no século XVIII tenhamos sido menos avançados que no tempo de César: o tirano foi imolado em pleno Senado, sem outras formalidades que 23 golpes de punhal e sem outra lei que a liberdade de Roma. Hoje conduzimos com respeito o processo de um homem assassino de um Povo, pego em flagrante delito, com a mão no sangue, a mão no crime!"

Saint-Just se interrompe, recupera o fôlego, deixa os aplausos se dispersarem, se esgotarem e lança:

– Para mim, não deve haver meio-termo: este homem deve reinar ou morrer... Ele deve morrer para garantir o descanso do povo, pois estava em seus planos esmagar o povo para assegurar o seu.

As palavras de Saint-Just ressoam num silêncio de igreja:

– Não se pode reinar inocentemente: a loucura fica por demais evidente. Todo rei é um rebelde e um usurpador... Luís XVI deve ser julgado como um inimigo estrangeiro.

Saint-Just ergue a mão para conter a tempestade de aprovações que se anuncia, vinda das tribunas e passando pela Montanha, depois por toda a Convenção.

– Ele deve ser julgado prontamente... Ele é o assassino da Bastilha, de Nancy, do Campo de Marte, das Tulherias: que inimigo, que estrangeiro nos fez tanto mal?

"Alguns tentam despertar a piedade, logo comprarão lágrimas, farão de tudo para nos interessar, inclusive para nos corromper."

Saint-Just se ergue na ponta dos pés, com os braços esticados, as mãos agarradas à tribuna:

– Povo, se o rei porventura for absolvido, lembra-te que não seremos mais dignos de confiança e poderás nos acusar de perfídia.

Os *sans-culottes* das tribunas se levantam, e sua ovação preenche a Sala do Manège.

A voz de Saint-Just não se apaga.

Ela ainda está presente nas memórias quando o ministro do Interior, o girondino Roland, anuncia, em 20 de novembro, que acaba de ser descoberto, escondido sob os lambris das Tulherias, um *armário de ferro*.

Fora o serralheiro Gamain que o construíra junto com o ex-rei, e fora ele quem revelara sua existência. O armário guardava a correspondência do rei com os tiranos, com seus irmãos e seus ministros emigrados – Calonne, Breteuil –, com – a voz de Roland treme – Mirabeau e "tantos outros que se sentaram a nosso lado" e aos quais o rei entregara centenas de milhares de libras...

– E você, Roland? – grita alguém das tribunas.

O ministro girondino é suspeito de fazer desaparecer os papéis que lhe diziam respeito e comprometiam seus amigos Brissot, Vergniaud e outros.

– E Mirabeau – retoma a voz – e Barnave e Talleyrand? "Suas cabeças na ponta de nossas lanças!"

E há gritos destacados de "Marat, Marat", pois o *L'Ami du peuple* já havia denunciado todos aqueles cúmplices da Corte.

A Convenção decreta então que quem propuser o "restabelecimento na França dos reis ou da realeza, sob a denominação que for, será punido de morte!".

Robespierre manda quebrar o busto de Mirabeau no Clube dos Jacobinos, e também o de Helvétius, o perseguidor de Jean-Jacques Rousseau.

Um cortejo de *sans-culottes*, soltando gritos de vingança, exigindo a morte do "grande porco, de sua vadia e de toda sua descendência, pois a progênie dos tiranos não pode sobreviver", queima o busto de Mirabeau na Place de Grève.

Quando Robespierre, em 3 de dezembro, diz com sua voz aguda "Luís foi destronado por seus crimes... A vitória e o povo decidiram que era o único rebelde. Ele já foi julgado, está condenado, ou a República não é absoluta", todos pensam no armário de ferro, nas cartas de Luís XVI pedindo auxílio aos exércitos dos tiranos para que estes punissem seu povo.

– Luís denunciou o povo francês como rebelde... – retoma Robespierre. – Pronuncio com relutância esta fatal verdade, mas Luís deve morrer porque é preciso que a pátria viva!

Os montanheses gostariam que a sentença contra o rei fosse pronunciada sem debate, visto que ele era o "único rebelde", uma vez que o povo fora vitorioso.

Mas: "A Assembleia Nacional decreta que se ocupará todos os dias, do meio-dia às seis, do processo de Luís XVI."

Luís Capeto comparecerá perante o tribunal da Convenção para ouvir a leitura do auto enunciador de seus crimes e responder por eles.

Antes mesmo que seja ouvido, a morte avança, pois o veredicto é inevitável:

– O que acontecerá – exclama o abade Grégoire –, se no momento em que o povo rompe suas amarras vocês garantirem a impunidade de Luís XVI?... Os déspotas se agarrarão habilmente a este meio de ainda atribuir alguma importância ao absurdo preceito de que recebem suas coroas de Deus.

Não se trata apenas, como dizia Robespierre, de salvar a pátria.

Luís deve morrer porque é preciso que o princípio da revolução viva e que todos os tronos de todos os tiranos de "direito divino" sejam levados pelos ventos que nasceram em Paris.

É preciso, conclui Robespierre, "gravar profundamente no coração do povo o desprezo pela realeza e fulminar de estupor todos os apoiadores do rei".

Luís não ignora nada do destino que o aguarda.

Em 7 de dezembro, ao despi-lo com gestos lentos, precavidos, como se estivesse retirando as bandagens que recobrem uma chaga, Cléry murmura a seu senhor que o processo iniciaria em quatro dias, que Luís seria conduzido à Convenção para ser interrogado e que, a contar da abertura do processo, o rei não mais seria autorizado a ver os seus.

Luís abaixa um pouco mais a cabeça, como se oferecesse sua nuca ao cutelo.

Ele sabe que chegará à guilhotina. Tudo o que vier antes disto, e que ele precisará enfrentar, lhe parece indiferente.

No fim, estaria a morte. E apenas ela importava.

Ele não fica surpreso quando, na terça-feira 11 de dezembro, é acordado às cinco horas da manhã pelos tambores que chamam para a reunião geral, enquanto destacamentos de cavalaria entram nos jardins do Templo.

É o dia de seu comparecimento diante da Convenção, da última refeição feita em companhia dos seus.

Os guardas municipais estão presentes e não se pode falar livremente, pois estão de ouvidos em pé.

Luís se demora brincando com o filho, mas o menino é retirado e conduzido para os aposentos de Maria Antonieta.

É preciso esperar sozinho a chegada, por volta da uma hora, do novo prefeito de Paris, o doutor Chambon, acompanhado pelo procurador da Comuna.

O prefeito lê o decreto que convoca Luís Capeto a testemunhar perante a Convenção:

– Capeto não é meu nome – diz Luís –, é o de meus antepassados. Eu teria preferido, Monsieur, que os comissários tivessem me deixado com meu filho durante as duas horas que passei a esperá-lo.

Nenhuma resposta.

Luís sobe na carruagem do prefeito, e eles se põem em marcha, cercados por uma escolta tão densa em cavaleiros e soldados de infantaria que não se pode enxergar a multidão ao longo da Rue du Temple, dos bulevares, da Rue des Capucins e na Place Vendôme.

Mas é possível ouvir os gritos de:

– Morte ao tirano!

Quando Luís desce da carruagem, no pátio dos *feuillants*, ele vê, ao longe, lanças erguidas.

Chove. Faz frio, e há rajadas de vento.

Ele sente o peso de todos aqueles olhares.

Ele se endireita, em pé diante da Convenção. Pouco importa que suas roupas estejam sujas e amassadas, que nenhum barbeiro o tenha escanhoado há quatro dias; ele era o rei e só responderia com negativas quando lhe mostrassem as peças tiradas do "armário de ferro".

Ele não quer "reconhecer" nada.

Não cabe a uma Assembleia julgar o rei da França.

O rei tem o direito e o dever de se recusar a submeter-se a um questionário.

Depois de cinco horas de audiência, é reconduzido ao Templo. Gritos mais numerosos, mais furiosos ainda, o acompanham ao longo de todo o trajeto.

– A cabeça na ponta de uma lança, Capeto! Morte ao tirano!

No Templo, sozinho com Cléry, ele pode finalmente demonstrar seu esgotamento.

– Não conto com nenhuma deferência, nenhuma justiça – murmura ele –, mas esperaremos.

Ele fica surpreso, também feliz, e agradece a Deus que a Convenção lhe conceda o direito de ter um conselho a assisti-lo.

Malesherbes, aos 71 anos, antigo secretário de Estado na Casa do Rei, que fora um dos homens mais abertos ao espírito das Luzes, se dispõe a ser o advogado de Luís XVI.

"Fui chamado duas vezes ao Conselho, num tempo em que esta função era ambicionada por todos", escreve Malesherbes. "Devo a ele o mesmo serviço, agora que se trata de uma função que muitos consideram perigosa."

Outros se oferecem para este arriscado encargo.

Luís e Malesherbes escolhem os advogados Tronchet e De Sèze. O primeiro fora representante da confraria dos advogados de Paris e deputado na Constituinte.

Tudo será em vão – murmura Luís XVI depois de apertar Malesherbes contra si e agradecer-lhe por expor assim sua própria vida.

– Não, Sire, não estou expondo minha vida. Inclusive ouso acreditar que Vossa Majestade não corre perigo algum. Sua causa é justa, e os recursos de defesa, vitoriosos!

– Eles me matarão – responde Luís, sacudindo a cabeça. – Não faz mal, ganharei minha causa ao deixar uma memória sem manchas. Ocupemo-nos dos recursos de defesa.

Ele reza. Malesherbes apresentara aos guardas o abade Edgeworth de Firmont, como um empregado. E Luís reza a seu lado, pede que o assista quando chegar a hora de sua morte. Pois apesar de, escrupulosamente, Luís ler, rubricar, contestar os documentos provenientes do armário de ferro que lhe são apresentados, ele não tem dúvidas sobre o resultado do processo.

Inclusive renuncia a ver seus filhos, pois só ganharia autorização para tanto se o delfim e Madame Real fossem separados da mãe. Ele sabe que Maria Antonieta só encontrava um pouco de força e paz no contato com os filhos.

Ele murmura:

– A rainha é denegrida para preparar o povo para vê-la perecer: sua morte é certa. Deixando-a com vida, temeriam sua vingança. Infeliz princesa! Meu casamento lhe prometeu um trono, hoje...

A morte para mim e para ela.

Não ousa pensar no destino de seus filhos.

Ele chora no dia 19 de dezembro, aniversário de sua filha, que ele não verá.

Passa sozinho com Cléry o dia de Natal e escreve seu testamento.

– Agora podem fazer de mim o que quiserem.

No dia seguinte, quarta-feira 26 de dezembro – "de grande vento, borrasca e chuva a noite toda e o dia todo, o termômetro marcando dois graus" –, Luís comparece diante da Convenção pela segunda e última vez.

O advogado De Sèze se levanta. Ele é jovem, com uma impetuosidade moderada. Será ele quem, antes da fala de Luís, fará as considerações da defesa.

Ele desenvolve com implacável precisão seus argumentos, mostrando que o rei jamais violara a letra ou o espírito da Constituição de 1791, fazendo uso de direitos que ela própria lhe concedera.

– Cidadãos – conclui ele –, procuro juízes entre vós, mas só vejo acusadores! Luís não terá nem os direitos do cidadão nem as prerrogativas do rei... Cidadãos, não chego ao fim, me interrompo diante da história. Pensai qual será vosso julgamento, pois o dele será o dos séculos a vir!

Luís toma a palavra. Sua voz está calma. Não treme.

– Falando-vos, talvez pela última vez, declaro que minha consciência não me censura por nada e que meus defensores vos disseram a verdade.

"Jamais temi que minha conduta fosse examinada publicamente; mas meu coração está dilacerado por encontrar no auto de acusação a imputação de querer espalhar o sangue do povo e, sobretudo, a atribuição dos infortúnios de 10 de agosto.

"Confesso que as múltiplas garantias que dei, em todos os tempos, de meu amor por meu povo, e a maneira com que me conduzi, me pareciam provar que pouco temi expor-me, para poupar seu sangue e afastar para sempre de mim semelhante imputação."

Ele volta a sentar-se.

É reconduzido ao Templo.

Os deputados discutem com violência.

Alguns, comovidos pelas palavras do rei, tentam obter a anulação do auto de acusação.

Os montanheses se insurgem. Os girondinos afirmam, com Vergniaud, a inviolabilidade do rei. Brissot evoca a indignação da Europa e exige o "apelo ao povo", que julgaria em última instância.

Robespierre denuncia esta manobra.

Apenas os "velhacos", os "pérfidos", "cuja atividade surda e perniciosa produz perturbações, podem exigir o apelo ao povo".

– Sim – exclama ele –, ambiciono a honra de ser o primeiro massacrado pelos brissotinos, se preciso for, mas antes de ser assassinado, quero ter o prazer de denunciá-los.

A seu lado, os montanheses acusam os girondinos de estarem comprometidos pelos documentos do armário de ferro.

Vergniaud negociara com a Corte de 5 a 9 de agosto de 1792, para evitar a insurreição.

O presidente da Convenção, Barère, na sexta-feira 4 de janeiro de 1793, faz com que seja rejeitada a ideia de um "apelo ao povo", juiz soberano do rei.

– O processo – diz ele – é na verdade um ato de salvação pública ou uma medida de segurança geral, e um ato de salvação pública não é submetido à ratificação do povo.

Os girondinos não ousam contestar a decisão.

Em 7 de janeiro de 1793, a Convenção declara encerrados os debates do processo de Luís XVI.

A votação começaria na segunda-feira, 14 de janeiro.

Luís, ex-rei da França, diz a Malesherbes:

– O senhor está convencido, agora, de que antes mesmo de eu ser ouvido, minha morte já fora decidida?

38.

É preciso votar.
 E primeiro escolher entre a culpabilidade e a inocência de Luís Capeto, ex-rei da França.

Em 15 de janeiro de 1793, inicia-se a votação sobre esta primeira questão.

A Convenção declara Luís Capeto culpado de conspiração contra a liberdade pública por 707 votos a zero.

Neste mesmo dia, vota-se uma segunda vez para confirmar que o julgamento da Convenção não seria submetido à ratificação do povo.

– Povo! – exclama Robespierre. – Cabe somente a nós defender tua causa. Mais adiante, quando os virtuosos tiverem perecido, então os vingue se quiseres.

Por 424 votos a 287, a Convenção rejeita o apelo ao povo.

Agora, é preciso votar, por convocação nominal, a questão capital:

– Que pena será infligida a Luís Capeto?

Cada deputado precisa subir à tribuna e justificar em voz alta seu voto. Os deputados ausentes se expressariam por escrito.

A votação começa na quarta-feira, 16 de janeiro de 1793, às oito horas da noite. Os deputados votam por ordem alfabética de departamento e, em cada um, por ordem de eleição.

A letra G é sorteada, e o primeiro departamento será a Haute-Garonne. Os representantes do Gard votarão por último. Vergniaud, deputado de Bordeaux, declarara na véspera:

– Manterei, sozinho, minha opinião de não votar pela morte.

Os deputados girondinos são favoráveis à indulgência, temendo as consequências da morte do rei.

Mas Vergniaud, que preside, vota pela morte. E oito deputados de Bordeaux votam como ele.

Nenhuma surpresa com [ou entre?] os montanheses.

Robespierre, mais empoado que nunca, fala por longo tempo para justificar seu voto:

– Tudo o que sei – diz ele – é que somos representantes do povo, enviados para consolidar a liberdade pública através da condenação do tirano, e isso me basta.

"O sentimento que me levou a pedir, em vão, à Assembleia Constituinte a abolição da pena de morte é o mesmo que me obriga hoje a pedir que ela seja aplicada ao tirano de minha pátria e à própria realeza, em sua pessoa. Voto pela morte."

A votação continua ao longo da noite de 16 para 17 de janeiro.

Danton é aguardado. Ele sobe à tribuna por volta das quatro da manhã.

Os simpatizantes do rei esperam, de sua parte, um gesto de indulgência.

– Não sou como esta massa de homens de Estado que ignora que não se deve pactuar com tiranos – declara Danton. – Eles ignoram que os reis só devem ser atingidos na cabeça. Ignoram que não se deve esperar nada dos tiranos da Europa, a não ser pela força de nossas armas! Voto pela morte do tirano!

Outro montanhês, Filipe Égalité, ex-duque de Orléans, corpo pesado, diz numa voz surda que, apenas preocupado com seu dever, vota pela morte de Luís, seu primo.

Desmoulins e Fabre d'Églantine, o pintor David e Marat fazem a mesma escolha.

Quando, em 17 de janeiro, às oito horas da noite, Vergniaud anuncia o resultado, são 387 regicidas contra 334.

A morte fora votada, portanto, por uma maioria de apenas 53 votos! Dentre os deputados que votaram pela morte, alguns pedem que haja um adiamento da execução.

No dia seguinte, sexta-feira, 18 de janeiro, inúmeros deputados contestam os resultados da votação da véspera.

Procede-se a uma nova aprovação, que resulta em 361 votos pela morte contra 360.

A morte de Luís, portanto, é decidida por um voto a mais; a Sala do Manège, onde se reunia a Convenção, estava cercada por *sans-culottes* armados de lanças.

Pode-se ler nos *Anais republicanos* de 18 de janeiro:

> Enquanto os cidadãos honestos desta cidade aguardam numa calma profunda o julgamento de Luís XVI, todos os acessos da Convenção são cercados por uma multidão incógnita de agitadores cujas vociferações são ouvidas dentro do templo legislativo e parecem querer influenciar as opiniões de nossos mandatários. Berram com todas as suas forças que se Luís XVI não for condenado à morte, eles mesmos irão assassiná-lo. Alguns deputados, ao entrar ontem na sala, foram ameaçados de ser massacrados se não votassem a favor da morte.
>
> Por mais insensíveis que sejam nossos representantes a qualquer fomentação de temor, aquela horda audaciosa deveria ter sido reprimida, retirando-se aos mal-intencionados todo pretexto de poder dizer que as opiniões não foram emitidas em total liberdade.

Ainda será preciso votar, no sábado, 19 de janeiro, a questão do adiamento, que os deputados girondinos tinham pedido. Mas os da Planície hesitam. Eles ouvem os gritos da multidão ao redor da Convenção.

Nas tribunas, seus votos são observados e anotados. Eles são ameaçados ao entrar na sala. Eles querem acabar com aquilo.

Inimigos da Revolução assassinam em Roma um diplomata francês. Os revoltosos tentam incendiar o gueto da cidade, acusando os judeus de serem cúmplices da Revolução Francesa.

Os montanheses repelem o adiamento, como Danton, e como Filipe Égalité, que se repete "convencido de que todos aqueles que atentaram ou atentarão à soberania dos povos merecem a morte". Imediata.

Às duas horas da manhã, no domingo 20 de janeiro de 1793, o adiamento é rejeitado por 380 votos a 310.

Luís não fica surpreso.

– Não busco nenhuma esperança – diz ele a Cléry –, mas fico consternado que esse Monsieur de Orléans, meu parente, tenha votado por minha morte.

Às duas horas da tarde, no domingo 20 de janeiro de 1793, Luís não se sobressalta quando os membros do Conselho Executivo, o prefeito, as autoridades do departamento, cerca de quinze pessoas, entram em seu quarto, e Garat, ministro da Justiça, lê o decreto da Convenção:

– Luís Capeto, culpado de conspiração contra a liberdade da nação, é condenado à morte.

Luís dobra o decreto, guarda-o dentro de sua pasta.

Ele escrevera uma carta para a Convenção. Pede três dias para se preparar para surgir diante de Deus, a interrupção de sua vigília constante, o direito de ver a família e o de receber seu confessor, o abade de Edgeworth de Firmont. Recomenda à nação aqueles que lhe foram simpatizantes, e que não podem ser perseguidos por este feito.

– Recomendo-os à bondade da nação...

"Muitos tinham colocado todas suas fortunas em suas mãos e que, sem mais ordenados, devem estar em necessidade, e o mesmo se dá com aqueles que viviam apenas de seus ordenados; dentre os pensionistas há muitos velhos, mulheres e crianças, que só tinham aquilo para viver."

Às seis da tarde, Garat volta.

Luís poderia receber a família, receber seu confessor, mas o adiamento de três dias fora recusado.

O decreto de morte seria executado no dia seguinte, 21 de janeiro de 1793.

Luís continua impassível.

Somente se irrita durante o jantar, quando lhe retiram garfos e facas:

– Julgam-me tão covarde para atentar contra minha própria vida?

39.

Aquelas são suas últimas horas e sua última noite.
Luís fica sabendo que um antigo membro de sua guarda pessoal, Pâris, assassinara no Palais Royal, naquele 20 de janeiro de 1793, por volta das cinco horas, o deputado Le Peletier de Saint-Fargeau, regicida.

Luís não quer ser vingado.

Ele aceita seu destino sem raiva. Apenas quer preparar sua salvação, e fica comovido quando, por fim, o abade Edgeworth entra em seu quarto e se ajoelha, chorando.

Luís roga, pede ao abade que se levante, mostra-lhe seu testamento, interroga-o sobre o estado do clero francês, dilacerado, perseguido.

Ele quer rezar pela Igreja e por sua salvação.

Depois pede ao abade que fique a seu lado quando sua família, conforme autorizado pela Convenção, fosse visitá-lo. Ele teme a emoção da rainha e não quer que sua tristeza a transtorne.

Ele quer continuar sereno diante da morte, que está tão próxima.

Pede uma garrafa e um copo de água para a rainha, que pode perder os sentidos.

Finalmente ela chega, com Madame Elizabeth, a irmã do rei, o delfim e Madame Real.

– Às sete horas da noite vieram nos dizer – conta Madame Real – que um decreto da Convenção nos permitia descer até meu pai.

"Corremos até ele e o encontramos bastante mudado. Chorou por nossa dor, mas não por sua morte.

"Ele relatou à minha mãe seu processo, desculpando aqueles celerados que o faziam morrer, repetindo a ela que não queria semear a desordem na França.

"Depois deu boas instruções religiosas a meu irmão e recomendou-lhe, sobretudo, que perdoasse aqueles que o faziam morrer.

"Deu sua bênção a meu irmão e a mim.

"Minha mãe desejava ao extremo que passássemos a noite com meu pai, mas ele recusou por precisar de tranquilidade.

"Minha mãe pediu ao menos para voltar na manhã seguinte, meu pai concordou, mas, quando partimos, pediu aos guardas que não voltássemos a descer, porque aquilo lhe causava muita dor."

Ele não os veria de novo.
Como aceitar aquilo, se não se entregando a Deus?
Luís diz ao abade Edgeworth:
– Ah, Monsieur, que encontro acabo de ter! Ter que amar e ser tão ternamente amado! Mas acabou, esqueçamo-nos de todo o resto para pensar apenas em nossa salvação; somente ela deve, neste momento, receber todas as afeições e todos os pensamentos.

Ele se confessa. Hesita quando Cléry propõe-lhe cear, depois come com bom apetite e vai deitar, sabendo que o abade Edgeworth obtivera a autorização de celebrar a missa no dia seguinte, ao despertar, que Luís fixara para as cinco horas.

Ele poderia comungar. E esta esperança o tranquiliza.

Curta porém calma noite.
Às seis horas, enquanto os tambores chamam para a reunião geral, soldados de infantaria e cavaleiros entram no pátio do Templo, o abade Edgeworth reza a missa que Luís acompanha de joelhos, antes de comungar.

Depois ele coloca sobre a chaminé seu relógio, sua pasta, e entrega a Cléry, para ser repassado à rainha, um anel, uma mecha de seus cabelos, e para seu filho um sinete.

Guardas, sem outra razão que para aborrecê-lo, não param de bater à porta. Às nove horas, Santerre entra bruscamente, acompanhado por uma dezena de homens armados.

– Logo serei seu – diz Luís, que volta a fechar a porta e se ajoelha na frente de Edgeworth. – Tudo está consumado – diz ele ao abade. – Dê-me vossa última bênção e rogue a Deus que me apoie até o fim.

Luís, naquela segunda-feira, 21 de janeiro de 1793, está em seu 39º ano de vida.

40.

Naquela segunda-feira, 21 de janeiro de 1793:
"Para meu grande pesar fui obrigado a assistir à execução, armado, com os demais cidadãos das seções, e agora escrevo com o coração cheio de dor e no estupor de uma profunda consternação."

Assim se expressa o grande médico Filipe Pinel, sábio generoso que desacorrentou os loucos e separou-os dos criminosos.

> Logo depois que o rei foi executado [continua ele], houve uma mudança súbita em inúmeros rostos, quer dizer, de uma sombria consternação se passou rapidamente a gritos de 'Viva a nação!'. Pelo menos a cavalaria que estava presente na execução colocou seus capacetes na ponta de seus sabres. Alguns cidadãos fizeram o mesmo, mas grande número se retirou, com o coração consternado de dor, indo derramar lágrimas no seio de sua família.
> Como esta execução não podia ocorrer sem espalhar sangue pelo cadafalso, vários homens se apressaram para nele molhar, alguns a extremidade de seus lenços, outros um pedaço de papel ou coisa qualquer...
> O corpo foi transportado para o cemitério Sainte-Marguerite... Seu filho, o ex-delfim, por um traço de ingenuidade bastante interessante, a favor de si, pedia com insistência, em seu último encontro com o pai, para acompanhá-lo e pedir perdão ao povo...

"Deixemos Luís para o luto; a partir de agora ele pertence à história", escreve o *Le Moniteur*.

Os jornais da terça-feira, 22 de janeiro, são disputados. O *La Chronique de Paris*, de Condorcet, relata que

> Ontem às dez e quinze, o julgamento de Luís Capeto foi executado. As pontes e principais avenidas estavam interceptadas e repletas de canhões; as lojas permaneceram fechadas o

dia todo; houve poucas pessoas nas ruas e praças públicas. À noite, corria o rumor de que a filha de Luís Capeto morrera.

Rumor, mentira, maneira de comover, de criar uma "fermentação dos espíritos".

O *Le Républicain*, jornal montanhês, não a alimenta. Transmite seu entusiasmo.

> Hoje acabamos de nos convencer que um rei não passa de um homem, e que nenhum homem está acima das leis.
> Povos da Europa! Povos da terra! Contemplai os tronos: vereis que não passam de poeira!
> A França acaba de dar um grande exemplo aos povos e uma grande lição aos reis, para felicidade da humanidade!
> Dia célebre para sempre memorável! Que possas chegar à prosperidade! Que a calúnia não te assalte jamais!
> Historiadores! Sejais dignos do momento; escrevei a verdade, nada além da verdade; jamais ela foi tão sagrada: jamais foi tão bela de se contar!

Marat exulta, no *Le Publiciste de la République française*:

> A cabeça do tirano acaba de cair sob o gládio da lei... Finalmente acredito na República...
> O suplício de Luís é um desses acontecimentos memoráveis que marcam uma época na história das nações... Longe de perturbar a paz do Estado, ele servirá para consolidá-lo, não apenas contendo pelo *terror* os inimigos de dentro, como os inimigos de fora.
> Ele dará também à nação energia e força novas para repelir as hordas ferozes de satélites estrangeiros que ousarem erguer armas contra ela.
> Pois não há mais como recuar, e a posição em que nos encontramos hoje é tal que é preciso *vencer ou perecer*.

Terror.

Palavra escrita, "semeada", na terça-feira, 22 de janeiro de 1793.

As colheitas seriam sangrentas.

Continua no volume 2: Às armas, cidadãos!

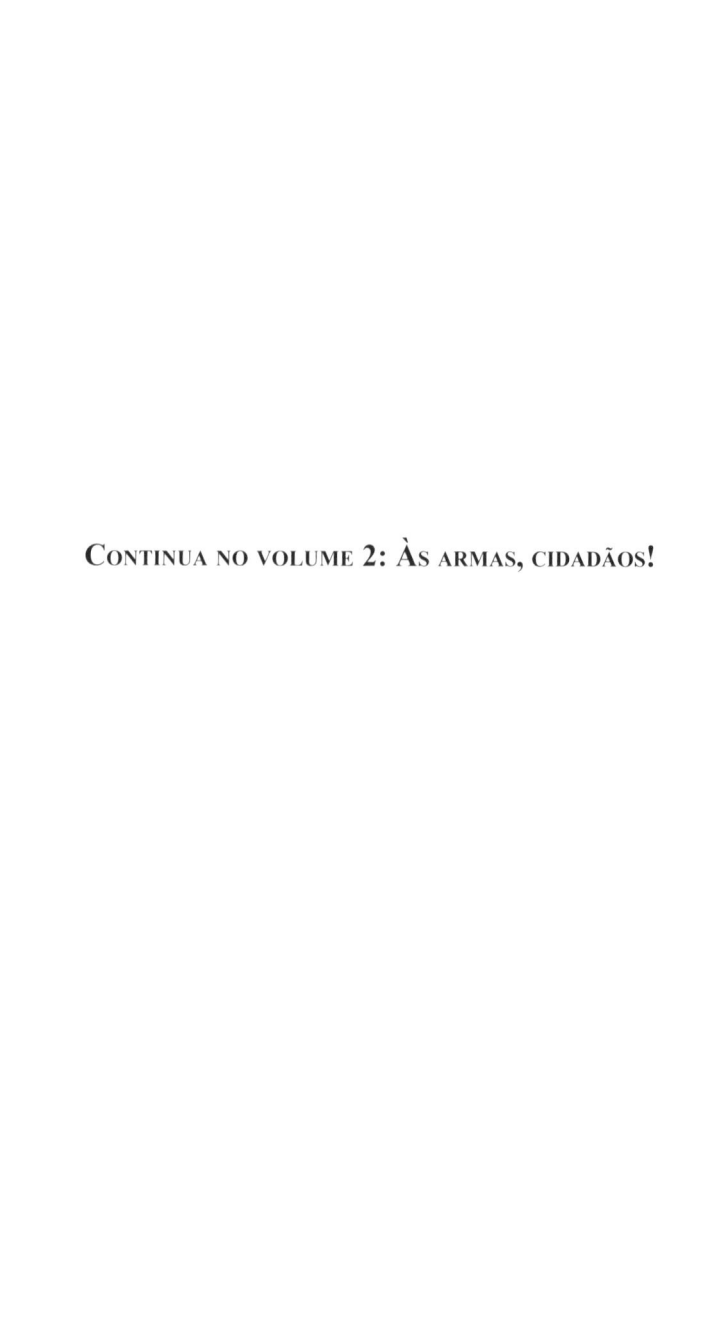

Coleção L&PM POCKET (LANÇAMENTOS MAIS RECENTES)

864. **Islã** – Paul Balta
865. **Guerra da Secessão** – Farid Ameur
866. **Um rio que vem da Grécia** – Cláudio Moreno
867. **Maigret e os colegas americanos** – Simenon
868. **Assassinato na casa do pastor** – Agatha Christie
869. **Manual do líder** – Napoleão Bonaparte
870. (16) **Billie Holiday** – Sylvia Fol
871. **Bidu arrasando!** – Mauricio de Sousa
872. **Desventuras em família** – Mauricio de Sousa
873. **Liberty Bar** – Simenon
874. **E no final a morte** – Agatha Christie
875. **Guia prático do Português correto – vol. 4** – Cláudio Moreno
876. **Dilbert (6)** – Scott Adams
877. (17) **Leonardo da Vinci** – Sophie Chauveau
878. **Bella Toscana** – Frances Mayes
879. **A arte da ficção** – David Lodge
880. **Striptiras (4)** – Laerte
881. **Skrotinhos** – Angeli
882. **Depois do funeral** – Agatha Christie
883. **Radicci 7** – Iotti
884. **Walden** – H. D. Thoreau
885. **Lincoln** – Allen C. Guelzo
886. **Primeira Guerra Mundial** – Michael Howard
887. **A linha de sombra** – Joseph Conrad
888. **O amor é um cão dos diabos** – Bukowski
889. **Maigret sai em viagem** – Simenon
890. **Despertar: uma vida de Buda** – Jack Kerouac
891. (18) **Albert Einstein** – Laurent Seksik
892. **Hell's Angels** – Hunter Thompson
893. **Ausência na primavera** – Agatha Christie
894. **Dilbert (7)** – Scott Adams
895. **Ao sul do lugar nenhum** – Bukowski
896. **Maquiavel** – Quentin Skinner
897. **Sócrates** – C.C.W. Taylor
898. **A casa do canal** – Simenon
899. **O Natal de Poirot** – Agatha Christie
900. **As veias abertas da América Latina** – Eduardo Galeano
901. **Snoopy: Sempre alerta! (10)** – Charles Schulz
902. **Chico Bento: Plantando confusão** – Mauricio de Sousa
903. **Penadinho: Quem é morto sempre aparece** – Mauricio de Sousa
904. **A vida sexual da mulher feia** – Claudia Tajes
905. **100 segredos de liquidificador** – José Antonio Pinheiro Machado
906. **Sexo muito prazer 2** – Laura Meyer da Silva
907. **Os nascimentos** – Eduardo Galeano
908. **As caras e as máscaras** – Eduardo Galeano
909. **O século do vento** – Eduardo Galeano
910. **Poirot perde uma cliente** – Agatha Christie
911. **Cérebro** – Michael O'Shea
912. **O escaravelho de ouro e outras histórias** – Edgar Allan Poe
913. **Piadas para sempre (4)** – Visconde da Casa Verde
914. **100 receitas de massas light** – Helena Tonetto
915. (19) **Oscar Wilde** – Daniel Salvatore Schiffer
916. **Uma breve história do mundo** – H. G. Wells
917. **A Casa do Penhasco** – Agatha Christie
918. **Maigret e o finado sr. Gallet** – Simenon
919. **John M. Keynes** – Bernard Gazier
920. (20) **Virginia Woolf** – Alexandra Lemasson
921. **Peter e Wendy** seguido de **Peter Pan em Kensington Gardens** – J. M. Barrie
922. **Aline: numas de colegial (5)** – Adão Iturrusgarai
923. **Uma dose mortal** – Agatha Christie
924. **Os trabalhos de Hércules** – Agatha Christie
925. **Maigret na escola** – Simenon
926. **Kant** – Roger Scruton
927. **A inocência do Padre Brown** – G.K. Chesterton
928. **Casa Velha** – Machado de Assis
929. **Marcas de nascença** – Nancy Huston
930. **Aulete de bolso**
931. **Hora Zero** – Agatha Christie
932. **Morte na Mesopotâmia** – Agatha Christie
933. **Um crime na Holanda** – Simenon
934. **Nem te conto, João** – Dalton Trevisan
935. **As aventuras de Huckleberry Finn** – Mark Twain
936. (21) **Marilyn Monroe** – Anne Plantagenet
937. **China moderna** – Rana Mitter
938. **Dinossauros** – David Norman
939. **Louca por homem** – Claudia Tajes
940. **Amores de alto risco** – Walter Riso
941. **Jogo de damas** – David Coimbra
942. **Filha é filha** – Agatha Christie
943. **M ou N?** – Agatha Christie
944. **Maigret se defende** – Simenon
945. **Bidu: diversão em dobro!** – Mauricio de Sousa
946. **Fogo** – Anaïs Nin
947. **Rum: diário de um jornalista bêbado** – Hunter Thompson
948. **Persuasão** – Jane Austen
949. **Lágrimas na chuva** – Sergio Faraco
950. **Mulheres** – Bukowski
951. **Um pressentimento funesto** – Agatha Christie
952. **Cartas na mesa** – Agatha Christie
953. **Maigret em Vichy** – Simenon
954. **O lobo do mar** – Jack London
955. **Os gatos** – Patricia Highsmith
956. (22) **Jesus** – Christiane Rancé
957. **História da medicina** – William Bynum
958. **O Morro dos Ventos Uivantes** – Emily Brontë
959. **A filosofia na era trágica dos gregos** – Nietzsche
960. **Os treze problemas** – Agatha Christie
961. **A massagista japonesa** – Moacyr Scliar
962. **A taberna dos dois tostões** – Simenon
963. **Humor do miserê** – Nani
964. **Todo o mundo tem dúvida, inclusive você** – Édison Oliveira
965. **A dama do Bar Nevada** – Sergio Faraco
966. **O Smurf Repórter** – Peyo
967. **O Bebê Smurf** – Peyo
968. **Maigret e os flamengos** – Simenon
969. **O psicopata americano** – Bret Easton Ellis
970. **Ensaios de amor** – Alain de Botton
971. **O grande Gatsby** – F. Scott Fitzgerald

972. **Por que não sou cristão** – Bertrand Russell
973. **A Casa Torta** – Agatha Christie
974. **Encontro com a morte** – Agatha Christie
975.(23).**Rimbaud** – Jean-Baptiste Baronian
976. **Cartas na rua** – Bukowski
977. **Memória** – Jonathan K. Foster
978. **A abadia de Northanger** – Jane Austen
979. **As pernas de Úrsula** – Claudia Tajes
980. **Retrato inacabado** – Agatha Christie
981. **Solanin (1)** – Inio Asano
982. **Solanin (2)** – Inio Asano
983. **Aventuras de menino** – Mitsuru Adachi
984.(16).**Fatos & mitos sobre sua alimentação** – Dr. Fernando Lucchese
985. **Teoria quântica** – John Polkinghorne
986. **O eterno marido** – Fiódor Dostoiévski
987. **Um safado em Dublin** – J. P. Donleavy
988. **Mirinha** – Dalton Trevisan
989. **Akhenaton e Nefertiti** – Carmen Seganfredo e A. S. Franchini
990. **On the Road – o manuscrito original** – Jack Kerouac
991. **Relatividade** – Russell Stannard
992. **Abaixo de zero** – Bret Easton Ellis
993.(24).**Andy Warhol** – Mériam Korichi
994. **Maigret** – Simenon
995. **Os últimos casos de Miss Marple** – Agatha Christie
996. **Nico Demo** – Mauricio de Sousa
997. **Maigret e a mulher do ladrão** – Simenon
998. **Rousseau** – Robert Wokler
999. **Noite sem fim** – Agatha Christie
1000. **Diários de Andy Warhol (1)** – Editado por Pat Hackett
1001. **Diários de Andy Warhol (2)** – Editado por Pat Hackett
1002. **Cartier-Bresson: o olhar do século** – Pierre Assouline
1003. **As melhores histórias da mitologia: vol. 1** – A.S. Franchini e Carmen Seganfredo
1004. **As melhores histórias da mitologia: vol. 2** – A.S. Franchini e Carmen Seganfredo
1005. **Assassinato no beco** – Agatha Christie
1006. **Convite para um homicídio** – Agatha Christie
1007. **Um fracasso de Maigret** – Simenon
1008. **História da vida** – Michael J. Benton
1009. **Jung** – Anthony Stevens
1010. **Arsène Lupin, ladrão de casaca** – Maurice Leblanc
1011. **Dublinenses** – James Joyce
1012. **120 tirinhas da Turma da Mônica** – Mauricio de Sousa
1013. **Antologia poética** – Fernando Pessoa
1014. **A aventura de um cliente ilustre** *seguido de* **O último adeus de Sherlock Holmes** – Sir Arthur Conan Doyle
1015. **Cenas de Nova York** – Jack Kerouac
1016. **A corista** – Anton Tchékhov
1017. **O diabo** – Leon Tolstói
1018. **Fábulas chinesas** – Sérgio Capparelli e Márcia Schmaltz
1019. **O gato do Brasil** – Sir Arthur Conan Doyle
1020. **Missa do Galo** – Machado de Assis
1021. **O mistério de Marie Rogêt** – Edgar Allan Poe
1022. **A mulher mais linda da cidade** – Bukowski
1023. **O retrato** – Nicolai Gogol
1024. **O conflito** – Agatha Christie
1025. **Os primeiros casos de Poirot** – Agatha Christie
1026. **Maigret e o cliente de sábado** – Simenon
1027.(25).**Beethoven** – Bernard Fauconnier
1028. **Platão** – Julia Annas
1029. **Cleo e Daniel** – Roberto Freire
1030. **Til** – José de Alencar
1031. **Viagens na minha terra** – Almeida Garrett
1032. **Profissões para mulheres e outros artigos feministas** – Virginia Woolf
1033. **Mrs. Dalloway** – Virginia Woolf
1034. **O cão da morte** – Agatha Christie
1035. **Tragédia em três atos** – Agatha Christie
1036. **Maigret hesita** – Simenon
1037. **O fantasma da Ópera** – Gaston Leroux
1038. **Evolução** – Brian e Deborah Charlesworth
1039. **Medida por medida** – Shakespeare
1040. **Razão e sentimento** – Jane Austen
1041. **A obra-prima ignorada** *seguido de* **Um episódio durante o Terror** – Balzac
1042. **A fugitiva** – Anaïs Nin
1043. **As grandes histórias da mitologia greco-romana** – A. S. Franchini
1044. **O corno de si mesmo & outras historietas** – Marquês de Sade
1045. **Da felicidade** *seguido de* **Da vida retirada** – Sêneca
1046. **O horror em Red Hook e outras histórias** – H. P. Lovecraft
1047. **Noite na curva** – Martha Medeiros
1048. **Poemas clássicos chineses** – Li Bai, Du Fu e Wang Wei
1049. **A terceira moça** – Agatha Christie
1050. **Um destino ignorado** – Agatha Christie
1051.(26).**Buda** – Sophie Royer
1052. **Guerra fria** – Robert J. McMahon
1053. **Simons's Cat: as aventuras de um gato travesso e comilão – vol. 1** – Simon Tofield
1054. **Simons's Cat: as aventuras de um gato travesso e comilão – vol. 2** – Simon Tofield
1055. **Só as mulheres e as baratas sobreviverão** – Claudia Tajes
1056. **Maigret e o ministro** – Simenon
1057. **Pré-história** – Chris Gosden
1058. **Pintou sujeira!** – Mauricio de Sousa
1059. **Contos de Mamãe Gansa** – Charles Perrault
1060. **A interpretação dos sonhos: vol. 1** – Freud
1061. **A interpretação dos sonhos: vol. 2** – Freud
1062. **Frufru Ratapla Dolores** – Dalton Trevisan
1063. **As melhores histórias da mitologia egípcia** – Carmem Seganfredo e A.S. Franchini
1064. **Infância. Adolescência. Juventude** – Tolstói
1065. **As consolações da filosofia** – Alain de Botton
1066. **Diários de Jack Kerouac – 1947-1954**
1067. **Revolução Francesa – vol. 1** – Max Gallo
1068. **Revolução Francesa – vol. 2** – Max Gallo
1069. **O detetive Parker Pyne** – Agatha Christie
1070. **Memórias do esquecimento** – Flávio Tavares
1071. **Drogas** – Leslie Iversen